Nikolaus Dimmel

DACH über dem Kopf

Wohnungsfragen in DACH-Gesellschaften

ÖGB VERLAG

Alle Angaben in diesem Buch sind von der Autorin und vom Verlag sorgfältig erwogen und geprüft, dennoch kann eine Garantie nicht übernommen werden. Eine Haftung der Autorin bzw. des Verlages und seiner Beauftragten für Personen-, Sach- und Vermögensschäden ist ausgeschlossen.

Verlag des Österreichischen Gewerkschaftsbundes GmbH
Johann-Böhm-Platz 1
1020 Wien

Tel. Nr.: 01/662 32 96-0
Fax Nr.: 01/662 32 96-39793
E-Mail: office@oegbverlag.at
Web: www.oegbverlag.at

Umschlaggestaltung: Benjamin Nagy

Medieninhaber: Verlag des ÖGB GmbH, Wien
© 2024 by Verlag des Österreichischen
Gewerkschaftsbundes GmbH, Wien
Hersteller: Verlag des ÖGB GmbH, Wien
Verlags- und Herstellungsort: Wien
Druck: ■■■
ISBN 978-3-99046-691-9

DACH über dem Kopf

Inhaltsverzeichnis

Abkürzungsverzeichnis 7
Vermessung des Gegenstandes 9

1. Sozioökonomie und Soziologie des Wohnens 21
  1.1 Vermögensungleichheit und Wohnform 21
  1.2 Einkommensverteilung und Wohnkostenlast 30
      1.2.1 Wohnkostenanteil am Haushalts-
           einkommen 31
      1.2.2 Wohnkosten und Erwerbseinkommen 43
      1.2.3 Wohnkostenüberlastung 45
  1.3 Wohnen als Armutsrisiko 51
      1.3.1 Mietschulden 55
      1.3.2 Wohnraumüberbelag 59
      1.3.3 Wohnungs- und Obdachlosigkeit 62

2. Soziale Wohnungspolitik 69
  2.1 Gegenstand der Wohnungspolitik 73
      2.1.1 Wohnungspolitik als Ordnungspolitik 80
      2.1.2 Voraussetzungen sozialer Wohnungs-
           politik 81
  2.2 Maßverhältnisse sozialer Wohnungspolitik 85
      2.2.1 Was ist das „Politische" an der
           Wohnungsfrage? 85
      2.2.2 Wohnen als Querschnittsmaterie 88
      2.2.3 Ökonomische Effekte 90
  2.3 Instrumente sozialer Wohnungspolitik 91
      2.3.1 Baulandmobilisierung 91
      2.3.2 Öffentlicher Wohnraum 103
      2.3.3 Gemeinnütziger Wohnbau 106
      2.3.4 Beschränkung / Verbot von Zweitwohnsitzen 118

> 2.3.5 Mobilisierung von Wohnraum und
> Leerstandsabgaben 123
> 2.3.6 Mietpreisbeschränkungen 131
> 2.3.7 Wohnbauförderung 144
> 2.3.8 Wohnbezogene Transferleistungen 156

3. Krise der sozialen Wohnungspolitik 165

3.1 Vom Markt zum Staat 170

3.2 Vom Staat zum Markt 177

3.3 Folgen der Kapitalisierung von Wohnraum 178

3.4 Staatsversagen 184

4. Perspektiven 195

Literaturverzeichnis 205

Abkürzungsverzeichnis

BGB	=	Bürgerliches Gesetzbuch (D)
BauGB	=	Baugesetzbuch (D)
BauNVO	=	Baunutzungsverordnung (D)
BV	=	Bundesverfassung (CH)
B-VG	=	Bundes-Verfassungsgesetz (A)
DACH	=	Deutschland, Österreich, Schweiz
EStG	=	Einkommensteuergesetz (A)
G	=	Gesetz
GBV	=	Gemeinnützige Bauvereinigung(en)
GC	=	Gated Community
GG	=	Grundgesetz (D)
MRG	=	Mietrechtsgesetz (A)
StGG	=	Staatsgrundgesetz über die allgemeinen Rechte der Staatsbürger 1867
WGG	=	Wohnungsgemeinnützigkeitsgesetz (A)
WoGG	=	Wohngeldgesetz (D)

Vermessung des Gegenstandes

„DACH über dem Kopf" ist augenfällig ein Wortspiel. Das Dach über dem Kopf verweist als Redensart auf rechtlich abgesicherten, die eigene Privatsphäre schützenden, bezahlbaren Wohnraum. Gleichzeitig verweist der Titel auf die DACH-Gesellschaften, also Deutschland (D), Österreich (A) und die Schweiz (CH). Um deren Vergleich und was daraus für eine soziale, inklusive Wohnungspolitik zu lernen ist, geht es im Folgenden.

Die vorliegende Publikation geht davon aus, dass Wohnen ein elementares Grundbedürfnis ist. Als solches ist die Abdeckung des Wohnbedarfes eine öffentliche Aufgabe. Diese kann durchaus so erfüllt werden, dass jeder bzw. jedem nach den individuellen Bedürfnissen, Befähigungen und Ressourcen sowohl der Zugang zum Wohnungsmarkt als auch die Leistbarkeit des Wohnens eröffnet wird.

Gegenstand des vorliegenden Vergleichs ist nicht nur die Frage sowohl nach den Triebfedern als auch nach der Ausfaltung der zeitgenössischen Wohnungsfrage in den DACH-Gesellschaften. Es geht hierbei auch um die politischen Instrumente ihrer Ver- und Bearbeitung. Längst erfasst die Wohnungsfrage in den DACH-Gesellschaften nicht mehr nur die unmittelbare Wohnungsnot der Obdach- und Wohnungslosen sowie jener Segmente der latent von Wohnungsverlust bedrohten Unterschicht, also des sozial abgehängten Prekariats, das Wahlen bislang im Wesentlichen fernbleibt. Zunehmend sind von den Verwerfungen der Wohnungsmärkte und der strukturellen Defensive der öffentlichen Wohnversorgung auch wählende, am Arbeitsmarkt stabil integrierte Personen aus den Unter- und Mittelschichten betroffen. Diese sind durch ihre Wohnkosten zunehmend überlastet oder fühlen sich zumindest subjektiv überbelastet. Auf diese Weise wurde und wird die Wohnungsfrage zum politischen

Legitimationsproblem. Die Wahlerfolge der Kommunistischen Partei Österreichs (KPÖ) in den österreichischen Städten Graz und Salzburg, die mit dem Monothema Wohnen bei Gemeinderats- und Landtagswahlen 2023 teils erdrutschartige Zugewinne verbuchen konnte, machten dies mehr als deutlich.

Nach 45 Jahren neoliberaler Deregulierung, Vermarktlichung und Durchkapitalisierung stellte sich im Winter 2022 / 23 im untersten Fünftel zweier DACH-Gesellschaften erstmals seit Langem wieder die Herausforderung: *Heat or eat*? In einer gesellschaftspolitisch virulenten Weise kam in den unteren und mittleren Mittelschichten die Frage auf, ob und inwieweit ‚gutes' (nach Größe, Lage, Preis) Wohnen als Ausdruck der Teilhabe am materiellen Reichtum der Gesellschaft überhaupt noch mittels eines Einkommens aus Lohnarbeit leistbar ist. In der Tat ist es in allen DACH-Gesellschaften zu einer tendenziellen Verengung des Zugangs zu leistbarem Wohnraum gekommen. Vor allem sind untere soziale Strata mit geringen Einkommen und fehlendem Vermögen, hier wiederum Kerngruppen der Armutsgefährdeten wie Alleinerziehende, Mehrkindfamilien oder Teile der migrantischen Population, betroffen. Im Grunde genommen sind diese Gruppen nicht nur von Erscheinungsformen der Wohnungsnot, vor allem von einer Überlastung durch Wohnkosten, betroffen, sondern sie stehen vielmehr vor einem für sie geschlossenen Wohnungsmarkt (*Klus* 2013, 90 oder *Helbrecht* 2016, 53).

Die Darstellung wird nachzeichnen, dass die Länder des DACH-Vergleiches zwar unterschiedliche Ausgangslagen aufweisen, aber durch relativ gleichartige Treiber der Wohnungsfrage betroffen sind. Sie zeigt ferner, dass es einen ähnlichen Kernbestand von Instrumentarien der öffentlichen Steuerung des Wohnungswesens gibt. Unterschiede aber finden sich hinsichtlich der Reichweite, Gewichtung und Ausgestaltung der eingesetzten Instrumente. Diese Unterschiede betreffen etwa die wohnungs-(markt)politischen Instrumente der Schaffung kommunaler (Sozial-)Wohnungen, der Raumordnung, Baulandmobilisierung oder Flächenwidmung. Sie betreffen ferner die Förderung gemeinnützig-genossenschaftlich errichteter Wohnungen oder die Wohnbauförderung als Objekt- und Subjektförderung. Sie haben Art und Ausmaß der Begrenzung von Mieten und deren Angemessenheitsprüfung zum Gegenstand. Sie betreffen den Ausländergrundverkehr und die Beschränkung von Zweitwohnsitzen, aber auch die Handhabung von Leerstands- und Fehlbelegungsabgaben im Falle von Wohnungsleerstand. Und sie erfassen die Regulierung der Zulässigkeit der Befristung von Mietverträgen.

Jeder Systemvergleich ist gut beraten, nicht in einem „Besser-schlechter-Komparativ" zu enden. Denn Systeme sind normativ, sozial, kulturell oder hinsichtlich der Institutionenentwicklung ‚überdeterminiert'. Daher kann man eingesetzte Instrumente nicht einfach kopieren oder exportieren. Das jedenfalls ist eine bittere Lehre aus der *Offenen Methode der Koordination*, dem *soft law* der Europäischen Union.[1] Vergleiche können allenfalls Anregungen offerieren und Lernprozesse anstoßen. Aus dem vorliegenden Vergleich lässt sich indes lernen, dass ein freier, unregulierter Wohnungsmarkt den gesellschaftlichen Wohnversorgungsbedarf nicht zu decken imstande ist (*Mümken* 2006). Die Geschichte sozialer Wohnungspolitik zeigt, dass sich leistbarer Wohnraum nur durch eine intervenierende und regulierende Ordnungs- und Strukturpolitik verbunden mit einer Fokussierung öffentlicher Transfers auf öffentliche und/oder ge-

---

[1] Die offene Methode der Koordination (OMK) wurde im Jahr 2000 im Rahmen der Beschäftigungsstrategie der Europäischen Union (EU) und des Luxemburg-Prozesses als Instrument der Lissabon-Strategie entwickelt. Sie zielt auf Grundlage einer gegenseitigen Bewertung nationaler politischer Maßnahmen in den Bereichen von Beschäftigung, Sozialschutz, sozialer Eingliederung, Jugend sowie Weiterbildung auf die Durchsetzung von Best Practices. Die Europäische Kommission übernimmt hierbei nicht nur koordinierende und überwachende Aufgaben, sondern spricht auch Empfehlungen hinsichtlich der Ziele und Erfassungsinstrumente (Benchmarks, Statistiken, Indikatoren) aus und fordert auf dieser Grundlage die Mitgliedstaaten zur Vorlage von nationalen Reformplänen auf. EU-Parlament und Europäischer Gerichtshof (EuGH) sind am Prozess der OMK nicht beteiligt.

meinnützige (Wohnbau-)Träger bewerkstelligen lässt. Das Mittel der Wahl ist hierbei die Verbindung von Eingriffen in Eigentum (Baulandmobilisierung, Spekulationsverbote, Leerstandsabgaben) mit gemeinnützig oder öffentlich errichtetem Mietwohnraum sowie bedarfsgeprüften Transferleistungen. Wohnen muss der Logik des freien Marktes weitestgehend entzogen werden.

Der Vergleich zeigt des Weiteren, dass ein freier Wohnungsmarkt eine negative Umwegrentabilität aufweist. Gewinne, die im Wohnsektor der DACH-Gesellschaften privat angeeignet werden, generieren letztlich soziale Folgekosten, die wiederum vergesellschaftet werden müssen. Renditen der ‚Couponschneider' basieren sprichwörtlich auf dem Wohnelend unterer sozialer Strata. In den Wohnfabriken („Wohnklosiedlungen") gilt Bert Brechts „Wär' ich nicht arm, wärst du nicht reich" ohne Einschränkung. Ein freier, unregulierter Wohnungsmarkt generiert direkte Kosten der Wohnungs- und Obdachlosigkeit, aber auch indirekte Kosten aufgrund eingeschränkter Bildungsbeteiligung, Gesundheit oder sozialer Teilhabe (*Hammer* 2022).

Die hierdurch erzeugten inneren Widersprüche und sozialen Probleme sind im Rahmen der Anarchie des Eigentümermarktes unlösbar, der zudem durch rigide Schranken für die Enteignung von spekulativ genutztem Boden und Immobilien gekennzeichnet ist. Unhintergehbar bleibt zugleich, dass der Staat als Kräfteverhältnis und regulatorische Instanz, hierin ist *Poulantzas* (1974, 119 ff.) zu folgen, weder Unternehmung noch Instrument einer bestimmten Kapitalfraktion, sondern vielmehr dem gesamten Verwertungsprozess verpflichtet ist. Darauf deutet nicht zuletzt die regulatorische Tiefe des Gesundheits-, Bildungs-, Sozial-, Wettbewerbs- und Kartellrechts hin. In der Tat muss der Staat die Reproduktion der Arbeitskräfte für alle Kapitalfraktionen sicherstellen. Folgerichtig verfolgen Staatsapparate meritorische, also übergeordnete Interessen, die nicht mit den Interessen einzelner Kapitalfraktionen, Unternehmen oder Arbeitskräfte ident sind.

2023 etwa hat die kriegsbedingte Inflationskrise gezeigt, dass in der EU auch korporatistische Konsense über eine direktive Regulierung von Preisen oder die Abschöpfung von Übergewinnen/Extraprofiten denkmöglich sind, sobald die Standortsicherheit, Innovationspotenziale von Unternehmen oder Konkurrenzbeziehungen durch krisenbedingt ermöglichte Monopolprofite oder Windfall-Profite bedroht werden. Gleiches gilt, wenn die Erfüllung von Kernaufgaben des Staates in der Reproduktion von Arbeitskräften blockiert wird. Ein spekulationsgetriebener Wohnungsmarkt, der Teile von Haushaltseinkommen und Unternehmensgewinne zugunsten von Grundrenten-Bezieher:innen, welche Profite aus Verkauf, Vermietung oder Verpachtung lukrieren, absorbiert, muss also als Faktor gesamtwirtschaftlicher Instabilität begriffen werden. Ebendas treibt die aktuelle Debatte um grundlegende Alternativen zur bisherigen Wohnungspolitik.

Der sozialökonomische Gegenstand des Wohnens ist Teil der öffentlichen Daseinsvorsorge und Marktregulierung. Kontrafaktisch aber ist das Verständnis von Wohnungspolitik als zusammenhängende (Raum-)Ordnungs-, Sozial-, Infrastruktur- oder Wirtschaftspolitik in den DACH-Gesellschaften nur schwach ausgeprägt. Öffentliche Wohnungspolitik wird vielmehr unter dem Vorzeichen eines anti-etatistischen Politikmusters vor allem als eine mittelschichtorientierte Politik der Schaffung von Eigentum (und Vermögen) verstanden und weniger als Aufgabe der Sicherung der Wohnverhältnisse der Vermögenslosen (Unterschichten). Sie wird also nicht als notwendiges Widerlager zu einer profitgetriebenen Zerstörung der Reproduktionsgrundlagen menschlicher Arbeitsvermögen betrachtet. In der Realpolitik der letzten Jahrzehnte wurde das Wohnen (parteiübergreifend im politischen Grundkonsens) — verstanden als Bedarfdeckungsprozess und soziale Reproduktionsform — sukzessive dem Markt überantwortet. Durchaus folgerichtig lag der Schwerpunkt der Wohnungspolitik in der durch Transferleistungen stabilisierten Befähigung zu Marktverhalten (Förderungen zur Aufrechterhaltung der Nachfrage), weniger aber in der

Regulierung der Ordnung des Wohnungsmarktes selbst. Eingriffe in Wohnungsleerstand, Spekulationsverbote, sanktionsbewehrte Maßnahmen zur Baulandmobilisierung, Strategien der Enteignung, der Abtretung von Bauland zugunsten öffentlicher oder gemeinnütziger Träger, aber auch eine Rückkehr zu stringenteren Formen der Mietzinsregulierung blieben in D und A außen vor. Die Gretchenfrage der Wohnungspolitik ist also eine ordnungspolitisch-normative, nämlich ob die Deckung des Wohnbedarfes in Form eines Marktes ausgestaltet sein soll, und wenn ja, ob und wie dieser Markt reguliert werden soll.

Geht es um Bedarfe, so ist zwischen unterschiedlichen Dimensionen, nämlich der Wohnungsknappheit (verstanden als Wohnen in zu kleinen, zu teuren, ungesunden Räumen), der Wohnkostenüberlastung (verstanden als Wohnaufwand, der 40 % des Haushaltsnettoeinkommens übersteigt) und Wohnungsnot (verstanden als bereits eingetretene oder drohende Wohnungs- oder auch Obdachlosigkeit) zu unterscheiden. Im Begriff der Wohnungsfrage lassen sich diese Aspekte probat zusammenfassen.

Bereits ein oberflächlicher Vergleich zeigt: Je größer der Anteil öffentlichen oder gemeinnützig errichteten Wohnraums, desto geringer ist die Überlastung durch Wohnkosten, desto höher im Übrigen auch die Wohnqualität unterer sozialer Strata. So ist in A mit einem hohen Anteil von öffentlich und gemeinnützig errichtetem Wohnraum (und einem geringen Teil von Großvermietern) das Niveau der Wohnkostenbe- und -überlastung niedriger als in D oder der CH. Freilich spielen hierbei auch regulatorische Strukturen (etwa Mietzinsdeckel) oder Förderstrukturen (Objekt- vs. Subjektförderung) eine wesentliche Rolle.

Ein Lernergebnis aus dem Vergleich ist, dass sich leistbarer Wohnraum für untere soziale Strata umso eher realisieren lässt, je direktiver die öffentliche Hand den Wohnungsmarkt regelt (von Raumordnungsfragen und Baulandwidmungen über Mietzinskontrollen und Wohnungsvergaberichtlinien bis hin zu

Fehlbelegungsabgaben). Je stärker Instrumente der Wohnungssicherung (in Form von Geld-, Sach- und Dienstleistungen von Wohnbeihilfe über die Sozialhilfe hin zu Maßnahmen der Delogierungsprävention) rechtlich institutionalisiert sind, desto geringer ist auch die Überlastung durch Wohnkosten bzw. die Belastung durch Wohnungs- und Obdachlosigkeit. Überhaupt gilt: Rechtsansprüche schützen besser vor Delogierung als Kannleistungen der öffentlichen Privatwirtschaftsverwaltung.

Zugleich gilt es, die Verteilungsfrage zu stellen. In seinem Substrat zeigt der vorliegende Systemvergleich, dass eine Wohnungspolitik, welche mittels Beihilfen, Förderungen und bedarfsgeprüften Leistungen direkt und indirekt Marktpreise auf Anbietermärkten fördert, also die Kaufkraft auf der Nachfrageseite sichert, bloß die Profitrate der Rentiers garantiert. Eine Politik der Transferverteilung vermag also nichts nachhaltig an der Wohnungsfrage (Leistbarkeit, Bedarfsdeckung) zu ändern. Steigen die von den Eigentümer:innen festgelegten Marktpreise, so müssen die Transferleistungsniveaus ansteigen. Auf diese Weise werden privat angeeignete Gewinne aus öffentlichen Ressourcen querfinanziert. Selbstredend kann man mittels Sozialhilfe-Wohnkostenübernahmen oder Mietbeihilfen-Regimen Wohnraum sichern. Diese Transfers fließen aber unmittelbar in die Taschen der Vermögenden bzw. Eigentümer:innen und der ihr Eigentum kreditierenden Banken. Investiert die öffentliche Hand daher langfristig nicht bloß in verteilungspolitisch begründete Beihilfensysteme, sondern auch in die Errichtung/Schaffung öffentlichen Wohnraums, so finanziert sie sich nicht nur selbst, sondern trägt als Interventionsstaat zur Egalisierung der Ungleichverteilung von Vermögen und Einkommen bei. Ein gleichgerichteter Effekt entsteht, wenn in genossenschaftliches Eigentum investiert wird.

Der Vergleich zeigt des Weiteren, dass ein Markt privater Eigentümer aufgrund seiner anarchischen Bewegungsmuster gar nicht in der Lage ist, den Wohnbedarf zu decken. Wie die Überproduktion von Büroraum, aber auch die Überproduktion von unverkauften Vorsorgewohnungen zeigt, regiert im privaten Wohnungsmarkt der Schweinezyklus. So wurde in allen DACH-Gesellschaften Wohneigentum seit dem Aufbau jener Immobilienblase, die 2004/06 in der EU in mehreren Sequenzen geplatzt ist, aufgrund von niedrigen Zinsen (und dadurch ermöglichter Börsenspekulation), vorangetrieben durch Finanzmarktimplosion, Eurokrise, Pandemie und nunmehr Inflationskrise, um jährlich 8 % durchschnittlich teurer. Dieser Anstieg lag im Rückblick deutlich über den Einkommenszuwächsen. Dass sich dies in steigende Mieten nicht nur am privaten Mietwohnungsmarkt übersetzt, bleibt eine banale Beobachtung. Zuerst waren es nur steigende Grundpreise, seit 2022 sind es auch steigende Baukosten, welche die (Re)Finanzierungskosten von Wohnraum in die Höhe treiben.

D und A gehörten im EU-Vergleich der Immobilienpreise 2020 nicht nur zu den teuersten Ländern der EU, sondern seit der Weltwirtschaftskrise 2007/08 zur Gruppe mit den größten Preissprüngen nach oben. Auch in der CH befanden sich die Immobilienpreise über die letzten beiden Jahrzehnte hinweg (mit Einbrüchen 2010 und 2016) – gleichfalls getrieben von einer hohen Zuwanderungsrate, einer demografisch bedingt steigenden Nachfrage sowie einer Nachfrage nach größeren Wohnnutzflächen – in einer Art Steigflug. Demgegenüber hat der reale Wert eines durchschnittlichen österreichischen Nettoeinkommens bezogen auf den Immobilienpreisindex seit Beginn der Pandemie 2020 allein um rund 13 %, seit der Finanzkrise 2008 um über 20 % abgenommen.[2] Auch das Mietniveau in A ist gegengleich 2008–2021 um 60 % (3,7 % p.a.) gestiegen und lag damit doppelt so hoch wie die durchschnittliche Inflation sowie deutlich über den nominellen jährlichen Einkommenszuwächsen (2 %).

---

[2] https://www.derstandard.at/story/2000132459990/wohnraum-preise-legen-weiter-zu-einkommen-koennen-nicht-mithalten

Ein Ergebnis daraus ist, dass über die letzten beiden Dezennien hinweg immer weniger Menschen in den DACH-Gesellschaften über für sie leistbaren Wohnraum verfügen. Das gilt nicht erst, wenn man die Wohnkostenüberlast (40 % des verfügbaren Haushaltsnettoeinkommens), sondern bereits, wenn man die durchschnittliche Wohnkostenbelastung als Kriterium der Leistbarkeit anlegt. Hier sind die Unterschiede im DACH-Vergleich deutlich: Offensichtlich fällt die Entwicklung der Wohnkostenbelastung in A deutlich moderater aus als in D oder CH, während zugleich auch die Wohnqualität und die Wohnzufriedenheit in A besser beurteilt wird (*Amann* 2019) als in D oder CH. *Eurostat* (2019) bestimmte den durchschnittlichen Anteil der Wohnkosten am Haushaltseinkommen 2017 in D mit 26,3 % und in A mit 17,9 %,[3] während er in der CH wiederum bei 25,6 % lag.[4] Wohnen ist in A also deutlich besser leistbar als in D oder CH. Das hat entscheidend mit dem hohen Anteil an gemeinnützig errichtetem und Wohnraum in öffentlichem Eigentum (Gemeindewohnungen) zu tun.

Der vorliegende Text versteht sich weder als erschöpfende Aufarbeitung einer ohnehin in der Literatur kaum noch zu überblickenden Materie, noch ist er einer akademischen Disziplin zugeordnet. Vielmehr treffen hier soziologische, ökonomische, politikwissenschaftliche und rechtliche Zugänge und Beobachtungen aufeinander. Im Kern geht es darum, die Rahmenbedingungen und Triebfedern der Wohnungsfrage als Frage nach der Versorgung mit leistbarem und angemessenem Wohnraum im Rahmen der öffentlichen Daseinsvorsorge zu erörtern. Auf dieser Grundlage sollen Strategie, Programme, Instrumente und Maßnahmen einer sozialen Wohnungspolitik dahingehend beurteilt werden, ob selbige gesellschaftspolitischen Integrations- und Inklusionszielen dienlich ist. Im Zentrum steht die Frage, ob

---

[3] *Altzinger/List* (2020) zufolge lag die Wohnkostenbelastung 2014 in A im Mittelwert bei 25,6 %.
[4] https://de.statista.com/statistik/daten/studie/458840/umfrage/wohnkostenanteil-am-haushaltseinkommen-privater-haushalte-in-der-schweiz/

diese Maßnahmen und Instrumente einen Beitrag zur Vermeidung von Diskriminierung, Benachteiligung, Armut und sozialer Ausgrenzung zu leisten imstande sind.

Der Gang der Darstellung und Analyse gestaltet sich wie folgt: Kap. 1 befasst sich mit der Ungleichheit von Wohnverhältnissen und Wohnkostenlasten. Kap. 2 wendet sich der Darstellung der Funktionsweise, aber auch der Effektivität der Instrumente (Transfers, Sachleistungen) einer sozialen Wohnungspolitik im DACH-Vergleich zu. Erörtert wird, welche Faktoren sich für die Entwicklung von Maßnahmen einer sozialen Wohnungspolitik je hinderlich oder förderlich erweisen. Attestiert wird in Kap. 3 eine grundlegende Krise der sozialen Wohnungspolitik als Ergebnis der Liberalisierung und Finanzialisierung des Wohnungswesens. Kap. 4 schließt mit Perspektiven auf die Entwicklung von Wohnungswesen und Wohnungspolitik.

Inmitten der Fülle der Befunde hat die Anmerkung Berechtigung, dass die Auswahl der Primär- und Sekundärliteratur einem Erkenntnisinteresse folgt, welchem an der Aufrechterhaltung der bürgerlichen Gesellschaft als einer *„Gesellschaft der Gleichen"* (Rosanvallon 2011) gelegen ist, die sich eine *res publica* gibt. Diesem Interesse nachgehend wird soziale Teilhabe (Integration und Inklusion) als Voraussetzung einer politischen Demokratie begriffen. Schon *Hannah Arendt* wusste, dass politische Demokratie ohne soziale Teilhabe nicht sicherzustellen ist. Die Wohnungsfrage ist also nicht bloß eine soziotechnische Versorgungsfrage, sie ist vielmehr eine demokratiepolitische Frage.

In sämtlichen Schreibweisen sind immer alle Geschlechter gemeint. Fehler in der Darstellung sind ausschließlich dem Autor zuzurechnen. Nachsehen möge man mir den ‚Datensalat' in den beschreibenden Abschnitten. Diese Daten dienen ohnehin nur der Illustration. Im Kern geht es um die These, dass die fortgesetzte ursprüngliche Akkumulation, also die Umwandlung des Wohnens in Ware, Asset, Spekulationsobjekt und Vermögensbestandteil, dazu geführt hat, dass die Befriedigung des Wohnbedürfnisses zu einem Quell der Belastung und einem sozialen Risiko für die vermögenslose untere Hälfte der Gesellschaft geworden ist. Denkt man diese Entwicklung zu Ende, dann wird die Verflechtung von Finanz- und *Real-Estate*-Kapital dazu führen, dass ein erheblicher Teil der Vermögenslosen und Einkommensschwachen schlicht vor die Türe gesetzt wird. Der nächste Crash der Finanzialisierung ereignet sich gewiss (*Szepanski* 2023) und das Immobilienkapital wird sein Treiber sein (*Dumenil/Levy* 2011; *Harvey* 2022). Dessen Ingredienzien liegen auf der Hand: der Real-Estate-Sektor hat global ein Volumen von 217 Billionen USD (*Stein* 2019), bildet 60 % aller Vermögenswerte und ist bevorzugtes Investitionsfeld des vagabundieren (marodierenden) Finanzkapitals (*Katz* 2001). Mehr als ein Drittel aller Immobilienverkäufe gehen an Investoren. *Hedgefonds* wie *BlackRock* und *Private-Equity*-Unternehmen wie *BlackStone* gelten als größte Vermieter der Welt. Überall trifft die Wohnkostenüberlast zuvorderst Vermögenslose, Arbeitslose, Arme, Minderheiten und Immigrant:innen. Wohlstandseinbußen, Wohnungsverlust, erzwungener Wohnungswechsel, ungeheizter Wohnraum, Überbelag, Wohnungslosigkeit und Obdachlosigkeit sind die Folge. *Stein* (2019, 5) merkte dazu an: *„Displacement (has become) an everyday fact of life"*. Jessica Bruder hat hierzu in „Nomadland" (2017) einen beklemmenden Ausblick auf die soziale Entbettung, die gesellschaftliche und räumliche Ortlosigkeit der Unter- und unteren Mittelschichten gewagt. Damit wird das Fundament sozialer Kohärenz der Gegenwartsgesellschaft auf kategoriale Weise infrage gestellt.

Salzburg, im Dezember 2023

1. Sozioökonomie und Soziologie des Wohnens

> Man kann mit einer Wohnung einen Menschen genauso töten wie mit einer Axt.
>
> *Heinrich Zille* (1858–1929)

1.1 Vermögensungleichheit und Wohnform

Die obere, vermögende Hälfte der Gesellschaft wohnt im Eigentum, die untere, weitgehend vermögenslose wohnt zur Miete. Das oberste Dezil nennt so viel Wohnraum sein Eigen, dass es ihn vermieten kann. Im europäischen Vergleich ist dieses die DACH-Gesellschaften kennzeichnende Verteilungsverhältnis bemerkenswert. Denn in der europäischen Peripherie überwiegt das Wohnen im Eigentum. 2020 wohnten im EU-Schnitt knapp 70 % der Bevölkerung im eigenen Heim und 30 % in einer gemieteten Unterkunft.

In A[5] waren es 48 % Eigentümer:innen und 52 % Mieter:innen oder Nutzer:innen unentgeltlicher Wohnverhältnisse (Dienstwohnungen). Der Wohnungsbestand der Hauptsitzwohnungen besteht in A zu 7 % aus Gemeindewohnungen, zu 17 % aus Genossenschaftswohnungen (gesamt also 24 %) und zu 18 % aus Wohnungen von Privatvermieter:innen.[6] Innerhalb des Mietsegmentes waren damit 39 % Genossenschafts-, 17 % Gemeinde-

---

[5] https://de.statista.com/statistik/daten/studie/512031/umfrage/miet-und-eigentumsquote-von-hauptwohnsitzwohnungen-in-oesterreich/

[6] 11 % der Privathaushalte leben im Wohnungseigentum; 37 % im Hauseigentum; 1 % lebt zur Untermiete.

und 44 % private vermietete Wohnungen (*Statistik Austria* 2021, 28).[7]

Ähnliches gilt für D.[8] Hier wohnten 2020 46,5 % der Bevölkerung im selbst genutzten Eigentum und 53,5 % zur Miete. 2018 gehörten 64 % der Mietwohnungen Privatpersonen, 13 % Kapitalgesellschaften/Immobilienkonzernen[9] und 22 % der öffentlichen Hand sowie Genossenschaften.

In der CH[10] wiederum standen den 42 % Eigentümer:innen eine deutliche Mehrheit von 58 % Mieter:innen gegenüber. 2017 befanden sich 47 % der Mietwohnungen im Eigentum von Privatpersonen; 2000 hatte dieser Anteil noch bei fast 60 % gelegen. Auf die öffentliche Hand entfielen 2017 4 %, auf Wohnbaugenossenschaften 8 % aller Mietwohnungen. Profitiert haben von dieser Entwicklung Immobilienaktiengesellschaften[11], Immobilienfonds, Versicherungen,[12] Banken[13] und Pensionskassen[14], also sog. Immo-Firmen. Im Ergebnis hat sich der Anteil der Mietwohnungen in der Hand von Immo-Firmen 2000–2017 von 29 % auf 39 % erhöht.[15]

---

[7] https://www.statistik.at/web_de/statistiken/menschen_und_gesellschaft/wohnen/wohnsituation/index.html; der Anteil von Kapitalgesellschaften ist marginal, reliable Daten liegen hierzu nicht vor.
[8] https://de.statista.com/statistik/daten/studie/155713/umfrage/anteil-der-buerger-mit-wohneigentum-nach-bundesland/; vgl. auch https://www.bpb.de/kurz-knapp/zahlen-und-fakten/datenreport-2021/wohnen/329992/wohnverhaeltnisse/
[9] https://www.immobilienmanager.de/das-sind-die-groessten-wohnungseigentuemer-in-deutschland-06032019
[10] https://de.statista.com/statistik/daten/studie/370719/umfrage/bevoelkerung-in-der-schweiz-nach-mieter-und-eigentuemer/
[11] Allreal oder Mobimo.
[12] Vor allem die Versicherungsunternehmen Swiss Life und Zurich.
[13] Bankengruppen wie UBS, CS oder ZKB (Zürcher Kantonalbank).
[14] Pensimo, BVK oder die Pensionskasse der Migros.
[15] In absoluten Zahlen bedeutet dies einen Anstieg von 300.000 Wohnungen.

Die CH ist also ein Land der Mieter:innen, während sich Mieter:innen und Eigentümer:innen in A (noch) die Waage halten. Allerdings liegt in A der Anteil der Genossenschafts- und Gemeindewohnungen deutlich höher als in D und CH. Zugleich ist in D und der CH der Anteil von Kapitalgesellschaften als Eigentümerinnen deutlich höher als in A. Zuvorderst indes ist die Wohnungsfrage eine Eigentums- und erst in zweiter Linie eine Einkommensverteilungsfrage.[16] Immobilieneigentum konzentriert sich in den obersten sozialen Strata und dort wiederum in den Händen von Immobilienkonzernen sowie institutionellen Investoren (*Zeise* 2021; *Scholz* 2022). Die beiden größten Wohnungseigentümer in D etwa sind *Vonovia* mit etwa 363.500 Wohnungen sowie *Deutsche Wohnen* mit rund 163.100 Wohnungen. 2021 fusioniert, verwerten beide gemeinsam 550.000 von 20 Mio. Mietwohnungen in D. Die fünf größten privaten Wohnungsunternehmen stellen 0,9 Mio. Wohnungen.

Die obersten 1–2 %, auf die in den DACH-Gesellschaften etwa die Hälfte des Vermögens entfällt, spekulieren mit Baugründen und Gebäuden (Immobilien) (*Sedlar* 2022). Für sie sind Immobilien ‚*Betongold*', für den Rest je nach sozialer Lage jedenfalls ein basales Bedürfnis, zudem aber auch Element des sozialen Status. Dazwischen regelt der Sozialstaat als Rechtsstaat Wohnbedingungen (Vertragsrecht, Mietrecht) und der Wohlfahrtsstaat die soziale Wohnversorgung durch im öffentlichen Eigentum stehenden Wohnraum, Wohntransfers (Objekt- und Subjektförderung), Sachleistungen (Unterbringung, Soziale Arbeit) oder Rahmenregeln der gemeinnützigen Errichtung von Wohnraum.

---

[16] Die DACH-Gesellschaften rangieren im EU-Vergleich der Eigentumsquote auf den hintersten Plätzen. Während in Rumänien (96 %) oder Kroatien (90,1 %) Spitzenwerte erreicht werden, liegt A mit 55 % auf dem vorletzten Platz der Statistik, dahinter liegt D mit 51,7 %; die CH erreicht überhaupt nur eine Eigentumsquote von 42 %. Folgerichtig sind es eben diese Länder, in denen die Frage der Leistbarkeit von Mieten im Zentrum der gesellschaftspolitischen Auseinandersetzung steht.

Freilich kann dadurch die fundamentale Vermögensungleichheit nur ansatzweise abgefedert werden. Denn Vermögen hat vor allem zwei Merkmale: es ist zum einen dynastisch organisiert (*Clark* 2015; *Beckert* 2022). Und es ist zum anderen durch Diversifikation (Streuung) und *Hedging* (eine Minimierung finanzieller Risiken mittels der Kombination negativ korrelierter Einzelpositionen) gekennzeichnet. Im *Hedging* kompensieren einander Risiken und Chancen (*Casaretto* 2018). Nicht nur der Vermögensbestand konzentriert sich über die Zeit in den Händen weniger (*Schürz* 2019; *Waitkus* 2023), wenn Vermögen als Kapital eingesetzt wird (*Bontrup* 2016). Auch der politische Einfluss konzentriert sich (*Rehm/Schnetzer* 2015) und damit Macht.

Jener Konzentrationsprozess spiegelt sich in spezifischer Weise in der Immobilienwirtschaft wider (*Unger* 2013, 2016), sowohl was das Bauland als auch was den Wohnungsbestand betrifft. Indes ist dieser Prozess in D weitaus dynamischer fortgeschritten als in A oder der CH.

Folge dieser Konzentration ist, dass Bauland spekulativ gehortet wird, dass Wohnraum leer steht oder Großvermieter am Wohnungsmarkt ihre Rentabilitätskalküle nahezu ungehindert durchsetzen können. Denn Grund und Boden ist in A zunehmend in den Händen von Privaten (Investor:innen, bäuerlichen Großgrundbesitzer:innen) konzentriert, während der Anteil der Flächen, welche der öffentlichen Hand zu Zwecken der Daseinsvorsorge verfügbar bleiben, rückläufig ist. Rechtssoziologisch gesprochen haben wir hier sog. *Repeat Player* vor uns, welche durch Lobbying und serielles Prozessieren Rechtslage und Rechtsprechung zu ihren Gunsten verändern können (*Galanter* 1994).

Folglich sind in allen DACH-Gesellschaften gewidmete Baulandreserven rückläufig. Dies betrifft insbesondere urbane Agglomerationsräume, die einerseits das stärkste Bevölkerungswachstum, andererseits die kleinsten Baulandreserven aufweisen (*ÖROK* 2019). Etwa standen in A von den gewidmeten Baulandflächen im Ausmaß von 3.182 Quadratkilometern 2022 nur rund

1.1 Vermögensungleichheit und Wohnform

21 % als Baulandreserven zur Verfügung. In den Bundesländern lagen diese Anteile zwischen 15 % und 33,2 %, mit einem deutlichen Gefälle zulasten der Landeshauptstädte. In Wien stellten diese Reserven 7,7 % der Baulandflächen dar (ÖROK 2022).

Im Ergebnis schrumpfen die Handlungsspielräume des Staates, in Vermögen und Immobilienwirtschaft einzugreifen. Dies selbst dann, wenn man die Besteuerung von Immobilienvermögen, eine allfällige Sozialpflichtigkeit des Privateigentums (Vertragsraumordnung), entschädigungsbasierte Enteignungen, raumordnungsrechtliche Instrumente (Ausländergrundverkehr, Zweitwohnsitze) oder Beschränkungen der Nutzbarkeit von Immobilieneigentum (Fehlbelegungs- und Leerstandsabgaben) in Betracht zieht. Insbesondere stellt sich die Frage, wie diese Reserven mobilisiert werden können. Ohnehin ist es in allen DACH-Gesellschaften nicht möglich, über die Grundbücher den Gesamt-Immobilienbestand von Vermögenden zu erfassen (*Sommer* 2023). Die Konzentration von Immobilienvermögen ist also nicht messbar. Nur ihr Marktausdruck ist es: In Tirol (T), wo 6,9 % der Landesfläche als Dauersiedlungsraum zur Verfügung stehen, wurde 2022 Bauland um durchschnittlich 1.000 € pro Quadratmeter, Wohnnutzfläche im Eigentum um durchschnittlich 6.000 € pro Quadratmeter verkauft und um 16 € pro Quadratmeter (Innsbruck) vermietet. Knappheit kostet: 36 Mio. Quadratmeter gewidmetes, aber nicht bebautes, zurückgehaltenes Bauland standen in 279 Tiroler Gemeinden zur Verfügung. Zugleich war im Raumordnungsgesetz weder ein geeignetes Instrumentarium zum Markteingriff noch ein Mindestausmaß an Vorbehaltsflächen für den geförderten Wohnbau vorgegeben.[17] Die Liegenschaftseigentümer:innen konnten also ihre Flächen folgenlos dem Wohnungsmarkt entziehen. Seit 2023 aber wird eine Baulandabgabe erörtert.[18] Derlei macht deutlich, dass nicht

---

[17] Eine Forderung vor Beschlussfassung des Gesetzes war es, zwingend 10 % der Baulandreserven einer Gemeinde als Vorbehaltsfläche für den geförderten Wohnbau ausweisen zu müssen.
[18] In Bgld. und Sbg. bereits in Kraft.

die abstrakt zur Verfügung stehende Baulandfläche, sondern deren Mobilisierung zu sozialen Zwecken im Fokus der Auseinandersetzung liegt.

Augenfällig sind die sozialen Folgen einer 40 Jahre währenden neoliberalen Entstaatlichungs- und Privatisierungspolitik, in deren Folge Immobilien in Kapitalanlage, Spekulationsobjekt und Luxusgut verwandelt wurden (*Voigtländer* 2017), fatal. Nicht nur, dass die Begründung von Wohneigentum für die unteren zwei Drittel der Gesellschaft in einen unerfüllbaren Traum verwandelt wurde. Wer heute Wohneigentum begründet, ist entweder noch der oberen Mittel- oder bereits der Oberschicht zuzurechnen. Wer jenseits dieser Schichtzugehörigkeit im Wohneigentum lebt, hat selbiges entweder geerbt oder ein Eigentumsverhältnis in vorvergangenen Jahrzehnten begründet. Mehr noch hat diese Entwicklung aber zur Folge, dass hohe Mieten für einen zunehmenden Teil der Lohnabhängigen zu einer Belastung und ökonomischen Herausforderung werden, und vor allem, dass die höchsten Quadratmeter-Mieten in (untervermieteten) Zimmern oder in Wohngemeinschaften teils von den einkommensschwächsten Haushalten zu begleichen sind.

Ausweichmöglichkeiten bestehen kaum. Zum einen bleibt die untere, vermögenslose Hälfte der DACH-Gesellschaften alternativlos auf das Mietwohnungssegment angewiesen. Zum anderen finden sich hier keine leistbaren Wohnungen in ausreichender Anzahl. Solcherart verwandelt sich der Mietenmarkt *peu à peu* in einen doppelten Aneignungsmechanismus sekundärer Revenuen zugunsten der Vermögenden: Die vermietenden und verpachtenden Eigner des Wohnungskapitals eignen sich nicht nur einen wachsenden Teil der Löhne, sondern auch der Unternehmenserträge anderer Branchen an. 80 % der Mieten fließen in das oberste Dezil. Sie reduzieren also die Profitmargen jener Branchen, in welche der Rest des (noch) nicht für Zwecke des Wohnens aufgewendete Anteil des Haushaltsbudgets fließt. Ein unregulierter Markt der Grundrentenbezieher:innen belastet also Privathaushalte ebenso wie Unternehmen außerhalb des Immobiliensektors.

Wohnrisiken hängen folglich eng mit dem Zugang zu leistbarem Wohnraum sowie der Vermögensverteilung zusammen. Hier macht ein näherer Blick deutlich, dass die DACH-Gesellschaften durch eine dynamisch zunehmende Vermögensungleichheit geprägt sind (*Mäder/Aratnam/Schilliger* 2010; *Wehler* 2013; *Fratscher* 2014; *Schürz* 2019). In D verfügten die untersten fünf Dezile 2017 über 1,4 % des Gesamtvermögens (1. Dezil: −1,2 %; 2. Dezil: 0,0 %; 3. Dezil: 0,2 %; 4. Dezil: 0,7 % und 5. Dezil: 1,7 %) (*SOEP* 2020). Das oberste Dezil hingegen hielt 56,1 %. Das Vermögen der Mittelschicht fand sich überwiegend in Form von Immobilieneigentum. Der Anteil der Eigentümer:innen einer selbstgenutzten Immobilie lag 2017 bei knapp 39 %. Ihr durchschnittliches Nettovermögen lag bei rund 225.400 €. Etwas mehr als die Hälfte dieser Gruppe lebte 2017 in einer voll entschuldeten Immobilie. Eigentümer:innen in dieser Gruppe verfügten über ein Nettovermögen von rund 277.200 €. Lagen noch Hypotheken auf der Immobilie, so verfügten die Eigentümer:innen über ein durchschnittliches Nettovermögen von etwa 164.200 €. Personen hingegen, die zur Miete wohnten – das war etwa die Hälfte der gesamten erwachsenen Bevölkerung –, wiesen 2017 durchschnittlich ein Nettovermögen in Höhe von 24.100 € aus.

In A entfielen 2021 (*ÖNB* 2021) auf die untere Hälfte je nach Studie zwischen 2 und 4 % des Gesamtvermögens (*AK* 2020), während die obersten 1–2 % knapp 50 % des Vermögens besitzen (*Krainz* 2023). Im untersten Quintil der Haushalte lag der Median des Nettovermögens bei 2.400 €, im zweiten bei 23.000 € und im obersten bei 700.000 €. 39.000 Haushalte (das oberste Prozent) besaßen 500 Mrd. € bzw. 40 % des Gesamtvermögens (*Derndorfer* et al. 2019). Vermögen bedeutet auch hier in der (oberen) Mittelschicht (6. bis 9. Dezil) vor allem, über Wohn- oder Hauseigentum zu verfügen (das durchschnittliche Immobilienvermögen lag bei knapp unter 400.000 €). Die untere Hälfte hingegen wohnte (weitgehend) zur Miete.

In der CH schließlich verfügte das reichste Dezil über 76 % des Vermögens, während die ärmste Hälfte weniger als 5 % des Vermögens besaß. Auf die Mittelschichten entfielen 22 %. Daher ist auch die Wohnungseigentumsquote mit knapp 40 % eine der niedrigsten in Europa. *Fluder* et al. (2018) hielten fest, dass 2017 55,9 % der Bevölkerung in der CH 1,6 % des Gesamtvermögens hielten. Auch hier ist die untere Hälfte praktisch vermögenslos. Die obersten 0,3 % der Pyramide hielten 29,1 %, die nächstfolgenden 1,9 % 22,2 % des Gesamtvermögens. 2,2 % hielten also 51,3 % des Gesamtvermögens. 88,1 % teilten sich somit 30,8 % des Gesamtvermögens.

Die Maßverhältnisse der Vermögensungleichheit sind in der CH im letzten Dezennium relativ stabil geblieben, während die Nettovermögensungleichheit 2012–2022 in D ab- und in A zugenommen hat (*Credit Suisse* 2023, 52 ff.). Dies allerdings bei ungleichen Ausgangsbedingungen: 2022 rangierte das durchschnittliche Vermögen/erwachsene Person in D bei 245.000 US-$, in A bei bei 256.000 US-$ (Median: 81.000 US-$) und in der CH bei 685.000 US-$. Zwischen 2000 und 2022 wuchs das Bruttodurchschnittsvermögen in D jährlich um 4,6 %, in A um 3,5 % und in der CH um 5,1 %. Freilich, derlei Reichtumszahlen beruhen großteils auf Schätzungen. Daher rangierte etwa D (das 2014 den höchsten GINI-Koeffizienten der Eurozone aufwies) 2023 mit einem GINI von 0,77 im Mittelfeld der OECD (*Credit Suisse* 2023), während der Dt. Armuts- und Reichtumsbericht einen GINI-Koeffizienten von 0,81 auswies (*BM Arbeit und Soziales* 2021).

Nachdem das Vermögen der Mittelschichten vorwiegend als Immobilieneigentum gehalten wird, ist der Hinweis dienlich, dass die Immobilieneigentümer:innenquote 1998–2018 in D von 40,9 % auf 42,1 % zugenommen (*DeStatis* 2020), in A 2014–2021 von 50 % auf 48,2 % (*Statistik Austria* 2022) abgenommen und in der CH 2014–2021 von 37,4 % auf 42,2 % zugenommen hat

(*Eurostat* 2022).[19] Zugleich ist die Kostendynamik des Wohnungseigentumserwerbs erheblich: in D verdoppelte sich der Hauspreisindex (Basis 2015) 2000–2022 faktisch von 84,4 auf 162,9[20] (+ 93 %), während der Mietpreisindex (Basis 2015) 2000–2023 einen Anstieg der Durchschnittsmieten von 83,9 auf 110,2[21] (+ 31,3 %) verzeichnete. Auch in A stieg der Wohnimmobilienindex für Einfamilienhäuser 2000–2020 von 100 auf 261,9, bei Eigentumswohnungen hingegen von 100 auf 234,0.[22] Die Mieten (ohne Betriebskosten) wiederum sind 2006–2020 in A um 70 % gestiegen;[23] allein 2011–2021 kam es zu einem Anstieg der Monatsmieten von Hauptmietwohnungen inkl. Betriebskosten um 31,9 %.[24]

Im Übrigen schreiben sich diese Eckmarken der Vermögensungleichheit auch bei der Vererbung von Wohnungseigentum sowie abgeschwächt bei der Verteilung von Haushaltseinkommen fort, folgt man *Bourdieu* (1992, 49 ff.). Damit sind die Möglichkeiten der unteren Hälfte, Eigentum zu begründen, Anteile einer Wohnungsgenossenschaft zu erwerben, Kautionen zu hinterlegen oder zumindest Mieten auf dem freien Wohnungsmarkt der Privatvermieter:innen begleichen zu können, als eingeschränkt anzusehen.

---

[19] https://de.statista.com/statistik/daten/studie/237719/umfrage/verteilung-der-haushalte-in-deutschland-nach-miete-und-eigentum/
[20] https://de.statista.com/statistik/daten/studie/70265/umfrage/haeuserpreisindex-in-deutschland-seit-2000/
[21] https://de.statista.com/statistik/daten/studie/609521/umfrage/monatlicher-mietindex-fuer-deutschland/
[22] https://www.oenb.at/isaweb/report.do;jsessionid=6805CA737B-9C30E1C6101566A997B66D?report=6.6; die Werte werden für A ohne Wien angegeben. In Wien erreichte der Hauspreisindex 2022 250,4 und jener für Eigentumswohnungen 320,3.
[23] https://www.infina.at/trends/entwicklung-der-mietpreise/
[24] https://de.statista.com/statistik/daten/studie/513182/umfrage/miete-von-hauptmietwohnungen-in-oesterreich/

1.2 Einkommensverteilung und Wohnkostenlast

Grundsätzlich bilden Wohnkosten einen nicht frei verfügbaren Teil des Haushaltseinkommens. Sie können also nicht für Konsum, Sparen oder Schuldenrückzahlungen ausgegeben werden. Wohnkosten zerfallen in unmittelbare und mittelbare Kosten. Mittelbare Kosten sind Miete, Zinslast und Kreditrückzahlung für Kredite, die zur Eigentumsbegründung aufgenommen wurden, kreditierte „Finanzierungsbeiträge" für Grund- und/oder Baukostenbeiträge von Wohnbaugenossenschaften. Mittelbare Kosten wiederum sind verbrauchsabhängige Kosten, also Betriebskosten wie Wasser-, Abwasser- und Müllbeseitigung sowie Energie.

Der Anteil der Wohnkosten am verfügbaren Haushaltsnettoeinkommen ist abhängig von Marktverhältnissen, rechtlichen Rahmenbedingungen (Mietendeckel, Zulässigkeit der Mieterhöhung), dem Mietpreisniveau am freien Markt, dem Niveau und der Entwicklung der Haushaltseinkommen. Er ist ferner abhängig von der Haushaltsgröße, Rahmenbedingungen der Kreditierung, Kreditzinsen, wohnbezogenen Transferleistungen, steuerrechtlichen Maßgaben sowie Wasser-, Energie- und Infrastrukturkosten (Betriebskosten). Hierbei sind zunehmende Wohnkosten auf ein Bündel von Faktoren zurückzuführen. Dazu gehören steigende Baukosten (Sanierungsvorgaben), baurechtliche Vorschriften und Maßgaben der Raumordnung (Baulandmobilisierung), familiäre Desorganisationsdynamiken (eine zunehmende Zahl von Trennungen/Scheidungen führt zu steigender Nachfrage nach Wohnraum) oder auch Immigrationsdynamiken. Diese komplexe Gemengelage plausibilisiert, warum der Wohnkostenanteil der Haushalte auch kurzfristig mitunter deutlich schwankt.

Dabei bestehen erhebliche Unterschiede zwischen Eigentum und Miete als Rechtstitel der Wohnraumnutzung. Eigentum belastet während der Anschaffung, entlastet hingegen nach Abzahlung des Kauf- und Finanzierungspreises bei den laufenden Kosten. So lag etwa in A der Anteil der Wohnkosten am Haushaltseinkommen 2022[25] durchschnittlich im Hauseigentum bei 11 %, im Wohnungseigentum bei 16 %, in einer Genossenschaftsmietwohnung bei 24 %, in einer Gemeindemietwohnung bei 25 % und in einer Wohnung mit (privater, frei vereinbarter) Hauptmiete bei 30 %.[26] Allerdings ist dabei zu unterscheiden zwischen Haushalten in bereits ausfinanziertem Eigentum und solchen mit laufenden Rückzahlungsverpflichtungen. 39 % der Eigentümer:innen zahlten 2021 einen Kredit zur Finanzierung ihres Haus- oder Wohnungseigentums zurück.[27]

1.2.1 Wohnkostenanteil am Haushaltseinkommen

Haushaltseinkommen setzen sich im Wesentlichen aus Erträgen, Erwerbseinkommen und Transferleistungen zusammen. Gemessen als Anteil am Haushaltseinkommen ist das Wohnen in Entsprechung des *Engel*schen Gesetzes in oberen Mittelschichten (relational) billiger, in Niedrigeinkommenshaushalten erheblich teurer. Dieses Belastungsmaß ist von Zinsen, Mieten, Betriebskosten, Transferleistungen, Kapital- und Erwerbseinkommen bestimmt (*Rosifka/Tockner* 2020). Was nun die Wohnkostenbelastung am Haushaltseinkommen betrifft, so ist eine Polarisierung im DACH-Vergleich zu beobachten.

Hierbei spielen der Rechts- bzw. Nutzungstitel (Eigentum, Miete), das Segment des Wohnungsmarktes (freier, gemeinnütziger oder öffentlicher Mietwohnungsmarkt), die Befristung von Bestandsverhältnissen sowie der Bedarfsdeckungsgrad von Transferleistungssystemen zusammen. So war zum einen eine in A

---

[25] https://mietervereinigung.at/News/841/60230/So-mietet-sterreich-Zahlen-und-Fakten-der-gro-en-MV-Umfrage
[26] Die Gruppe der Mieter:innen unterteilt sich in drei größere Sektoren: 16 % leben in Gemeindewohnungen, 40 % in Genossenschaftswohnungen und 44 % in meist privaten Mietwohnungen.
[27] 20 % aller österreichischen Haushalte hatten 2021 einen laufenden Kredit zur Finanzierung ihrer Wohnung. Diese Kredite umfassten Kredite für Wohneigentum und Kredite für die Finanzierung des Genossenschaftsbeitrags für Wohnungen gemeinnütziger Bauträger.

2022 privat vermietete Wohnung um 72 % teurer als eine Gemeindewohnung. Zum anderen wird die Wohnkostenbelastung am freien Mietenmarkt gedämpft, wenn Verträge langfristig abgeschlossen werden, Mieter:innen seltener umziehen und „Bestandsmieten" nur indexiert[28] angehoben werden. Nicht alle Mietverträge sind in D indexiert; ihr Anteil nimmt aber zu.[29] In der CH erfolgen Mietzinserhöhungen auf Grundlage der Entwicklung des hypothekarischen Referenzzinssatzes. Dass die Preise für Neuvermietungen in den letzten 20 Jahren mehr als doppelt so schnell gestiegen sind wie das allgemeine Preisniveau, liegt u. A. daran, dass etwa in D bei Neuvermietungen großer Spielraum zugunsten der Vermieterseite gegeben ist, während Bestandsmieten nur im gesetzlich vorgegebenen Rahmen erhöht werden dürfen. Auch in A dürfen im Vollanwendungsbereich des MRG Mieterhöhungen nur über Wertsicherungsvereinbarungen (Indexklauseln) erfolgen, wobei Richtwerte (zuzüglich Zu- und Abschlägen) und Kategoriebeträge zugrunde gelegt sind. Indes sind aus allen DACH-Gesellschaften Praktiken bekannt, denen nach Altmieter:innen mittels Auflösungsverträgen oder durch die Unbrauchbarmachung allgemeiner Teile des Hauses zum Auszug bewegt werden. In D schützen Bestandsmieten also nur bedingt. Augenfällig ist, dass derlei Mietpreisentwicklungen insbesondere in urbanen Räumen zu Verdrängungseffekten führen und zugleich damit zu einer räumlichen Verdichtung von einkommensschwachen Haushalten in bestimmten Wohnlagen (sozialen Brennpunkten) beitragen.

---

[28] In D gelten Bestandsmieten als Nettomietentgelt (kalt, ohne BK) für frei finanzierten Wohnraum in Mietverträgen, die nicht älter als vier Jahre sind (§ 558 Abs 2 BGB). Anhand der Bestandsmieten wird die ortsübliche Vergleichsmiete ermittelt. Nur diese kann Grundlage für eine erst nach zwei Jahren Mietdauer vorzunehmende Mieterhöhung nach § 558 BGB sein, der zugleich eine „Kappungsgrenze" vorsieht. Ortsübliche Vergleichsmieten werden in einem Mietspiegel zusammengefasst (*Schard* 2012).

[29] https://www.zdf.de/nachrichten/wirtschaft/miete-wohnen-inflation-100.html

Bei EU-Bürger:innen entfielen 2015 im Durchschnitt 24,4 % ihrer Haushaltsausgaben auf das Wohnen.[30] Ins Auge fällt dabei die Ungleichverteilung der Wohnkosten nach Haushaltstyp, sozialer Lage und Wohnort. Wohnen war 2015–2015 im Vergleich aller (privaten) Haushaltsausgaben in der EU der am stärksten wachsende Bereich. Die DACH-Gesellschaften rangierten 2015 rund um den erwähnten Durchschnittswert: D lag bei 24 %, A bei 22,7 % und die CH bei 24,2 %.[31] Wohnen war also 2015 in A vergleichsweise am billigsten. Auch die Daten für 2021 zeigen, dass in der EU (27) überhaupt 46,2 %, indes in D 50,2 %, in A 41,9 % und in der CH 70,9 % der Haushalte mehr als 25 % ihres Haushaltsnettoeinkommens für Wohnen aufgewendet haben.[32]

Zwischen der Weltwirtschaftskrise 2007/08 und dem Ausbruch von SARS-CoV-2 war die Wohnkostenbelastung im DACH-Vergleich – wenngleich mit Unterschieden – rückläufig bzw. stagnierte. Bemessen an den Konsumausgaben erreichten die Wohnaufwendungen[33] von Eigentümer:innen und Mieter:innen zusammengenommen 2019 in D 36,8 %,[34, 35] in A 20 % (Statistik Austria 2021, 51) – wobei T mit 42 % und Sbg. mit 36 % auf regio-

---

[30] https://www.derstandard.at/story/2000048423175/eu-buerger-brauchen-ein-viertel-ihrer-ausgaben-fuers-wohnen
[31] https://www.grenzgaengerdienst.de/lebenshaltungskosten-schweiz-vergleich
[32] https://ec.europa.eu/eurostat/databrowser/view/ilc_lvho30/default/table?lang=de
[33] Die Wohnkosten setzen sich zusammen aus den Ausgaben für Wohnen (Miete, Kreditrückzahlung), Energie und Wohnungsinstandhaltung.
[34] https://de.statista.com/statistik/daten/studie/380505/umfrage/wohnkostenanteil-an-konsumausgaben-privater-haushalte-in-deutschland/
[35] https://www.destatis.de/DE/Presse/Pressemitteilungen/2022/08/PD22_N054_61.html

nale Unterschiede verweisen[36] – und in der CH 25,2 %.[37] Am Höhepunkt der Pandemie, 2020, lag der durchschnittliche Wohnkostenanteil in D bei 28,6 %,[38] in A bei 20 %[39] und in der CH bei 26,3 %[40] des verfügbaren Einkommens. A war 2019 im Dreiländervergleich also das Land mit den niedrigsten Wohnkosten und das einzige Land im DACH-Vergleich mit einem unterhalb des EU-Durchschnitts liegenden Wohnkostenbelastungsniveau. Der Ukraine-Krieg 2022/23 allerdings hat die Wohnkosten aufgrund steigender Zinsen, Material- und Energiepreise deutlich angehoben.[41]

Betrachtet man vor dem Hintergrund dieses DACH-Vergleiches nun die einzelnen Länder in der Region genauer so ist in D die durchschnittliche Wohnkostenbelastung aller Privathaushalte 2008–2020 von 31,8 % auf 29,7 % des verfügbaren Haushaltseinkommens zurückgegangen. Signifikant hierbei ist die räumliche Ungleichverteilung. So wendeten deutsche Privathaushalte 2023 im Durchschnitt 27,8 % ihres Nettoeinkommens für die Miete auf – bei 7,5 % der Haushalte waren es mehr als 40 %, bei 3,7 %

---

[36] https://www.diepresse.com/5379648/wohnkosten-und-einkommen-klaffen-immer-weiter-auseinander; die Zahlen stammen aus 2017 und beinhalten Miete sowie Kreditrückzahlungen, aber keine Betriebskosten.
[37] https://de.statista.com/statistik/daten/studie/458840/umfrage/wohnkostenanteil-am-haushaltseinkommen-privater-haushalte-in-der-schweiz/
[38] https://www.haufe.de/immobilien/entwicklung-vermarktung/marktanalysen/wohnkostenbelastung-in-deutschland-miete-versus-einkommen_84324_521164.html
[39] https://www.wu.ac.at/ineq/forschung/research-notes/wohnkosten/
[40] https://de.statista.com/statistik/daten/studie/459675/umfrage/mietanteil-am-haushaltseinkommen-privater-haushalte-in-der-schweiz/
[41] https://www.jungewelt.de/artikel/441986.immobilienbranche-kräftiger-anstieg-bei-mieten-erwartet.html; https://www.handelsblatt.com/politik/deutschland/mieten-nebenkosten-treiben-auch-2023-die-gesamtmiete/28911796.html

der Haushalte mehr als 50 %[42] –, während es in München 38 %[43] waren. In D wendeten 2020 in Großstädten 49,2 % der Haushalte mehr als 30 % ihres Einkommens allein für die Miete auf. 12,9 % der Mieter:innenhaushalte in deutschen Großstädten hatten nach Abzug der Miete weniger als das Existenzminimum (unter Einrechnung von Sozialtransfers) zur Verfügung (*Holm* et al. 2021). In Bezug auf die ländliche Bevölkerung hingegen hatten 2020 nur 2,2 % mehr als 30 % des Haushaltsnettoeinkommens für Miete aufzuwenden (*Sagner/Stockhausen/Voigtländer* 2020). Überhaupt hat der Wohnaufwand in den unteren sozialen Strata überproportional zugenommen.[44] Spitzenwerte der Wohnkostenbelastung fanden sich in D 2022 bei Armutsgefährdeten mit 48,3 % des verfügbaren Haushaltsnettoeinkommens. Genauer betrachtet ist der Wohnaufwand in der nicht armutsgefährdeten Bevölkerung von 23,8 % auf 21,9 % gesunken und in der armutsgefährdeten Bevölkerung von 47,2 % auf 49 % gestiegen.[45] In dieser Gruppe waren insbesondere Haushalte von Alleinlebenden (57,5 %), Alleinerziehenden (47,3 %)[46] und zwei Erwachsenen ohne Kind (44,9 %) betroffen. Geringere Werte wurden für Haushalte mit zwei Erwachsenen und zwei Kindern (33,8 %)[47] ausgewiesen.

Die schicht- und milieuspezifisch unterschiedliche Belastungsverteilung wird auf differenzielle Weise subjektiv als Belastung

---

[42] https://www.destatis.de/DE/Presse/Pressemitteilungen/2023/03/PD23_129_12_63.html
[43] https://wohnkrise.de/situation-deutschland
[44] https://www.destatis.de/DE/Themen/Gesellschaft-Umwelt/Wohnen/Tabellen/eurostat-anteil-wohnkosten-haushaltseinkommen-mz-silc.html;jsessionid=E59B69067E07764BBFE15B87BE32E06C.live722
[45] https://www.destatis.de/DE/Themen/Gesellschaft-Umwelt/Wohnen/Tabellen/eurostat-anteil-wohnkosten-haushaltseinkommen-silc.html; Bei den alleinstehenden Armutsgefährdeten waren es gar 57,5 %.
[46] https://www.destatis.de/DE/Themen/Gesellschaft-Umwelt/Wohnen/Tabellen/eurostat-anteil-wohnkosten-haushaltseinkommen-silc.html
[47] https://de.statista.com/statistik/daten/studie/806343/umfrage/wohnkostenanteil-am-einkommen-armutsgefaehrdeter-haushalte-in-deutschland-nach-haushaltstyp/

und Beeinträchtigung der Lebensqualität wahrgenommen. So lag in D die subjektive Belastungsempfindung von Mieter:innenhaushalten höher als bei Eigentümer:innen. Als hoch belastet empfanden sich hier 10,5 % der Eigentümer:innenhaushalte und 16,5 % der Mieter:innenhaushalte. Überhaupt empfanden sich 55 % der Mieter:innen und 59 % der Eigentümer:innen als belastet. Im Gegenbild nahmen sich 30,5 % der Eigentümer:innen und 28,5 % der Mieter:innen als nicht belastet wahr.[48] Demgegenüber empfanden 24,4 % der armutsgefährdeten Bevölkerung in D die monatlichen Wohnkosten als eine große Belastung,[49] während es im Bevölkerungsdurchschnitt 13,1 % waren.[50]

In A lag die durchschnittliche Wohnkostenbelastung langjährig unter dem Niveau von D und CH.[51] Im Gesamtdurchschnitt (Eigentum und Miete) wendeten Privathaushalte 2019 21 % des Nettoeinkommens[52] für das Wohnen auf. *Statistik Austria*[53] zeigte, dass 2017–2021 der durchschnittliche Anteil der Wohnkosten am Haushaltseinkommen von 21 % auf 20 % und der durchschnittliche Anteil der Energiekosten von 6 % auf 5 % gesunken ist, während diese Kosten in den untersten vier Dezilen gestiegen sind. In absoluten Zahlen sind die Mieten inkl. Betriebskosten 2012–2022 um 33,6 %, die Mieten allein um 38,3 % (2006–2022: + 70 %) gestiegen (*INFINA* 2023). 2022 wiesen 28 %

---

[48] https://de.statista.com/statistik/daten/studie/861960/umfrage/subjektiv-wahrgenommene-wohnkostenbelastung-nach-wohnstatus-in-deutschland/
[49] https://de.statista.com/statistik/daten/studie/861843/umfrage/subjektiv-wahrgenommene-wohnkostenbelastung-der-armutsgefaehrdeten-haushalte/
[50] https://www.destatis.de/DE/Themen/Gesellschaft-Umwelt/Wohnen/eu-silc-armut.html
[51] https://ec.europa.eu/eurostat/databrowser/view/ILC_LVHO07A__custom_70815/bookmark/table?lang=de&bookmarkId=1214505d-bb9b-4968-b65c-14ddcaaa01ac
[52] https://www.statistik.at/fileadmin/pages/351/tabellenband_wohnen_2019__31_.pdf
[53] https://www.statistik.at/statistiken/bevoelkerung-und-soziales/wohnen/wohnkosten

der Haushalte einen Wohnkostenanteil von mehr als 25 % auf (im Mietensegment waren es bei Gemeindewohnungen 46 %, bei Genossenschaftswohnungen 45 % und bei freien Mietwohnungen 56 %).[54]

Haus- und Wohnungseigentümer:innen wiesen 2022 in A eine vergleichsweise geringe subjektive Belastung durch Wohnkosten auf. Nur 10 % der Eigentümer:innen sahen sich hier durch ihre Wohnkosten als stark belastet an. Umgekehrt fand sich eine stärkere subjektive Belastungswahrnehmung in A bei Mieter:innen. So hat die Inflation nach Verbraucherpreisindex (VPI) 2010–2020 um 19,8 % zugelegt, die Mieten aber verteuerten sich im Schnitt um 44 % pro Quadratmeter.[55] Mieter:innen von Genossenschaftswohnungen (12 %) und von Wohnungen am sog. ‚freien' Mietwohnungsmarkt (15 %) fühlen sich dabei weniger belastet als Mieter:innen in Gemeindewohnungen (18 %).[56] Dieser Umstand hat augenfällig weniger mit der Höhe der Mieten und mehr mit der Höhe der Haushaltseinkommen von Mieter:innen im Gemeindebau zu tun.

Von Wohnkostensteigerungen (einem wachsenden Anteil am Haushaltsbudget) waren vor allem Haushalte unterer sozialer Strata betroffen:[57] 8 % der Mieter:innen, 38 % der Arbeitslosen und 12 % im untersten Einkommensquartil waren in A 2021

---

[54] https://www.statistik.at/statistiken/bevoelkerung-und-soziales/wohnen/wohnkosten
[55] https://www.wohnnet.at/wohnen/mietpreise-60854505
[56] https://www.statistik.at/statistiken/bevoelkerung-und-soziales/wohnen/wohnkosten
[57] Dieses niedrige Ausgangsniveau geht fraglos darauf zurück, dass in A (im DACH-Vergleich) sowohl der Anteil öffentlichen Wohneigentums wie auch geförderter Mietwohnungen sowie Mietkaufwohnungen ein hoher ist und dass das österr. MRG Mietzinse (auch in Form von Kategoriemietzinsen) beschränkt. In Wien etwa waren 2020 drei Viertel aller Wohnungen vermietet, der Mietzins lag bei 9,90 €. 43 % der Haushalte wohnten in Gemeinde- oder Genossenschaftswohnungen. Ein wesentlicher Fokus der österreichischen Wohnungspolitik liegt darin, die Wohnkosten von Unterschichten zu senken (etwa durch den bevorrechteten Zugang zu Gemeindewohnraum).

wiederkehrend aufgrund finanzieller Engpässe mit der Zahlung der Miete oder der Betriebskosten im Rückstand. Rund ein Drittel aller Mieter:innen musste für die Wohnkostenbegleichung ihren Konsum einschränken. In den untersten 35 % der Miethaushalte wurden 2019 mehr als 30 % des Haushaltseinkommens, im vorletzten Dezil zwischen 40 % und 50 % und im untersten Dezil mehr als 50 % des verfügbaren Haushaltseinkommen für Wohnen ausgegeben (*Altzinger/List* 2020a,b). In der Gruppe der Haushalte mit einem Einkommen von weniger als 60 % des Medians lag die Wohnkostenbelastung bei durchschnittlich 43 %. Ihre Wohnkostenbelastung war mehr als doppelt so hoch wie in den Haushalten mit einem Einkommen zwischen 60 % und 180 % des Medians (17 %). Umgekehrt lag der Wohnkostenanteil der Haushalte mit einem (äquivalisierten) Haushaltseinkommen von 180 % des Medians mit 9 % bei der Hälfte des Wertes für den Bevölkerungsdurchschnitt (*Statistik Austria* 2022). Das Belastungsverhältnis im Vergleich zwischen dem ersten (einkommensschwächsten) und vierten (einkommensstärksten) Quartil variierte dabei zwischen 51,3 % und 19 %.[58]

Die Belastungsverteilung zeigt, dass junge Erwachsene (18– 34 Jahre) und Migrant:innen am negativsten von den Wohnkostensteigerungen betroffen waren. Junge Mieter:innen wohnten zu 40 % in befristeten Mietverhältnissen am freien Markt, bei den über 64-Jährigen waren es 6,6 % (die Mietverträge junger Erwachsener waren zu 43 % Neuverträge; *Huber* 2022). Personen mit Migrationshintergrund (beide Elternteile im Ausland geboren; entspricht 26 % der Gesamtbevölkerung bzw. 2,4 Mio. Personen) stellten noch immer 44,6 % der Mieter:innen am freien Wohnungsmarkt, immerhin aber 40,6 % der Mieter:innen einer Gemeindewohnung und 29,2 % der Mieter:innen einer Genossenschaftswohnung. Dies erklärt, warum im Ausland geborene Haushaltsmitglieder um 22,9 Prozentpunkte häufiger in beengten Wohnverhältnissen lebten und um 4,8 Prozentpunkte öfter

---

[58] https://www.statistik.at/fileadmin/publications/Wohnen-2021.pdf

belastende Wohnkosten als im Inland Geborene verzeichneten (*Huber/Horvath/Bock-Schappelwein* 2017, 32).

Unausweichlich sind Armutsbetroffene, vor allem jene, die Mindestsicherung /Sozialhilfe beziehen, deutlich stärker durch ihren Wohnaufwand belastet als der Rest der Bevölkerung. Die Wohnkosten der Armutsbetroffenen (8,5 €/qm) waren 2015 überhaupt um 63 % höher als im Durchschnitt (5,2 €/qm) aller Haushalte. Im Ergebnis konnten 14 % der Mindestsicherungsbezieher:innen ihre Wohnung nicht warmhalten (*Heuberger/Lamei/Skina-Tabue* 2018, 849); und 14 % von ihnen wiesen einen Wohnkostenanteil am Haushaltseinkommen von mehr als 40 % auf (7 % im Durchschnitt aller Haushalte).

Die durchschnittliche Wohnkostenbelastung als Anteil am verfügbaren Haushaltseinkommen in der CH lag 2006 bei 25 % (*Brunner* 2007). 2010–2020 blieb dieser Anteil relativ stabil (26,4 % >> 25,2 %),[59] was auch auf Mieter:innenhaushalte zutraf (26,3 %[60]). Überdurchschnittlich stark ist allerdings der Wohnkostenanteil in den Haushaltsbudgets der untersten drei Dezile der Haushalte angestiegen. Im obersten Quintil wurden 2015 10 %[61] des Haushaltsbudgets für das Wohnen aufgewendet. Demgegenüber gaben *Bochsler* et al. (2015) zufolge 20 % der einkommensschwächsten Haushalte in der CH im Jahr 2000 bereits 31 % ihres Budgets für das Wohnen aus; 2011 waren es dann schon 34 %. Dieser Wert blieb indes bis 2019 unverändert,[62] klet-

---

[59] https://de.statista.com/statistik/daten/studie/458840/umfrage/wohnkostenanteil-am-haushaltseinkommen-privater-haushalte-in-der-schweiz/
[60] https://de.statista.com/statistik/daten/studie/459675/umfrage/mietanteil-am-haushaltseinkommen-privater-haushalte-in-der-schweiz/
[61] https://www.bfs.admin.ch/bfs/de/home/statistiken/nachhaltige-entwicklung/monet-2030/alle-nach-themen/11-staedte-gemeinden/wohnkosten.html
[62] https://www.moneyland.ch/de/wohnen-kosten-belastung-haushalte-schweiz

terte aber aufgrund des 2018–2023 von 97,8 auf 120,1[63] steigenden Mietenindex auf 36,2 %.[64] 2021 fühlten sich 17 % durch erhöhte Wohnkosten bzw. steigende Mietpreise belastet. Bereits 2016 hatten 84 % der armutsbetroffenen Haushalte in der CH als unzureichend wohnversorgt gegolten. Das war in dieser Population vier Mal häufiger der Fall als im Durchschnitt der Gesamtbevölkerung. Insgesamt war die Wohnkostenbelastung für Einpersonen- und Einelternhaushalte größer als bei Mehrpersonenhaushalten, vor allem solchen mit zwei Erwerbseinkommen. Insbesondere alleinstehende Rentner:innen waren von einer hohen Wohnkostenbelastung betroffen. 82 % der armutsbetroffenen Haushalte und 48,9 % der Haushalte von Menschen in prekären Lebenslagen lebten in einer für sie zu teuren Wohnung. Als zu teuer gilt in der CH eine Wohnung, in welcher die Wohnkosten den Grenzwert von 30 % des Bruttoeinkommens (*SKOS* 2016)[65] übersteigen.

Im Ergebnis sind in den DACH-Gesellschaften im Bereich der Mieten zusehends hohe Belastungsniveaus durch Wohnkosten in den untersten vier Dezilen erkennbar. Im untersten Quintil erreicht der Wohnaufwand mehr als 40 % des verfügbaren Haushaltseinkommens. Es ist damit eine überproportionale Belastung unterer sozialer Strata durch Wohnkosten erkennbar, die genauer betrachtet als Lücke zwischen der Entwicklung der Wohnkosten und den lukrierbaren Einkommen in den sozialen Strata unterhalb der oberen Mittelschicht darstellbar ist. Dieser

---

[63] https://www.bfs.admin.ch/bfs/de/home/statistiken/preise/mieten/index.html; https://de.statista.com/statistik/daten/studie/350559/umfrage/mietpreisindex-fuer-die-schweiz-monatswerte/
[64] https://www.credit-suisse.com/about-us-news/de/articles/news-and-expertise/housing-costs-weigh-on-low-income-populations-202111.html
[65] Würde man den Grenzwert bei 25 % des Bruttoeinkommens festlegen, hätten 90,2 % der armutsbetroffenen Haushalte eine übermäßig starke Wohnkostenbelastung zu tragen. Würde man hingegen einen Grenzwert von 35 % als noch tragbar bezeichnen, würde der Anteil der armutsbetroffenen Haushalte mit einer zu hohen Wohnkostenbelastung auf 67,7 % sinken.

Befund fügt sich im Übrigen in die allgemeine Debatte über die Erosion der Mittelschichten (*Mau* 2012; *Müller* 2013; *Bäcker/ Kistler* 2021; *OECD* 2021).

Festzuhalten ist, dass sich in den DACH-Gesellschaften hohe Belastungswerte vor allem in urbanen Agglomerationen finden. In diesem Zusammenhang spielt der öffentliche Wohnungsbestand eine zentrale Rolle. So rangierte Wien aufgrund einer Verbindung von öffentlichem Eigentum, sozialem Wohnbau und Mieterschutz im DACH-Vergleich am unteren Ende der Belastungsskala: In Wien kostete 2020 der Quadratmeter Mietfläche im Durchschnitt 9,80 €, in Berlin 16 €, in Basel 24,30 SFr bzw. 23,60 €.[66] Allerdings besagen derlei Durchschnittswerte nicht viel, da sich hohe Wohnkostenanteile an den Haushaltsbudgets vor allem in den unteren sozialen Strata finden.[67]

Ein gesonderter Treiber dieser Entwicklung waren die Betriebskosten. 2022 stiegen in der CH die Nebenkosten in Wohnungen mit Öl- oder Gasheizungen um 38 %; für 2023 lag die Prognose Ende 2022 bei einem weiteren Anstieg in Höhe von 20 %.[68] Daneben nahm sich der Mietenanstieg 2022–2023 mit + 8 %[69] vergleichsweise bescheiden aus. Im DACH-Vergleich erreichten die Schweizer Wohnkosten deshalb den Spitzenwert.

Ein anderer Treiber war (in allen DACH-Gesellschaften) die durch das Befristungsregime ausgelöste Fluktuation. In A etwa korreliert der Anteil an befristeten Verträgen (vor allem in Sbg.,

---

[66] https://kontrast.at/wien-wohnen-miete-vergleich-2020/
[67] In diesem Zusammenhang sei darauf verwiesen, dass die perzentuelle Wohnkostenlast von Mieter:innen in Analogie zum *Engel*'schen Gesetz mit sinkendem Einkommen steigt, aber auch, dass die Wohnkostenüberlastung mit der steigenden Ungleichheit der Haushaltseinkommen und dem relativen Rückgang von Gemeinde- und Genossenschaftswohnungen zunimmt.
[68] https://www.nzz.ch/wirtschaft/teures-wohnen-nach-den-nebenkosten-steigen-bald-auch-die-mieten-ld.1708684?reduced=true
[69] https://www.handelszeitung.ch/konjunktur/nun-droht-eine-erhohung-der-mieten-um-bis-zu-acht-prozent-bis-ende-2023-538268

T, Vbg.) mit der Höhe der Mietpreise pro Quadratmeter. Im privaten Segment waren 2021 in A 47 % aller Verträge befristet. Dabei nimmt der Befristungsbestand dynamisch zu. 2021 wurden in A bereits 70 % der neu abgeschlossenen Mietverträge befristet abgeschlossen. Im Gegensatz dazu war der Befristungsanteil in Gemeindewohnungen (3 %) und Mietwohnungen gemeinnütziger Bauvereinigungen (6 %) marginal. Mehr als die Hälfte der befristeten Mietverträge wies eine Miethöhe von mehr als 900 € auf, während dies bei den unbefristeten Verträgen nur im Umfang von 37 % der Fall war.

Schließlich ist noch auf den Einfluss der Inflation auf die Mietpreisentwicklung zu verweisen. Hier zeigt der Vergleich, dass in D und A der Mietaufwand nicht nur die im Vergleich höhere Inflation spiegelt, sondern auch deutlich oberhalb des Niveaus der Verbraucherpreisindexe zugenommen[70] hat. Die jüngste Entwicklung zeigt, dass A im Vergleich aufgrund des politischen Verzichtes auf Markteingriffe die höchste Inflationsbelastung aufweist. In D lag die durchschnittliche Inflationsrate 2000–2022 bei 2,7 %, 2022 bei 6,9 %. Der VPI stieg 2002–2022 um 41,1 % (Basis: 2000). In A hingegen lag die Inflationsrate 2000–2010 im Schnitt bei 2,0 %, 2011–2020 im Schnitt bei 1,9 % und 2021–2022 bei 5,7 %;[71] insgesamt 2002–2022 bei 2,2 %.[72] Der VPI wiederum (Basis: 2000) stieg 2002–2022 von 104,5 auf 161,8 um 54,8 %, also deutlich stärker als in D. In der CH schließlich lag die Inflationsrate 2002–2022 bei knapp unter einem Prozent; kumuliert (2002–2022) lag sie bei 7,8 %.[73] Sie erreichte 2020 einen Wert von – 0,8 %, lag 2021 bei 0,5 % und 2022 bei 2,7 %.[74] Sohin lag die Inflationsrate der CH 2002 bei etwa der Hälfte, 2022 hin-

---

[70] https://www.wko.at/zahlen-daten-fakten/verbraucherpreisindex
[71] https://finanzrechner.at/statistik/inflation
[72] https://www.statistik.at/services/tools/tools/wertsicherungsrechner-andere-rechner
[73] https://www.laenderdaten.info/Europa/Schweiz/inflationsraten.php
[74] https://de.statista.com/statistik/daten/studie/216721/umfrage/inflationsrate-in-der-schweiz/

gegen bei weniger als einem Drittel der Inflation in der EU und wies zugleich auch den geringsten Wert im DACH-Vergleich auf.

1.2.2 Wohnkosten und Erwerbseinkommen

Gesondertes Augenmerk ist dem Zusammenhang zwischen der Höhe und Spreizung der Erwerbseinkommen und den Mietpreissteigerungen zu schenken. So stiegen in D die Löhne von 2015–2021 um 14,2 %, während die Bestandsmieten um 7,3 % und die Neuvertragsmieten um 7,7 % (pro Quadratmeter) zugenommen haben.[75] Hier lag das Niveau der Lohnentwicklung oberhalb der Mietpreisentwicklung, was allerdings im Kontext einer zunehmenden Lohnungleichheit gesehen werden muss.[76]

In A wiederum sind 2005–2018 Durchschnittsmieten inklusive Betriebskosten um 47,6 %, der VPI um 40,2 %, die Löhne (Median-Bruttoeinkommen) aber nur um 18,8 % gestiegen.[77] Dies gilt auch für die Periode 2000–2010 (*Tockner* 2012a). Die jüngere Entwicklung schreibt dies fort. 2021–2023 stiegen die Kategoriemieten um 23,3 %, die frei vereinbarten Mieten um 16,8 %, die Richtwertmiete um 14,9 % und die Tariflöhne um 11,3 %.[78] Das Niveau der Lohnentwicklung lag also unterhalb der Mietpreisentwicklung,

In der CH hingegen stiegen die Reallöhne 2003–2023 (Index: 2003), und zwar bis 2019 auf 109,1, um 2020 bis 2023 wieder auf 107,3 zu sinken. 2009–2016 wurden zwar Reallohnzuwächse verzeichnet, die jedoch einerseits von steigenden Krankenkassenprämien, andererseits von steigenden Mieten absorbiert wurden.[79] Der Mietindex stieg bei allen Mieten (Basis: 2000) im

---

[75] https://www.haus-und-grund.com/mieten-sind-bezahlbarer-geworden.html
[76] https://www.boeckler.de/pdf/p_edition_hbs_183.pdf
[77] https://jbi.or.at/lohne-vs-mieten/
[78] https://www.vienna.at/teuerung-mietpreise-ziehen-den-loehnen-davon/8052970
[79] https://www.travailsuisse.ch/de/arbeit-wirtschaft/loehne/2023-07-03/kaufkraft-des-mittelstandes-unter-druck

Zeitraum 2002–2022 von 103,7 um 27,8 % auf 132,5 Indexpunkte.[80] Damit stiegen auch hier die Mieten deutlicher als die Reallöhne.

Zugleich haben in allen DACH-Gesellschaften die Lohnspreizungen seit Mitte der 1990er-Jahre zugenommen. Davon waren vor allem gering Qualifizierte und atypisch prekär Beschäftigte negativ betroffen (*Schettkatt* 2006). 2018 lag die Niedriglohnquote *Eurostat* folgend in D bei 20,4 %, in A bei 14,8 %, in der CH bei 12 % und im EU-27-Durchschnitt bei 15,2 %.

Fritsch/Verwiebe (2018) hielten fest, dass 1996–2015 der Niedriglohnsektor[81] in D aufgrund der Deregulierung und Flexibilisierung des Arbeitsmarktes infolge der Hartz-IV-Reformen von 14,3 % auf 21,9 % signifikant zugenommen hat. In A wiederum ist seit 2016 die Niedriglohnquote im Sinken begriffen (*Geisberger* 2021). Lag die Niedriglohnbeschäftigung 2018 bei 14,8 %, so sank sie bis 2020 auf 12,3 %. Überhaupt sank der Anteil der Niedriglohnbeschäftigten damit das fünfte Jahr in Folge. Indes nahm die Lohnspreizung kontinuierlich zu (*Altzinger* 2019). Im Jahr 2015 erreichte der Medianlohn 52,2 % des Monatslohnes an der Grenze zum obersten Dezil der Lohnverteilung (*Eppel/Leoni/Mahringer* 2017). Bezieher:innen eines Medianlohnes büßten daher relativ zum obersten Einkommensdezil um 1,9 Prozentpunkte an Monatseinkommen ein. Die seit 2000 schwache Gesamtentwicklung der Einkommen aus unselbstständiger Arbeit ist im Teilsegment instabiler/prekärer Beschäftigung besonders deutlich ausgeprägt. Hier greifen die in Kollektivverträgen ausverhandelten Lohnerhöhungen weniger, weil Beschäftigte immer wieder neu in Beschäftigungsverhältnisse eintreten. In der CH schließlich blieb der Niedriglohnsektor stabil (12,7 %–12,3 %), obwohl der Arbeitsmarkt stärker dezentral organisiert ist und

---

[80] https://www.bfs.admin.ch/bfs/de/home/statistiken/preise/mieten/index.assetdetail.29987563.html
[81] Niedriglohn bedeutet einen Verdienst unterhalb von zwei Dritteln des Medianbruttostundenlohns.

überregionale Tarifverträge durch Betriebsvereinbarungen verdrängt wurden.
Zu den Risikogruppen der Niedriglohnarbeit zählen in allen DACH-Gesellschaften Erwerbstätige mit befristeten Verträgen, Teilzeitbeschäftigte, gering qualifizierte Frauen, Beschäftigte im Handel oder in der Gastronomie und vor allem junge Arbeitnehmer:innen (bis 30 Jahre). Weiters zeigt sich in allen DACH-Gesellschaften eine zunehmende Ungleichheit der Haushaltseinkommen bedingt durch den Bedeutungszuwachs der Kapitaleinkommen. Damit sind Niedrigeinkommenshaushalte in erster Linie von steigenden Wohnkosten negativ betroffen.

1.2.3 Wohnkostenüberlastung

Von einer Über(be)lastung privater Haushalte durch Wohnkosten spricht man, wenn mehr als 40 % des verfügbaren Nettoeinkommens (nach Abzug der Wohnbeihilfe-Transfers) für Wohnen (Miete, Betriebskosten, Annuitäten) aufzuwenden sind.[82] Diese Überlast ist nicht nur Ausdruck der Differenz zwischen Markteinkommen und Wohnkosten, sondern ebenso Ausdruck unzureichender Transfereinkommen sowie unzureichender regulatorischer Eingriffe am Wohnungsmarkt. So lag die Zahl der Zahl der Haushalte mit einem Wohnkostenanteil von mehr als 40 % 2020 in D bei 10,7 % (in Mieter:innenhaushalten 12,8 %),[83] in A bei 8 %[84] und in der CH bei 13,6 %.[85]

---

[82] Der Wert ist strittig.
[83] https://www.destatis.de/DE/Presse/Pressemitteilungen/2022/08/PD22_N054_61.html
[84] https://www.statistik.at/statistiken/bevoelkerung-und-soziales/wohnen/wohnkosten
[85] https://de.statista.com/statistik/daten/studie/491891/umfrage/ueberbelastung-durch-wohnkosten-in-der-schweiz/; zwischen 2010 und 2020 schwankt der Wert zwischen 10,6 % und 14,2 %.

In der EU lag diese Über(be)lastungsquote 2009 im Durchschnitt bei 9,9 %, 2017 bei 10,4 % und 2019 bei 9,4 %,[86] 2021 indes bei nur mehr 8,3 %. Nur in A wurde also der EU-Durchschnitt unterschritten. Die Quote erweist sich als äußerst beweglich: 2012 hatten noch 43 % der europäischen Mieter:innen angegeben, Schwierigkeiten zu haben, ihre Miete zu bezahlen;[87] bis 2019 war der Wert auf ein Drittel gesunken, um nach COVID-19 und Ukraine-Krieg wieder auf den Ausgangswert zurückzuschnellen.[88]

Indes besteht zwischen objektiver und subjektiver Belastung ein erheblicher Unterschied. So erhob *Eurostat*, dass der Anteil jener Haushalte, in denen die Wohnkosten eine subjektiv starke finanzielle Belastung darstellten, 2006–2019 von 26,5 % auf 12,1 % gesunken ist,[89] während 2019 13,9 % der Bevölkerung objektiv überlastet[90] waren.[91] Das subjektive Belastungsempfinden liegt also niedriger als dies die objektive Belastung vermuten ließe. Das zeigt sich erst recht bei denn armutsgefährdeten Haushalten. Hier fühlten sich 2019 insgesamt 21,9 % durch Wohnkosten stark finanziell belastet. Nach objektiven Kriterien aber waren es 48,3 %.

Auch im Kontext der Überlast lässt sich ein Unterschied zwischen Miete und Eigentum nachzeichnen. Während der EU-Durchschnitt 2017 bei 10,4 % lag, waren 26,3 %[92] der Mieter:in-

---

[86] https://ec.europa.eu/eurostat/databrowser/view/tespm140/default/table?lang=de
[87] http://www.akeuropa.eu/de/beunruhigende-entwicklung-auf-eu-ebene-beim-sozialen-wohnbau.html?cmp_id=7&news_id=1432
[88] https://de.statista.com/infografik/23343/wohnkostenueberbelastungsquoten-in-europa/; https://www.investigate-europe.eu/de/2022/untaxed-unbezahlbare-mieten-europa/
[89] https://www.bpb.de/kurz-knapp/zahlen-und-fakten/soziale-situation-in-deutschland/61727/wohnkosten/
[90] 40 % des verfügbaren Haushaltseinkommens.
[91] Die Überbelastungsquote schwankte in D 2000–2019 um die 15,4 %.
[92] https://ec.europa.eu/eurostat/statistics-explained/index.php?title=Archive:Housing_statistics/de&oldid=467986

1.2 Einkommensverteilung und Wohnkostenlast

nen, die zu Marktpreisen gemietet hatten, aber nur 4,7 % der Eigentümer:innen selbst genutzten Wohneigentums, welche Darlehen oder einer Hypothek zu zahlen hatten, davon betroffen. Auch Personen, die in öffentlichen, gemeinnützig errichteten oder direkt preisregulierten Mietverhältnissen wohnten, waren immer noch zu 13,7 % überlastet, weil das Niveau direkter und indirekter Transfers im Vergleich zu den durchgesetzten Immobilienrenditen zu niedrig war und ist.

Ferner ist auch die unterschiedliche Belastung nach Schichtzugehörigkeit markant ausgeprägt. Für das Jahr 2019 wies der ‚State of Housing in Europe'[93] eine Überlastquote von 9,4 %, hingegen in der von Armutsgefährdung betroffenen Bevölkerung eine Quote von 35,4 % aus. Zugleich lebte knapp die Hälfte dieser armutsgefährdeten Bevölkerung in überbelegten Wohnungen.[94] Gleichzeitig stieg 2020–2021 die Zahl der Haushalte mit Mietrückständen von 23 % auf 35 %.[95]

Fraglos haben die COVID-19-Pandemie und der Ukraine-Krieg diese Situation nochmals verschärft (*Groß/Göbler/Wagner* 2020; *Dimmel/Schmee* 2021),[96] wenngleich viele[97] europäische Länder (auch D, A) mit gesetzlichen Maßnahmen wie Delogierungs-

---

[93] https://www.housingeurope.eu/resource-1323/the-state-of-housing-in-the-eu-2019
[94] https://www.gbv-aktuell.at/news/908-wie-die-pandemie-den-europaeischen-wohnungsmarkt-veraendert
[95] In Tschechien befürchtete 2021 jede:r Achte, dass sie oder er die Unterkunft im nächsten Jahr verlieren könnte.
[96] https://www.boeckler.de/de/pressemitteilungen-2675-corona-pandemie-vergrossert-ungleichheit-auf-den-wohnungsmarkten-35490.htm
[97] In England hingegen wurden im ersten Quartal 2021 um 35 % mehr Haushalte mit Mietrückständen im Vergleich zum entsprechenden Quartal des Vorjahres registriert. In Italien ist die Anzahl der Personen im privaten Mietsektor mit Mietrückständen 2020/2021 von 10 auf 24 % geklettert; so der Bericht *State of Housing in Europe 2023*, *verfügbar unter: https://www.stateofhousing.eu/#p=34* .

stopp, Mietendeckel[98] bzw. Wohnschirm,[99] dem Einfrieren der Miete, Mietaufschüben oder befristeten Mietaussetzungen, aber auch Kreditstundungen (D, A) reagiert haben.

2019 wurde die Überlastungsquote der Gesamtbevölkerung in D mit 13,9 % ausgewiesen. Für 2021 wiederum wurden in D ‚nur mehr' 10,7 % der Bevölkerung als durch ihre Wohnkosten überlastet[100] erfasst. Daten für D zeigen exemplarisch, dass die Überlastung durch Wohnkosten (10,7 %) 2019 vor allem ältere Mieter:innen betraf (38 % gaben 2019 mehr als 40 % ihres Nettoeinkommens für Wohnen aus; *Gordo* et al. 2019); eine Verwitwung verdreifachte das Risiko der Wohnkostenüberlastung von 6 % auf 19 %.[101] Zum anderen waren 2020 vor allem geringfügig Beschäftigte (33 %) und Arbeitslose (37 %; jeweils Wohnkostenüberlastung ohne Berücksichtigung der Betriebskosten) betroffen. Bei Neuvertragsmieten in Großstädten (Berlin, Hamburg, München, Köln) mussten Mieter:innen 2020 durchschnittlich mehr als 37 % ihres Gehalts für Wohnen ausgeben. Gegengleich verfügte 2020 ein Viertel aller Haushalte in D (10 Mio.) über keine finanziellen Rücklagen (Sparquote aus dem laufenden Einkommen ist null), sodass bereits ein Mietenanstieg um mehr als 100 € das Bestandsverhältnis gefährdet, weil er absehbar einen Mietenrückstand provoziert.[102]

---

[98] https://www.tagesspiegel.de/politik/spanien-und-portugal-millionen-von-mietern-atmen-auf-8631637.html
[99] https://www.sozialministerium.at/Themen/Soziales/Soziale-Themen/wohnungssicherung.html
[100] https://www.destatis.de/Europa/DE/Thema/Bevoelkerung-Arbeit-Soziales/Soziales-Lebensbedingungen/Wohnkosten.html; sie mussten mehr als 40 % ihres verfügbaren Einkommens für Wohnen ausgeben; siehe ferner: https://www.destatis.de/DE/Themen/Gesellschaft-Umwelt/Wohnen/_inhalt.html;jsessionid=9375F23CD04387846B-006D00BCF44087.live721; 2022 waren es (auch als Folge der Pandemie und des Ukraine-Kriegs) bereits 20 %.
[101] https://www.dza.de/detailansicht/verwitwung-verdreifacht-das-risiko-finanzieller-ueberlastung-durch-wohnkosten
[102] https://mieterbund.de/themen-und-positionen/zahlen-fakten/

Der entsprechende Wert lag 2019 in A bei 7,1 %. Bereits *Beer/ Wagner* (2012) haben darauf verwiesen, dass die Wohnkostenüberlastung in A vor allem im untersten Einkommensquartil beträchtlich ist (Wohnaufwand in Höhe von 51 % des Haushaltsnettoeinkommens bei Mieter:innen; 44 % bei Eigentümer:innen). Auch *Altzinger/List* (2020) haben festgehalten, dass zum einen die relative Wohnkostenbelastung als Anteil am verfügbaren Einkommen für Wohnungseigentümer:innen deutlich geringer ist als jene für Mieter:innen und dass zum anderen die Wohnkostenüberlast mit der Schichtzugehörigkeit korreliert. Rund 6 % der privaten Haushalte (8 % der Mieter:innen, 38 % der Arbeitslosen und 12 % im untersten Einkommensquartil) gaben 2019 an, in den letzten zwölf Monaten zumindest einmal aufgrund dieser Überlastung (finanzielle Engpässe) mit der Zahlung der Miete oder der Betriebskosten im Rückstand gewesen zu sein. Rund ein Drittel der Mieter:innen musste für die Wohnkostenbegleichung seinen sonstigen Konsum einschränken.

Vergleichbar zu D lag der Überlastungswert in der CH 2019 bei 14,2 % aller Haushalte. Andernorts war für 2020 von einer Wohnkostenüberlastung aller Schweizer Haushalte im Ausmaß von zumindest 17 % die Rede,[103] also etwa dem Dreifachen des österreichischen Wertes. So musste 2021 jeder zweite Zürcher Haushalt für 90 Quadratmeter Wohnraum zumindest 47 % des Medianeinkommens aufwenden. In Bern (40 %), Basel (43 %), Lausanne (48 %) und Genf (54 %) waren die Werte ähnlich gelagert.[104]

Zusammenfassend betrachtet lag die Überlastquote in den DACH-Gesellschaften 2017 teils über (D: 14,5 %, CH: 12,7 %), teils unter (A: 7,1 %) dem EU-Durchschnittswert (10,4 %). In allen DACH-Gesellschaften waren 2017 Haushalte, die zu Markt-

---

[103] https://skos.ch/fileadmin/user_upload/skos_main/public/pdf/grundlagen_und_positionen/grundlagen_und_studien/2020_Grundlagendokument_Wohnen.pdf.
[104] https://www.infosperber.ch/wirtschaft/kapitalmarkt/verteilung-auf-die-mieten-kommt-es-an-nicht-auf-den-lohn/

preisen mieteten (D: 20,5 %, A: 15,5 %, CH: 19,6 %) häufiger überbelastet als solche in gemeinnützig errichteten oder öffentlichen Wohnungen (D: 19,3 %; A: 8,8 %; CH: 13,4 %).[105] Dies zeigt, dass Markteingriffe zur Sicherstellung der Leistbarkeit von Wohnen generell zweckmäßig sind, aber in ihrer Reichweite Armutsgefährdungsrisiken nicht effektiv ausschließen. In der armutsgefährdeten Bevölkerung erreichte die Überlastungsquote 2019 in D 48,3 %, in A 40,8 % und in der CH 55 %.[106]

Eine der Reaktionen betroffener Haushalte liegt im ‚Overcrowding', dem Überbelag. In der Tat lebten 2017 etwa 15 % der Haushalte der DACH-Gesellschaften in überbelegten Wohnungen. So wiesen in A Haushalte mit geringen Einkommen (Working Poor, Niedriglöhner:innen) 2017 eine Überlastquote von 35,4 % auf, während 17 %[107] dieser Gruppe in überbelegten Wohnungen wohnten.

Nun ist die Wohnkostenüberlast aber nicht nur durch Mietforderungen der Eigentümer:innen, sondern auch durch steuerliche Rahmenbedingungen mitbedingt. So wird in D keine Umsatzsteuer auf die Vermietung einer privaten Wohnimmobilie eingehoben, während in A eine Mehrwertsteuer bei Vermietungen in Höhe von 10 % zu entrichten ist. In der CH existiert ein Opting-in-System; praktisch ist die Vermietung zu privaten Wohnzwecken aber mehrwertsteuerfrei.[108]

---

[105] https://ec.europa.eu/eurostat/statistics-explained/index.php?title=File:Quote_der_Überbelastung_durch_Wohnkosten_nach_Wohnbesitzverhältnissen,_2017_(in_%_der_angegebenen_Bevölkerung)_FP-20-DE.png
[106] https://de.statista.com/statistik/daten/studie/325870/umfrage/ueberbelastung-der-bevoelkerung-in-europa-durch-wohnkosten/
[107] https://www.gbv-aktuell.at/news/908-wie-die-pandemie-den-europaeischen-wohnungsmarkt-veraendert
[108] https://www.weka.ch/themen/finanzen-controlling/steuern/immobilienbesteuerung/article/mwst-liegenschaften-vermietung-mit-oder-ohne-option/

Festzuhalten ist, dass sich die Wohnkostenüberlastung als ein wesentlicher Treiber von Delogierungsrisiken (Wohnungs- und Obdachlosigkeit) erweist. Sie provoziert Mietrückstände, die wiederum in die Räumung einer Wohnung/Delogierung eines Haushaltes münden. So wurden 2017 in Wien etwa 4.340 Haushalte delogiert (zwangsweise aufgelöst und geräumt), 780 davon im Gemeindebau, 540 im genossenschaftlichen Bereich und 3.020 im privaten Mietensegment.[109] 2020/21 ging die Zahl der Delogierungen zurück – 2021 wurden 561 Delogierungen aus Gemeindewohnungen vorgenommen –, um 2022 wieder deutlich zuzunehmen.[110] 95 % der Delogierungen erfolgten aufgrund von Mietrückständen.[111]

1.3 Wohnen als Armutsrisiko

Wohnbedingungen, Wohnkosten und die Stabilität der Wohnversorgung sind zentrale Indikatoren, von welchen aus sich auf die Armutsbelastung von Haushalten schließen lässt. Entsprechende Ausgrenzungsdynamiken treten vor allem in Mietverhältnissen auf. Denn gemeinsam mit den Grundstückspreisen und Gentrifizierungsstrategien, die als Reaktion auf die wachsende Nachfrage der Reichen nach Luxusimmobilien zu lesen sind, steigen auch Durchschnittsmieten, während die nicht bedeckte Nachfrage nach leistbarem Wohnraum, die Anzahl der Zwangsräumungen sowie die Obdachlosigkeitsbelastung mit hoher Dynamik (*Berner/Holm/Jensen* 2015) zunehmen. Diese Gentrifizierung erschwert zunehmend unteren Mittelschichtfamilien und vor allem auch Alleinerziehenden den Zugang zu adäquater Wohnungsversorgung (*Bertelsmann* 2013). *Marx* sprach vordem im ersten Band des Kapitals von den „Hundelöhnen" der Arbeiter, aus welchen horrende Mieten zu begleichen sind. Heute

---

[109] Exakte Zahlen hierzu existieren nicht.
[110] https://www.vienna.at/zahl-der-delogierungen-nahm-2022-wieder-zu/7899724
[111] https://www.derstandard.at/story/2000143406297/zahl-der-delogierungen-stieg-2022-nach-corona-delle-wieder

sind es die Haushaltseinkommen des Prekariats, welche die Grund- bzw. Hausrente über Mechanismen einer sekundären Ausbeutung begleichen.

Über die Hälfte der Bevölkerung der EU lebte im Jahr 2017 in Eigentümerwohnungen, wobei der Anteil von 51,4 % in D bis hin zu 96,8 % in Rumänien reichte. Etwas weniger als die Hälfte der EU-Bevölkerung wohnte zur Miete oder in wohnrechtlichen Sonderkonstruktionen (Prekarium, Dienstwohnung etc.) In diesem Mietensegment ist eine Serie sozialer Verwerfungen erkennbar: 15 % der Bevölkerung, zumeist Mieter:innen, lebten im EU-Durchschnitt in überbelegten Wohnungen, 4 % waren wohnungs- oder obdachlos, 22 % lebten gegen ihren Willen noch bei ihren Eltern. 2018 lebten 9,6 % der Bevölkerung der EU-27 in Haushalten, die mindestens 40 % ihres verfügbaren Äquivalenzeinkommens für Wohnraum ausgaben und damit den Schwellwert der sog. Wohnkostenüberlastung erreicht hatten. 2021 galten noch immer 8,3 % (2013: 11,6 %) der EU-27-Bevölkerung als durch ihre Wohnkosten überlastet. Indes waren nur 5,5 % der Eigentümer:innen, immerhin aber 25,1 % der Mieter:innen davon betroffen. Im untersten Quartil der Haushalte erreichte diese Überlastungsquote einen Wert von 26,3 %.[112]

2022 schwankte die durchschnittliche Überlastungsquote der Privathaushalte zwischen 11,0 % (D), 6,1 % (A) und 14,8 % (CH) im DACH-Vergleich.[113] Bei den Mieter:innen wurde die Überlastungsschwelle in D von 28,9 %, in A von 14,5 % und in der CH von 19,4 % der Haushalte erreicht. Dabei sei darauf verwiesen, dass auch in Mietverhältnissen mit ermäßigten Preisen (sozialer Wohnbau bzw. Gemeindewohnungen und gemeinnützig errich-

---

[112] https://ec.europa.eu/eurostat/statistics-explained/index.php?title=Archive:Housing_statistics/de&oldid=467986
[113] https://ec.europa.eu/eurostat/databrowser/view/tespm140/default/table?lang=de

tete/geförderte Wohnungen) der Anteil der überlasteten Haushalte in D bei 16,1 %, in A bei 7,8 % und in der CH bei 14,7 % lag.[114]

In D lebten 2018 10,5 % aller Personen in überbelegten, gesundheitsschädlichen, unzureichend geheizten Wohnungen,[115] also unter prekären Wohnbedingungen. Unter der von Armut betroffenen Bevölkerung traf das 2008 noch auf 24 % zu; bis 2018 jedoch stieg dieser Wert auf 36 %. Einer Studie der Böckler Stiftung (*Holm* et al. 2021) zufolge stand 2020 12,9 % aller Mieter:innenhaushalte in deutschen Großstädten nach Begleichung von Miete und Betriebskosten unter Berücksichtigung von Sozialtransfers und Wohngeld weniger als das Existenzminimum zur Verfügung. Besonders stark betroffen waren Haushalte von Alleinerziehenden mit einer Quote von 24,2 %. Ärmere Haushalte müssen einen weit überdurchschnittlichen Anteil ihres Einkommens fürs Wohnen aufwenden und leben auf im Vergleich kleinerem Wohnraum in schlechter ausgestatteten Wohnungen.

2016 wendeten in A 37 % der Haushalte mehr als 40 % ihres Einkommens für Wohnen und Heizen auf, während die untersten beiden Dezile mehr als die Hälfte ihres Einkommens dafür auszugeben hatten. 2016 waren 229.000 Menschen nicht in der Lage, ihre Wohnung in angemessener Weise warmzuhalten. Mehr als die Hälfte der Armuts- oder Ausgrenzungsgefährdeten lebte in Wohnungen, die von Feuchtigkeit/Schimmel befallen oder überbelegt waren, unzureichenden Lichteinfall aufwiesen oder über kein Bad/WC verfügten. Energiearmut bedeutet vielfach, sich zwischen Wärme und Kalorien entscheiden zu müssen. Der kennzeichnende Slogan „Heat or eat" hat auch den Winter 2022/23 geprägt. Häufig waren es 2023 Alleinerziehende, Min-

---

[114] https://ec.europa.eu/eurostat/statistics-explained/index.php?title=File:Quote_der_Überbelastung_durch_Wohnkosten_nach_Wohnbesitzverhältnissen,_2018_(in_%25)_SILC2020-de.png

[115] https://www.destatis.de/DE/Themen/Gesellschaft-Umwelt/Einkommen-Konsum-Lebensbedingungen/Lebensbedingungen-Armutsgefaehrdung/_inhalt.html

destpensionist:innen oder Familien mit mehreren Kindern, die in den eigenen vier Wänden frieren mussten. Die allgemeine Inflationsrate in Höhe von 8,6 % (2022) wurde bei den wohnspezifischen Aufwendungen deutlich überschritten.

Die durchschnittliche Miete inkl. Betriebskosten lag Statistik Austria zufolge im 3. Quartal 2022 bei monatlich 8,8 €/qm und war damit 3,1 % höher als im Vorquartal. Den stärksten Anstieg gab es bei den Gemeindewohnungen (+ 3,8 %), gefolgt von privaten Hauptmieten (+ 3,6 %) und Genossenschaftsmieten (+ 1,2 %). Dies war der höchste Anstieg von einem Quartal aufs nächste seit Beginn der Zeitreihe im Jahr 2004. 400.000 Haushalte, die von der gesetzlichen Änderung des Richtwertmietzinses betroffen waren, hatten eine Steigerung von 4,2 % zum Vorquartal zu bewältigen.[116] Daneben stiegen die Kosten für Haushaltsenergie 2022 um + 37 % (*Statistik Austria* 2023). Im April 2023 stiegen die Mieten neuerlich um durchschnittlich 8,6 %.[117]

In der CH leben Armutsbetroffene vielfach in prekären Wohnsituationen, gekennzeichnet durch Überbelegung, Lärmbelastung, Feuchtigkeit, Kälte, Schimmel. Wohnen in Armutslagen bedeutet einen eingeschränkten Zugang zur sozialen Infrastruktur (Kindertagesbetreuung, Spielplätze, Schulen, öffentliche Verkehrsmittel, Einkaufsmöglichkeiten) (*SKOS/FHNW* 2015, 59 ff.) und zieht erhebliche Gesundheitsrisiken nach sich (*BFS* 2019, 38).

Wohnen ist damit für Haushalte, die zur Miete wohnen, zu einem eigenständigen sozialen Risiko geworden, wie *Groh-Samberg* (2009) skizziert hat; so auch *Sagner* (2022) und *Braun* (2022). Darin spiegelt sich nicht nur die Prekarisierung und Atypisierung der Lohnarbeit (*Crouch* 2019) sowie das Sinken der bereinigten Nettolöhne (*Steg* 2019), sondern auch die Erschließung des Wohnungsmarktes durch das nach Anlagemöglichkeiten su-

---

[116] https://www.statistik.at/fileadmin/announcement/2022/12/20221207WohnenQ32022.pdf
[117] https://www.prop.id/blog/ab-april-neue-richtwerte-in-oesterreich

chende Finanzkapital. *Ronald/Arundel* (2022) haben dargelegt, dass die Ökonomie des ‚boom and bust', der Immobilienspekulation und des Platzens ihrer Blasen einerseits Wohnraum in profitable Kapitalanlage, andererseits für nicht-vermögende Lohnabhängige in ein knappes Gut verwandelt hat. Währenddessen hat sich der Staat aus dem Segment der Schaffung leistbaren Wohnraums typus- und schichtspezifisch differenziert zurückgezogen (*Schwarz/Seabrooke* 2009). Damit wird das Wohnen zu einem Motor der Erzeugung und Reproduktion sozialer Ungleichheit. Dies spiegelt sich in einem die Grundlagen gesellschaftlicher Kohärenz beschädigten Prozess der Gentrifizierung (*Belina* 2021) und Dissemination von Armutsrisiken.

So treiben hohe Wohnkosten nicht nur Mieter:innen in den Sozialhilfebezug, sondern sie waren in A 2018–2022 auch ursächlich für 19.600 Delogierungen, etwa 4.000 pro Jahr, die weitaus meisten davon aufgrund von Mietrückständen. In D waren es 2019–2022 zwischen 29.000 und 51.000 Zwangsräumungsfälle jährlich. Für die CH werden anekdotisch mehrere 100 Fälle von sog. Wohnungsausweisungen pro Jahr verzeichnet.

1.3.1 Mietschulden

Eine Überlastung durch Wohnkosten übersetzt sich in Mietschulden oder ausfallende Rückzahlungsraten bei Krediten. Folglich liegt ein Indikator der Dringlichkeit der sozialen Wohnungsfrage in der Belastung durch Mietrückstände. Derlei „Mietschulden" gelten als gefährliche Schulden, weil sie Vermieter:innen zivilrechtlich zur Kündigung des zugrunde liegenden Mietvertrages berechtigen. Nun sind, wie dargetan, die Mieten und Immobilienpreise vor allem in Ballungszentren der DACH-Gesellschaften seit 2000 deutlich gestiegen, während aufgrund stagnierender bzw. sinkender Einkommen ein steigender Anteil des Einkommens in den Wohnaufwand fließt – dies allerdings mit unterschiedlichen Ausgangsniveaus und Dynamiken in den DACH-Gesellschaften. Überhaupt kann man sagen, dass das Wohnen für die untersten drei Dezile der Bevölkerung zu einem

Verschuldungsrisiko (*Bieri/Mangtshang* 2013) geworden ist. Das findet nicht nur in Mietrückständen und einer Zunahme der Zahl der Delogierungen Ausdruck, sondern auch darin, dass lebensnotwendige Haushaltsausstattungen (Geräte, Möblierung) oder Betriebskostennachzahlungen (auf Grundlage von Endabrechnungen akontierter Beträge) nicht ohne Aufnahme eines Verbraucherkredites bewältigt werden können.

In der Tat werden, da die untersten 25 % der Haushalte mehr als 50 % ihres Einkommens für Wohnen (unter Berücksichtigung der Aufwendungen für die Wohnungsausstattung inkl. Haushaltsgeräte) aufwenden, Differenzen zwischen laufenden Ausgaben und Einnahmen zunehmend über Dispokredite, Kreditkarten und Kleinkredite geschlossen. Das mündet freilich unausweichlich in einer Abwärtsspirale der Überschuldung. Kumulierte Schulden gelten im Weiteren als distinkte Ursache für Wohnraumverluste neben Trennung, Scheidung, Kündigungen wegen Eigenbedarfs oder Befristungen.

So waren in D im Jahre 2018 7 % der armutsgefährdeten Bevölkerung nach eigenen Angaben bei Rechnungen von Versorgungsbetrieben in Zahlungsverzug (Bevölkerungsdurchschnitt: 3 %). Auch bei Hypotheken- oder Mietzahlungen hatten 4 % der Armutsgefährdeten Zahlungsrückstände (insgesamt: 2 %).[118] 2023 ging es beim Deutschen Mieterbund in 37 % der Fälle um Betriebskostenabrechnungen, in 18,2 % der Fälle um Wohnungsmängel, in 9,2 % der Fälle um Mieterhöhungen und in 4,9 % der Fälle um Kündigungen durch die Vermietenden.[119] 2019 erreichte die Gesamtzahl der Zwangsvollstreckungsaufträge für Wohnungen knapp 50.000[120]. Im selben Jahr lagen die Mietschulden bei durchschnittlich 1.147 € und die offenen Verbindlichkeiten

---

[118] https://www.destatis.de/DE/Themen/Gesellschaft-Umwelt/Wohnen/eu-silc-armut.html
[119] https://mieterbund.de/aktuelles/meldungen/deutscher-mieterbund-legt-beratungs-und-prozessstatistik-2023-vor/
[120] https://www.nd-aktuell.de/artikel/1150698.mietschulden-sind-der-haeufigste-grund.html

bei Vermieter:innen entsprachen gut 2,7 Monatsmieten in den neuen Bundesländern gegenüber 1,5 Monatsmieten im früheren Bundesgebiet und 1,8 Monatsmieten im Durchschnitt.[121] 20 % aller Hilfesuchenden bei Schuldnerberatungsstellen sprachen 2020 aufgrund von Mietrückständen vor. Die Verknüpfung von hohen Wohnkosten, niedrigen Einkommen und geringem Transferleistungsbezug (Arbeitslosengeld) stell(t)en im Ergebnis ein virulentes Verschuldungsrisiko dar.[122] Selbst Haushalte mit mittleren Einkommen konnten (und können) aufgrund steigender Wohnkosten kaum Rücklagen für unvorhergesehene Rechnungen oder Reparaturen bilden.

Zwischen 2011 und 2021 sind die Wohnkosten in A im privaten Mietsektor (dies in Kombination mit befristeten und somit unsicheren Wohnverhältnissen) um 38 % gestiegen, in den Großstädten um 40 %. Im Zeitraum 2010–2020 wurde das Mieten um 44 % teurer, also um mehr als das Doppelte der Inflationsrate (19,8 %). Dabei sind Mieten in Gemeindewohnungen um 35 %, im genossenschaftlichen Segment um 38 % und am privaten Wohnungsmarkt um 51 % gestiegen.[123] Betroffen waren vorwiegend Haushalte, die neue bzw. erneuerte Mietverträge abschließen mussten. Die Mieten im kommunalen und gemeinnützigen Wohnbau hingegen sind im Vergleichszeitraum um 24 % bzw. 28 % gestiegen.

In A waren 2020 insgesamt 48.800 Haushalte (1,2 % aller Haushalte) mit 83 Mio. € Miete im Rückstand. Die (negativen) Hebelwirkungen dieser Verschuldung sind enorm: Bei einem Mietrückstand von rund 2.500 € (im Schnitt fünf Monatsmieten) lagen die Kosten einer Delogierung samt Folgekosten 2021 bei

---

[121] https://www.asscompact.de/nachrichten/so-drastisch-sind-die-mietschulden-deutschland-wirklich
[122] https://www.deutschlandfunk.de/statistisches-bundesamt-die-miete-wird-zur-schuldenfalle-100.html
[123] https://oesterreich.orf.at/stories/3138925/

etwa 30.900 €.[124] 30 % der Haushalte von Bezieher:innen der Bedarfsorientierten Mindestsicherung (BMS) in A waren mit laufenden Zahlungen (Miete, Betriebskosten) im Rückstand, 27 % dieser Haushalte waren materiell erheblich depriviert (3 % im Durchschnitt) (*Heuberger/Lamei/Skina-Tabue* 2018, 851). Die Dynamik im privaten Mietsektor, wo es 2022 bedingt durch die Erhöhung der Richtwerte und Kategoriemieten (nach einem Abflachen der Anstiege während der Pandemie) zu einem merkbaren Anstieg gekommen ist (+ 1,8 % bei privaten Mieten vs. 0,8 % Mieten gesamt), verschärften die prekäre Lage, vor allem hinsichtlich der Preissteigerungen bei den Energiekosten. Steigerungen der privaten Mieten lagen über lange Zeit hinweg deutlich über der allgemeinen Inflationsrate. 2022 stiegen die Energiekosten um + 64 % im Vergleich zu 2021. Bereits bestehende Leistbarkeitsprobleme mündeten 2020–2022 verbunden mit steigenden Energiekosten (aber auch anderen Lebenshaltungskosten) in Überschuldungskonstellationen und damit verbundene Zahlungsrückstände. Der Survey „So geht's uns heute" (*Statistik Austria* 2022) summierte 250.000 Mieter:innen (9,4 % aller Miethaushalte), die mit ihrer Miete in Verzug waren. Im Vergleich zu 2021 bedeutet dies einen Anstieg von 1,8 Prozentpunkten. Während bei Mieter:innen im gemeinnützigen Sektor der Anteil der von Zahlungsverzug Betroffenen unterdurchschnittlich blieb, verdoppelten sich die Zahlungsverzüge bei Mietzahlungen am freien Markt. Überhaupt weisen GBV-Mieter:innen nur einen sehr geringen Anteil an Mietrückständen auf (rund 3 % im Jahr 2021 laut EU-SILC 2021). Zugleich stieg der Anteil der Mieter:innen, die mit ihren Betriebskosten (in erster Linie Kosten für Heizung- und Warmwasser) in Zahlungsverzug waren, 2001–2022 von 3 % auf 4,8 % (etwa 300.000 Mieter:innen).[125]

---

[124] https://www.ots.at/presseaussendung/OTS_20210222_OTS0027/ak-mieterinnen-in-not-wohnst-du-noch-oder-verschuldest-du-dich-schon

[125] https://www.gbv-aktuell.at/news/1409-zahlungsrueckstaende-bei-miete-und-energiekosten

In der CH waren 2015 2,3 % der Mieter:innen und Wohnungseigentümer:innen bei Miete und Hypothekarzinsen im Rückstand (*Mattes* et al. 2016,11). Weitere 3,4 % waren 2020 mit laufenden Rechnungen für Wasser, Strom, Gas und Heizung im Rückstand (*BFS* – Erhebung über die Einkommen und Lebensbedingungen, SILC-2020).

1.3.2 Wohnraumüberbelag

Als überbelegt gilt eine Wohnung, wenn sich zwei (der Kernfamilie zuzurechnende) Personen einen Wohnraum[126] teilen (bzw. drei anrechenbare Personen zwei Wohnräume), wenn mehrere Personen ein (Schlaf-)Zimmer teilen müssen oder wenn ein Wohnzimmer als Schlafzimmer genutzt wird.

Die in Anschlag gebrachten Definitionen sind indes im DACH-Vergleich uneinheitlich. In A erfolgt die Festlegung der Schwelle des Überbelags auf kommunaler Ebene. In Wien etwa sind für die Ermittlung eines Überbelages Mitglieder der Kernfamilie, also Verwandte in gerader Linie, über maximal drei Generationen (Großeltern, Eltern, Kinder) sowie ein:e (Ehe-)Partner:in anrechenbar. In D gilt eine Wohnung als überbelegt, wenn das Wohnzimmer auch als Schlafraum fungiert, sich drei oder mehr Kinder ein Kinderzimmer oder verschiedengeschlechtliche jugendliche Geschwister ein gemeinsames Zimmer teilen müssen. Überbelag ist vor allem ein Problem städtischer Ballungsgebiete mit hohen Grundstückspreisen und hoher Nachfrage am Mietwohnungsmarkt. In der CH wird der Überbelag aus der Anzahl bewohnter Wohnungen mit mehr als einer Person pro Zimmer geteilt durch das Total der bewohnten Wohnungen multipliziert mit 100 ermittelt.[127]

---

[126] Unter Wohnraum versteht man in Wien einen Raum ab einer Mindestgröße von acht Quadratmetern, der zumindest ein Fenster hat. Eine Wohnküche gilt ab zwanzig Quadratmetern als Wohnraum.
[127] https://www.bfs.admin.ch/bfs/de/home/statistiken/querschnittsthemen/city-statistics/indikatoren-lebensqualitaet/wohnsituation/ueberbelegte-wohnungen.html

17,1 % der Europäer:innen lebten 2019 in überbelegten Wohnungen. In armutsgefährdeten Teilen der Bevölkerung waren es 30 %. Die Unterschiede im EU-Vergleich sind bemerkenswert. In Zypern, Malta, Belgien, den Niederlanden oder Frankreich waren 2019 3–8 % im Überbelag bzw. von Wohnraummangel betroffen, während 41 % der Bevölkerung in Polen und Ungarn in überbelegten Wohnungen logierten und in Rumänien der Spitzenwert mit 47 % erreicht wurde.

In D lebten 2019 7,8 % der Haushalte (6,4 Mio. Personen) in überbelegten Wohnungen. 2021 waren es bereits 10,5 %.[128] 12,7 % der Bevölkerung in Großstädten und 11 % der städtischen Bevölkerung logierten 2019 in einer überbelegten Wohnung, während es in Kleinstädten 5,5 % und auf dem Land nur 4 % waren. 2021 waren bereits 15,5 % der Stadtbewohner:innen und 5 % der Bewohner:innen ländlicher Gebiete betroffen. Überdurchschnittlich stark betroffen waren 2021 Alleinerziehende und ihre Kinder (28 %) und Armutsgefährdete (22 %). Erwachsene mit ausländischem Pass (28 %) waren häufiger von Überbelag betroffen als Inländer:innen (6 %). Überhaupt wohnten 20,5 % der Armutsgefährdeten 2019 in D auf zu engem Raum – im EU-Durchschnitt waren es 29,5 % der Armutsgefährdeten.[129] In D gaben zudem 20 % der armutsgefährdeten Bevölkerung 2018 an, das Dach des Wohnhauses sei undicht, es gebe Feuchtigkeitsschäden in Wänden, Böden bzw. im Fundament. Insgesamt beklagten knapp 13 % der Bevölkerung solche Mängel. 34 % der Armutsgefährdeten litten unter Lärm; im Durchschnitt waren es 28 %.[130]

In A waren 2018 etwa 4 % (157.800 von 3,9 Mio. Hauptwohnsitzwohnungen) als überbelegt einzustufen, was 6 % aller Personen in Privathaushalten entsprach. In Wien lag der Anteil allerdings

---

[128] https://www.destatis.de/Europa/DE/Thema/Bevoelkerung-Arbeit-Soziales/Soziales-Lebensbedingungen/Ueberbelegung.html
[129] https://www.destatis.de/DE/Presse/Pressemitteilungen/2020/11/PD20_N079_634.html
[130] https://www.destatis.de/DE/Themen/Gesellschaft-Umwelt/Wohnen/eu-silc-armut.html

mit 9,5 % mehr als doppelt so hoch. Überbelag findet sich in A selten in Wohneigentum, am häufigsten in Gemeindebauten. Im Gesamtdurchschnitt waren 12,9 % der Haushalte in Gemeindewohnungen überbelegt, was ein Viertel aller in Gemeindewohnungen lebenden Personen betraf. Im privaten Mietsektor waren 9,1 % der Haushalte bzw. 17,6 % der dort lebenden Personen betroffen – dies entsprach 247.400 Mieter:innen. Überbelag ist auch hier Ausdruck von Armutsbetroffenheit. Von beengten Wohnverhältnissen betroffen waren insbesondere Personen mit nicht österreichischer Staatsbürgerschaft und Haushalte mit drei oder mehr Kindern. 29 % der BMS-Bezieher:innen lebten 2015–2017 in A in einer überbelegten Wohnung, 24 % litten unter Lärm (18 % im Durchschnitt), 22 % unter Feuchtigkeit/Fäulnis (12 % im Durchschnitt), 13 % unter Wasser- und Luftverschmutzung (10 % im Durchschnitt), 15 % unter nicht/schlecht belichteten Räumen (6 % im Durchschnitt).[131] Personen in Haushalten mit einem niedrigen Haushaltseinkommen leben dreimal so häufig in überbelegten Wohnungen wie der Bevölkerungsdurchschnitt (*Statistik Austria* 2019, 32).

In der CH, die europaweit den höchsten Mieter:innenanteil in Höhe von 65 % der Haushalte aufweist, hat sich von 2000–2020 die Zahl der Wohnungen mit niedriger Wohndichte mehr als verdoppelt, diejenige der Wohnungen mit hoher Wohndichte hingegen nahezu halbiert. Eine Gesamterfassung des Überbelags liegt nicht vor. In 16,5 % der Wohnungen lebten 2020 gleich viele Personen, wie die Wohnung über Zimmer verfügt(e). In Personen ausgedrückt waren das knapp 1,82 Mio. oder 21,2 % der ständigen Wohnbevölkerung. Etwa 245.000 oder 7,4 % aller Wohnungen waren überbelegt.[132] Es wohnten also mehr Personen in der jeweiligen Wohnung als die Wohnung über Zimmer verfügt(e). Diese Überbelegungsproblematik betraf 2020 etwa 1

---

[131] https://www.destatis.de/DE/Themen/Gesellschaft-Umwelt/Wohnen/eu-silc-armut.html
[132] https://www.lustat.ch/monitoring/sozialindikatoren/wohnen/wohnraumunterversorgung

Mio. Menschen in der CH. Die verbleibenden 3 Mio. Wohnungen waren hingegen unterbelegt. Die Unterbelegung durch nur eine Person stellte 29 % des Wohnungsbestandes 2020 dar, die Unterbelegung durch zwei und mehr Personen mehr als 48 %. Letzteres entspricht 3,26 Mio. Menschen, die 2020 zusammen in 1,89 Mio. Wohnungen wohnten. Von Unterbelag waren Single-Haushalte und Doppelverdiener-Haushalte mit überdurchschnittlichen Personen-Äquivalenz-Einkommen ohne Kinder begünstigt. Von Überbelag waren hingegen Mehrpersonenhaushalte mit Kindern und einem unterdurchschnittlichen Personen-Äquivalenz-Einkommen sowie Haushalte von Immigrant:innen betroffen.[133] 2011–2020 war eine substanzielle Abnahme des Anteils überbelegter Wohnungen zu beobachten. In den Kernstädten (Genf, Lausanne, Bern, Basel, Zürich) lag der Überbelag bei 9 % (Genf mit einem Spitzenwert von 18 %), in den urbanen Agglomerationsräumen bei 7 %.[134] Hier unterschied sich die Wohnraumversorgung einzelner sozialer Gruppen erheblich. Personen mit Schweizer Staatsbürgerschaft verfügten über deutlich mehr Wohnraum als Ausländer:innen. Das Gleiche galt für Erwerbstätige mit hohem Status und Berufsprestige (Akademiker:innen, hohe Kader, Selbstständige) im Vergleich zu den anderen Erwerbstätigen. Ältere Personen und Rentner:innen wohnten überdurchschnittlich häufig in geräumigen Wohnungen. Während in städtischen Agglomerationen die durchschnittliche Größe der Wohnungen 2011–2020 zunahm, stieg im traditionell mit großen Wohnungen gut ausgestatteten ländlichen Raum die Zahl der Kleinwohnungen signifikant.

1.3.3 Wohnungs- und Obdachlosigkeit

Extremster Ausdruck der Wohnungsnot (und Armutsgefährdung im Rahmen der Wohnversorgung) sind Wohnungslosig-

---

[133] https://datenportal.info/ueber-und-unterbelegung-von-wohnungen/
[134] https://www.bfs.admin.ch/bfs/de/home/statistiken/querschnittsthemen/city-statistics/indikatoren-lebensqualitaet/wohnsituation/ueberbelegte-wohnungen.html

1.3 Wohnen als Armutsrisiko

keit und Obdachlosigkeit (*Könen* 1990). Wohnungslosigkeit bedeutet, über keinen (miet)vertraglich gesicherten Wohnraum zu verfügen. Betroffene kommen bei Verwandten oder Bekannten unter (Couchsurfing) oder leben in kommunalen Einrichtungen, in Schutzeinrichtungen (Sheltered Housing) wie Frauenhäusern oder Notschlafstellen. Obdachlosigkeit hingegen bedeutet, dass man auf keine Unterkunft zurückgreifen kann, über keinen Wohnsitz verfügt, also im öffentlichen Raum vulnerabel lebt und dort auch nächtigt, allenfalls punktuell in Notunterkünften untergebracht ist.

Als unmittelbare Auslöser gelten Prekarität, Arbeitslosigkeit und Armut, beeinträchtigende Lebensereignisse wie Scheidung oder Trennung, chronische Erkrankung oder alterungsbedingte Inaktivität, Migration, der Mangel an bezahlbarem Wohnraum (zur Miete) oder auch die mangelnde Betreuung von Menschen, die aus Pflegeeinrichtungen, Krankenhäusern, Gefängnissen oder anderen öffentlichen Einrichtungen entlassen werden. Strukturelle Ursachen hierfür wurden bereits benannt und finden sich sowohl in unzureichenden Einkommen, dem fehlenden Zugang zu leistbarem Wohnraum als auch in unzureichend entwickelten wohlfahrtsstaatlichen Interventionsinstrumenten.

Beide Belastungsphänomene, Wohnungs- und Obdachlosigkeit, nahmen in der EU seit der Finanzkrise zwischen 2008 und 2011 drastisch zu. Zu den Staaten mit den höchsten Steigerungsraten der Obdachlosigkeitsbelastung gehörten im Rückblick das Vereinigte Königreich (UK) mit + 169 % (2010–2016), Irland mit + 145 % (2014–2017) und Belgien mit + 96 % (2008–2016). Der 6. FEANTSA-Bericht zur europäischen Obdachlosigkeit (2021) hat gezeigt, dass sich die Dynamik sozialer Exklusion pandemiebedingt 2020–2021 nochmals verschärft hat. Das britische ‚Museum of Homelessness' hat etwa dokumentiert, dass 2021 im UK 1.286 von insgesamt 274.000 Obdachlosen deutlich vor dem Erreichen der kohorten- und geschlechtsspezifischen durchschnittlichen Lebenserwartung gestorben sind,[135] was einem Zuwachs dieser Gruppe von 80 % im Zeitraum 2019–2021 entspricht. 41 % der Betroffenen starben am Alkohol- und Drogenabusus (Leberzirrhose, Überdosierung), 12 % suidizierten. Der Resolution Foundation[136] zufolge lebten 2022 1,3 Mio. in absoluter Armut.[137] Dem Leeds Observatory zufolge lebten 2021/22 8,9 Mio Personen (13 % der Bevölkerung) im UK in absoluter Armut noch vor Berücksichtigung der Wohnkosten. Zieht man die Wohnkosten vom verfügbaren Haushaltsnettoeinkommenn ab, dann lebten 2021/22 insgesamt 11,4 Mio Personen bzw. 17 % der Bevölkerung in einem Zustand absoluter Armut.[138]

Zahlen zur Wohnungslosigkeit können aufgrund fehlender einheitlicher statistischer Instrumente vor allem in föderalen politischen Systemen nicht erhoben werden. Vielfach gehen Wohnungs- und Obdachlosigkeit ineinander über. FEANTSA (2020) zufolge waren 2019 700.000 Menschen in der EU obdachlos, also ohne (feste) Bleibe. Das waren 70 % mehr als 2010. Etwa 80 % der Obdachlosen in der EU waren 2020 männlich. Hauptursache war und ist der Mangel an leistbaren Wohnungen in Ballungsgebieten.

In D wurden 2017[139] noch 650.000 Menschen als von Obdach- und Wohnungslosigkeit betroffen geschätzt. Die erste bundes-

---

[135] S. Hattenstone/D. Lavelle: Homeless deaths in the UK have increased by 80 % since 2019; in: The Guardian, 31.3.2022.
[136] https://www.resolutionfoundation.org/press-releases/33284/
[137] Definition im UK: „Absolute low income is defined as living in households with income below 60 % of the median and adjusted for inflation." Siehe hierzu: https://researchbriefings.files.parliament.uk/documents/SN07096/SN07096.pdf.
[138] https://observatory.leeds.gov.uk/leeds-poverty-fact-book/relative-and-absolute-poverty/#:~:text=Absolute Poverty – number of people affected in the UK&text=In 2021/22, 8.9 million,Costs were deducted (AHC).
[139] Schätzungen der Bundesarbeitsgemeinschaft Wohnungslosenhilfe (BAGW) für das Jahr 2017.

weit einheitliche Erfassung 2022 wies 37.000 Obdachlose[140] aus, etwa 20 % weniger als bis dahin geschätzt (*BM Arbeit und Soziales* 2022). Für 2020 hatte die BAG Wohnungslosenhilfe die Zahl der Obdachlosen auf 45.000[141] geschätzt. Zu diesen Obdachlosen kamen 2022 49.000 verdeckt wohnungslos lebende Menschen hinzu. Verdeckte Wohnungslosigkeit liegt vor, wenn Personen weder über eine eigene Wohnmöglichkeit noch eine institutionelle Unterbringung verfügen, aber nicht auf der Straße leben/schlafen. Zusätzlich lebten 6.600 minderjährige Kinder und Jugendliche in Wohnungslosigkeit (1.100 gemeinsam mit ihren Eltern auf der Straße und 5.500 in verdeckter Wohnungslosigkeit). Sohin belief sich die Zahl derer, die in keiner Institution dauerhaft versorgt werden, 2022 auf 90.000 Menschen. Obdachlose waren zu 80 % männlich und zu 34 % Personen ohne deutsche Staatsbürgerschaft. Diese „Straßenobdachlosigkeit" war bislang entscheidend durch die Zuwanderung aus osteuropäischen Ländern geprägt.[142]

178.000 Personen[143] waren in vorübergehenden Übernachtungsmöglichkeiten oder in Not- und Gemeinschaftsunterkünften

---

[140] https://www.spiegel.de/panorama/gesellschaft/obdachlosigkeit-in-deutschland-37-400-menschen-leben-laut-studie-auf-der-strasse-a-7503df2c-d1f2-4489-b1c1-2270467e8023
[141] https://www.merkur.de/welt/schaetzung-45-000-obdachlose-in-deutschland-im-jahr-2020-zr-91192975.html
[142] https://www.sueddeutsche.de/panorama/wohnungslose-obdachlose-1.4545815
[143] Zu den erfassten Personen zählen Wohnungslose, die in Not- und Gemeinschaftsunterkünften oder gewerblichen Unterkünften (Pensionen, Hotels, gewerbliche Gemeinschaftsunterkünfte) und Normalwohnraum untergebracht sind, sofern er ihnen nur vorübergehend überlassen wird, ohne dass dadurch die Wohnungslosigkeit beendet wird. Erfasst sich auch Personen, die in (teil)stationären Einrichtungen beziehungsweise im betreuten Wohnen der Wohnungslosenhilfe freier Träger untergebracht sind. Geflüchtete werden in der Statistik nur dann berücksichtigt, wenn sie über einen positiven Abschluss des Asylverfahrens verfügen und durch das Wohnungsnotfallhilfesystem untergebracht sind.

untergebracht.[144] 41 % dieser untergebrachten Wohnungslosen waren alleinstehend, 33 % als Zwei-Eltern-Familie untergebracht, 13 % alleinerziehend, 3 % Paare ohne Kinder und 10 % in sonstiger Haushaltsformation. 62 % der untergebrachten wohnungslosen Personen waren Männer und 37 % Frauen. 37 % der untergebrachten wohnungslosen Personen waren jünger als 25 Jahre; hingegen waren ‚nur' knapp 5 % der untergebrachten wohnungslosen Personen älter als 65 Jahre. Berücksichtigt man Doppelerfassungen, so waren insgesamt 262.600 wohnungs- und obdachlose Personen registriert.

Für das Jahr 2023 lag die Schätzung bei 274.000 wohnungs- und obdachlosen Personen.[145] Je nach Bericht waren zwischen 48.000 und 84.000[146] von diesen Wohnungslosen obdachlos, schliefen also auf der Straße oder in Notunterkünften.

Zu dieser Personengruppe sind jene nicht erfassten Personen hinzuzurechnen, die bei Freunden, Familie oder Bekannten unterkamen, sowie jene Obdachlosen, die ohne jede Betreuung oder Unterkunft und damit Erfassung auf der Straße lebten.

In einigen Studien werden zu den Wohnungslosen in Deutschland auch die Asylsuchenden bzw. Flüchtlinge in Flüchtlingsunterkünften und Erstaufnahmeeinrichtungen der Bundesländer gezählt. 2021 wurden 190.816 Asylanträge, 2022 insgesamt 244.132 Asylanträge gestellt. Zudem gelten auch Personen, die zwar in einer Einrichtung untergebracht sind, deren Ziel aber nicht die Abwendung von Wohnungs- oder Obdachlosigkeit ist

---

[144] https://www.destatis.de/DE/Presse/Pressemitteilungen/2022/07/PD22_299_229.html
[145] https://de.statista.com/statistik/daten/studie/785642/umfrage/anzahl-der-wohnungslosen-maenner-frauen-und-kinder-in-deutschland/
[146] https://www.diakonie.de/informieren/infothek/2023/august/wohnungs-und-obdachlosigkeit

(Pflegeeinrichtungen, stationäre Wohnversorgung der Behindertenhilfe, Frauenhäuser, Suchtkliniken, stationäre Einrichtungen der Jugendhilfe), als wohnungslos. Der Anteil der Kinder und Jugendlichen an den Wohnungslosen liegt langjährig bei etwa 8 %. Die Kosten der Obdachlosigkeit sind enorm. 2011 gab allein die Stadt Hamburg 46 Mio. für 1.000 Obdach- und 2.700 Wohnungslose aus. Aufgrund wiederkehrender Krankentransporte und Krankenhausaufenthalte fielen bis zu 8.000 € pro Monat und Person an. In einer SROI[147]-Rechnung (diese erfasst die Rentabilität sozialer Investitionen zur Behebung sozialer Probleme und damit die Einsparungen im öffentlichen Sozialbudget basierend auf der Vermeidung von Folgekosten durch präventive Maßnahmen) waren die Kosten der Obdach- und Wohnungslosigkeit damit siebenmal teurer als die Prävention der Wohnungslosigkeit.[148]

Statistik Austria zufolge lag die Zahl der registrierten Wohnungslosen 2017 in A bei 21.567 Personen, davon 13.900 registrierte Obdachlose und 8.700 Personen in Einrichtungen für Wohnungslose (*Till/Klotz/Siegert* 2018). 2019 waren 22.000 Menschen als obdach- oder wohnungslos registriert; 57 % davon in Wien, 9,8 % in der Stmk. und 8,4 % in T,[149] wobei der relativ größte Anteil an Betroffenen in der Kohorte der 18- bis 30-Jährigen zu finden war. FEANTSA (2021) dokumentierte für 2019 12.590 Obdachlose in Wien (ein Zuwachs von 67 % im Zeitraum 2009–2019), während es in Salzburg 1.451 waren. 2022 waren 19.912 Personen obdachlos, davon 58,2 % in Wien, wo ein Drittel der obdach- und wohnungslosen Menschen zwischen 18 und 30 Jahren lebten.[150] 31 % der Obdach- und Wohnungslosen waren Frauen, 69 % Männer.

---

[147] Social Return on Investment.
[148] https://www.brandeins.de/magazine/brand-eins-wirtschaftsmagazin/2012/zweite-chance/warum-gibt-es-eigentlich-immer-noch-obdachlose
[149] https://www.neunerhaus.at/blog/wohnungslosigkeit-in-zahlen/
[150] https://www.vienna.at/mit-14-jahren-auf-der-strasse-zwei-geschichten-ueber-obdachlosigkeit-in-wien/7840300

Etwa 2.200 Menschen waren 2021 in der CH ohne Obdach, rund 8.000 drohte der Verlust der Wohnung (*Drilling* et al. 2022). In der Gruppe der Obdachlosen nimmt der Anteil der Drogensüchtigen und Langzeitarbeitslosen langfristig ab, jener der Haftentlassenen, psychisch Erkrankten, Arbeitsuchenden aus Zentral- und Osteuropa, ‚Sans-Papiers' und Asylsuchenden zu. 81 % der Obdachlosen sind Männer zwischen 36 und 50, da Frauen eher soziale Netzwerke nutzen und daher ‚nur' wohnungslos werden. Mehr als 50 % der Obdachlosen haben keine Möglichkeit, Dusche oder Badewanne zu nutzen, mehr als 40 % haben keinen Zugang zu Strom und WC.

2. Soziale Wohnungspolitik

Der rechtliche Ordnungsrahmen einer sozial-inklusiven Wohnungspolitik des Rechts auf leistbares und dem gesellschaftlichen Reichtum entsprechendes Wohnen steht auf normativ schwachen Beinen. Nirgendwo im DACH-Bereich existiert ein soziales, justitiables Grundrecht auf Wohnen. Dessen ungeachtet hat sich in den DACH-Gesellschaften ein differenziertes Portfolio sozialer wohnungspolitischer Maßnahmen herausgebildet, wobei die Versorgung in A vergleichsweise besser als in D und CH ausgestaltet ist.

Wie stellt sich eine soziale Wohnungspolitik von ihren Zielsetzungen her dar? *Löhr* (2023) etwa versteht unter sozialer Wohnungspolitik ein Ensemble von Maßnahmen, welche die Zugänglichkeit zu leistbarem, den inartikulierten sozialen Rechten entsprechendem Wohnraum adressieren. Soziale Wohnungspolitik referenziert daher auf die Bereitstellung öffentlichen Wohnraums und die Setzung von Rahmenbedingungen zur Errichtung leistbaren Wohnraums durch a) gemeinnützige Wohnbaugenossenschaften (der ‚private' gewinnorientierte Wohnungsmarkt kann das nicht leisten), b) Sozialbindungen des Immobilieneigentums durch Enteignungen, c) die Besteuerung oder Zwangsbewirtschaftung spekulativen Leerstands am Wohnungsmarkt, d) die Mobilisierung von Bauland durch öffentliche Interventionen in Raumordnung und Flächenwidmung, e) Eingriffe in Mietzinsbildungen (betragsmäßige Mietzinsobergrenzen) oder f) die Zulässigkeit der Befristung von Mietverträgen. Sie verneint damit zugleich die Frage, ob Deckung des Wohnbedürfnisses zu einem finanziellen Anlage- und Spekulationsobjekt werden darf.

Als Sozialwohnung gilt eine Mietwohnung, die, unter Zuhilfenahme öffentlicher Mittel gebaut und genutzt, von Mieter:innen mit geringem Einkommen zu relativ geringen Mietkosten bewohnt wird. Hierbei hält die öffentliche Hand entweder selbst einen Wohnungsbestand (kommunale Wohnungen, Gemeindewohnungen, Bundeswohnungen/BUWOG in A bis 2018) oder unterstützt durch Maßnahmen der Objekt- und Subjektförderung gemeinnützige, kommunale oder private Wohnbauunternehmen (aber auch: Investoren), um leistbare Mietwohnungen für Haushalte mit Zugangsschwierigkeiten zum allgemeinen Wohnungsmarkt bereitzustellen (*Keßler/Dahlke* 2009). Sozialwohnungsbau, Verteilungspolitik und Arbeitsmarkt(re)integration sind damit eng verknüpft (*Eick/Sambale* 2005).

Hierbei unterscheiden sich die Systeme erheblich. In D (Mietquote: 50,5 %)[151] entfielen 2011 (Zensus)[152] 10,0 % der Mietwohnungen (im Hinblick auf die Eigentumszuordnung) auf Kommunen oder kommunale Wohnungsunternehmen[153] (2,09 Mio.), 1,3 % auf Bund und Länder. Kommunale Wohnungsunternehmen erfüllen hier unmittelbar Aufgaben der sozialen Daseinsvorsorge (*Pfeiff* 2002). 9,1 % der Mietwohnungen entfielen auf Wohnungsgenossenschaften (*BBSR* 2022).[154] Etwa 2.000 Wohnungsgenossenschaften hatten im Jahr 2021 ca. 2,2 Mio. Miet- und Eigentumswohnungen im Bestand.[155] Dies entsprach mehr als 5 % aller Wohnungen (*BMWSB* 2022). 20,4 % aller Haushalte nutzten also einen Wohngegenstand, welcher nach dem Rechts-

---

[151] https://www.destatis.de/Europa/DE/Thema/Bevoelkerung-Arbeit-Soziales/Soziales-Lebensbedingungen/Mieteranteil.html#

[152] Der darauffolgende Zensus erfolgte 2022 und ist noch nicht ausgewertet.

[153] https://www.bmwsb.bund.de/Webs/BMWSB/DE/themen/stadt-wohnen/wohnungswirtschaft/fakten-wohnungsmarkt/fakten-wohnungsmarkt-node.html;jsessionid=43206BBC1A5EB8C70CEB775B-7012CDAF.live882#doc17169946bodyText3

[154] https://www.bmwsb.bund.de/Webs/BMWSB/DE/themen/stadt-wohnen/wohnungswirtschaft/fakten-wohnungsmarkt/fakten-wohnungsmarkt-node.html;jsessionid=1CB842308B9FCC4E22CC4A5D-87EF430F.live871#doc17169946bodyText3

[155] https://www.gdw.de/der-gdw/unternehmenssparten/genossenschaften/#

titel mit sozialen Kriterien korrespondierte.[156] Auch nach Abschaffung der Gemeinnützigkeit 1989 (*Duvigneau* 2001) gilt im sozialen Wohnungsbau auf Grundlage des Wohnungsbindungsgesetzes eine höchstzulässige Miete (Mietpreisbindung). Diese ist vergleichbar dem höchstzulässigen Wohnaufwand in den Wohnbauförderungsgesetzen der österreichischen Bundesländer. Die Dauer dieser Preisbindung von Wohnungen im sozialen Wohnungsbau beträgt in D je nach Bundesland 15 bis 25 Jahre.

In A (Mietquote: 43,2 %) lebten 2022 nach dem Rechtsverhältnis 23,5 % der Mieter:innenhaushalte in einer Gemeinde- oder Genossenschaftswohnung. 16,8 % lebten in einer Genossenschafts- und 6,8 % in einer Gemeindewohnung.[157] (*Statistik Austria* 2022). 2021 waren 43 % der Hauptwohnsitzwohnungen Mietwohnungen. Hauptmietwohnungen teilten sich auf in Gemeindewohnungen (16,6 %), Genossenschaftswohnungen (39,7 %) und andere Hauptmieten (43,7 %).

Genossenschaftswohnungen sind solche, die von Teilen der 185 gemeinnützigen Bauvereinigungen (GBV; Stand Ende 2019) bereitgestellt werden. Diese können Wohnungs(bau)genossenschaften oder Kapitalgesellschaften sein. Alle GBV unterliegen indes dem Wohnungsgemeinnützigkeitsgesetz (WGG). Ihr Wohnbau umfasst den mit staatlichen Mitteln (Wohnbauförderung) finanzierten Wohnbau (Errichtung), den Erhalt und die Sanierung von Mietwohnungen, die Errichtung von frei finanzierten Mietwohnungen, von Mietwohnungen mit Kaufoption, aber auch von Wohnungseigentum, das dann sehr oft von der errichtenden GBV weiter verwaltet wird. Dem WGG zufolge hat das Nutzungsentgelt (Mietzins) den Kosten aus Herstellung und Bewirtschaftung der Wohnhäuser zu entsprechen. Gewinne dürfen mit einem Höchstsatz von 5 % ausgeschüttet werden (Kostendeckungsprinzip und Gewinnbeschränkung). Eigenka-

---

[156] https://aktuell.nationalatlas.de/wp-content/uploads/14_03_Wohnen.pdf
[157] https://www.statistik.at/fileadmin/user_upload/Wohnen-2022_barrierefrei.pdf

pital ist zweckgebunden für Grundstücksankauf, Neubau und die Sanierung von Wohnraum einzusetzen. Gemeinnützige Wohnungsbauunternehmen sind steuerlich begünstigt, weil sie einen Beitrag zum leistbaren Wohnen erbringen und soziale Ungleichheiten abfedern.

Der Anteil des genossenschaftlichen Sozialwohnungsbaus stagniert. Zwar wurden von den gemeinnützigen Bauvereinigungen 2021 in A 15.700 Wohnungen fertiggestellt, 14.050 davon in eigenen Gebäuden. Dies waren allerdings 3 % weniger als im Durchschnitt der Jahre 2011–2020. 48 % der eigenen fertiggestellten Wohnungen waren Miet- oder Genossenschaftswohnungen ohne Kaufoption, 45 % Miet- oder Genossenschaftswohnungen mit Kaufoption und 7 % Eigentumswohnungen (GBV 2021). Indes lag der durchschnittliche Nettomietzins pro Quadratmeter bei Genossenschaftswohnungen im 2. Quartal 2023 bei 5,8 € und ist gegenüber dem Vorjahresquartal um 7,4 % angestiegen. Dies reicht gemeinsam mit dem Bestand an Gemeindewohnraum nicht hin, um den Bedarf einkommensschwächerer Haushalte an leistbarem Wohnraum zu decken.

Gemeindewohnungen sind Mietwohnungen von Gemeinden (idR Statutarstädten), die durch leistbare Mieten und unbefristete Mietverträge ausgewiesen sind. 2022 lebte jede:r vierte Wienerin bzw. Wiener in einer der 220.000 Gemeindewohnungen. Anzumerken ist, dass Haushalte in Gemeindewohnungen 2021–2022 die geringste Nettomiete und den geringsten Anstieg des Mietzinses (von 4,8 auf 5,1 €/qm) zu verzeichnen hatten. Bei den Betriebskosten waren die GBV mit nur 1,90 €/qm sogar am günstigsten.

In der CH lag die Mietquote 2021 bei 61 % der 2,4 Mio. Haushalte. Von diesen Wohneinheiten befanden sich 47 % im Privateigentum natürlicher Personen, 7 % im Eigentum einer Immobiliengesellschaft (Errichter) und 34 % im Eigentum von Großvermietern. Demgegenüber befanden sich 4,1 % im Besitz der öffentlichen Hand und 8 % im Eigentum einer Wohnbaugenossenschaft (*BFS* 2023). Der Genossenschaftsanteil an Mietwohnungen schwankt je nach Kanton zwischen 7 % und 14 %. Knapp 12 %[158] konnten also als Sozialwohnungen qualifiziert werden. Über die Wohnungen im Eigentum von Kantonen, Städten und Gemeinden ist schweizweit keine Übersicht vorhanden. Die Stadt Zürich besitzt 7 % der Wohnungen in ihrem Gebiet. Rund 80 % aller Schweizer Gemeinden verfügen über einen eigenen Wohnungsbestand. Immerhin ¾ aller Gemeinden mit weniger als 2.000 Einwohner:innen verfügen über eigene Wohnungen (überwiegend für Angestellte und ältere Personen). Allerdings weist mehr als die Hälfte der kommunalen Wohnungen keine soziale Zweckbindung auf. Immerhin aber orientieren sich die sieben größten Eigentümer an Vergabekriterien (Wohnsitz, Arbeitsort innerhalb der Gemeinde, Vorgaben zur minimalen Belegung, maximale Einkommen, Vermögensbestand). Etwa die Hälfte der Gemeinden vermietet ihre Wohnungen unterhalb des Niveaus der Marktmieten. Trotzdem haben diese Gemeinden mit einem durchschnittlichen Anteil von weniger als 2 % aller Wohnungen kaum direkten Einfluss auf den Wohnungsmarkt. 2000–2020 blieb der Wohnungsbestand bei 60 % der Gemeinden unverändert, bei 12 % nahm er ab und bei 28 % zu (*BWO* 2017).[159]

2.1 Gegenstand der Wohnungspolitik

Unter diesen Vorzeichen ist jegliche Wohnungspolitik nicht bloß als Wohnbaupolitik, sondern eben auch als Raumordnungs-, Verkehrs-, Eigentums-, Mieten-, Infrastruktur-, Sozial- sowie Gesundheitspolitik zu verstehen (*Grohs/Zabler* 2021). In ihr überschneiden sich so unterschiedliche Aspekte wie das Recht auf Stadt, Strategien der Armutsbekämpfung mittels Geld-, Sach- und Sozialdienstleistungen, die Regulierung von Finanzmärk-

---

[158] https://www.bfs.admin.ch/bfs/de/home/statistiken/bau-wohnungswesen/wohnungen/mietwohnungen.html#
[159] Eine Besonderheit der CH ist, dass hier auch Kantone Wohnungen besitzen. Allerdings stellen diese knapp 800 Wohnungen eine vernachlässigbare Größe dar, zumal sie für Kantonsangestellte oder Asylsuchende bestimmt sind.

2. Soziale Wohnungspolitik

ten, die Mobilisierung und Bereitstellung von Boden, Eingriffe in das Wohnungskapital und den Kapitalverwertungskreislauf sowie Fragen ökologischer Nachhaltigkeit des Wohnens. Im Zentrum der damit umrissenen Debatte steht das Recht auf Stadt und die Kritik an der Unterbringung von Stadtbewohnerinnen und -bewohnern in Schachteln, Käfigen oder ‚Wohnmaschinen' (*Lefebvre* 2014), begleitet von einer Entdemokratisierung des öffentlichen Raums. *Harvey* (2008) und *Holm* (2011) kritisierten im Zusammenhang damit die Umwandlung von Wohnraum in Kapitalanlage und Spekulationsobjekt. Im Ergebnis wird der nutzbare Boden samt seinen Superfizies in einer kapitalistischen Gesellschaft zugleich zum Produktionsfaktor, Anlageobjekt und Generator von Renten. Damit bleibt die Wohnungspolitik von überwiegend antagonistischen Zielkonflikten bestimmt.

Überhaupt kann man im Feld der Wohnungspolitik zwischen den Instrumenten *Recht* (Marktordnung, Vertragsverhältnisse), *Geld* (Besteuerung, Förderung, Preisregelungen) und *Infrastruktur* (öffentliche Daseinsvorsorge) unterscheiden. In diesem Blickwinkel erscheint alle Wohnungspolitik als Ordnungs-, Verteilungs- und Wohlfahrtspolitik zugleich, wobei sich mehrere Kernbereiche der Staatsintervention unterscheiden lassen. Hierbei spielen wie angedeutet je unterschiedliche Kompetenzverteilungen zwischen Kommune, Land/Kanton und Zentralstaat eine wesentliche Rolle: In D und CH kommt der lokalen Wohnungspolitik erhebliches Gewicht zu; in A wiederum liegt der regulatorische Schwerpunkt auf den Bundesländern (Bau[technik]gesetze, Raumordnung, Wohnbauförderung) (*Rink/Egner* 2020). Wohnungspolitik erfolgt demnach durch

— ordnungspolitisches Eingreifen in den Wohnungsmarkt (Raumordnung, Flächenwidmung, Bautechnik, Verkehrsplanung),

— die Ausgestaltung der Finanzierungsbedingungen des Wohnens (Mietzinsdeckelung, Subjekt- und Objektförderung, Wohnbeihilfen (A) oder Wohngeld (D),

- bedarfsgeprüfte Leistungen, steuerrechtliche Absetzmöglichkeiten (D), Grunderwerbssteuer),
- Eingriffe in Eigentumsbildung und Eigentumsstrukturen (Vermögensbildungsförderung, Fehlbelegungsabgaben, Besteuerung von Zweitwohnsitzen, Belegungsbindungen aus dem Wohnungsbestand (D)[160]) sowie
- die Regulierung der Transferaktivität (Befristungen von Mietverträgen, Kündigungsschutz, Maklergebühren/Provision,[161] Steuern und Abgaben).[162]
- Es geht hier im Einzelnen um:
  - Baulandmobilisierung (Mobilisierung/Ausweisung, Erschließung bzw. Bereitstellung von Bauland einschließlich Stadterneuerungs- und Stadtentwicklungsmaßnahmen);

---

[160] Bei der seit 2002 in D bestehenden staatlich geförderten privaten Altersvorsorge (Riester-Rente) wird das selbstgenutzte Wohneigentum in der Form des Entnahmemodells berücksichtigt (§ 92a, § 92b EStG).

[161] In A ist die Maklerprovision (wie bereits in D und CH bisher auch) im Mietfalle seit 2022 gegen den Widerstand der Interessenverbände der Vermieter:innen nach dem Bestellerprinzip zu entrichten. Bei Vermittlung eines Kaufvertrages müssen in A sowohl der oder die Käufer:in als auch der oder die Verkäufer:in der Wohnung bzw. des Grundstücks eine Provision entrichten. Diese ist verhandelbar, darf indes bei Verkaufspreisen über 48.500 € nicht mehr als 3 % plus USt. betragen. In D wurde 2020 eine hälftige Kostenteilung der Maklerprovision bei Kauf von Wohnungen und Einfamilienhäusern in § 656c BGB als Regelfall festgeschrieben, sofern der oder die Käufer:in ein:e Verbraucher:in ist. In der CH werden Makler:innen von den Verkäufer:innen bezahlt.

[162] Die Höhe der Grunderwerbsteuer (GREst) ist ein Steuerungsinstrument, weil sie der Konzentration von Grund/Boden entgegenwirkt und prohibitive Wirkung entfalten kann. In Berlin, Hamburg und Nordrhein-Westfalen lag sie 2019 bereits bei 4,5 % bzw. 5 %, in A bei 3,5 %, in der CH bei 1–4 %. Hinzu kommen bei Eigentumsbegründung Maklergebühren, Vertragserrichtungsgebühren, Notariatsgebühren, Grundbuchgebühren u. a. m. Pauschal muss bei Eigentumsbegründung mit Nebenkosten in Höhe von 10 % des Kaufpreises kalkuliert werden. Wird eine Immobilie kreditfinanziert, so fallen zusätzlich etwa 5 % Finanzierungsnebenkosten an.

- Raumordnung (Flächenwidmung, Infrastruktur der Daseinsvorsorge, Verkehrsplanung, Sozialplanung);
- Bauordnung (ordnungspolitisches Eingreifen in Baubedingungen, Bautechnik und Bauqualität, damit auch Regulierung der Baukosten; Vorgaben zur Verdichtung der Bebauung);
- Marktordnung (Vorordnung des Bestandsvertragswesens etwa durch Bestimmungen zur Begründung von Wohnungseigentum, zur Zulässigkeit von Vertragsbestandteilen, Verteilung von Rechten und Pflichten zwischen Vermieter:in und Mieter:in einschließlich Kündigungsschutz [Vertragssicherheit der Wohnraumnutzung]);
- Eigentumsordnung (Vermögensbildungsförderung, Schaffung von Wohnraum in öffentlichem Eigentum etwa in Form von Gemeindewohnungen [Errichtung und Erwerb eigener Immobilien], Enteignung, Maßnahmen zur Förderung der Begründung von Wohn-/Hauseigentum, Förderung selbstgenutzten Wohneigentums als vermögenspolitische Maßnahme [Eigenheimzulage in D], Genossenschaftswesen);
- Ausgestaltung der Finanzierungsbedingungen des Wohnens (Mietzinsdeckelung/Beschränkung der Miethöhe, Subjekt- und Objektförderung, Wohnbeihilfen (A), Wohngeld (D));
- Beschränkungen der Verwendung von Wohnraum (Zwangswidmungen, Unterbindung der zweckwidrigen Verwendung von Wohnraum, Belegungsbindungen aus dem Wohnungsbestand (D)
- Wohnraummobilisierung (Unterbindung von Leerstand durch Zwangsbewirtschaftung etwa in Form einer öffentlichen Zwischenmieterposition, Mobilisierung vorhandenen Wohnraums durch Fehlbelegungsabgaben,);
- Mietzins- bzw. Mietkostenbeschränkungen zwecks Sicherung der Zugänglichkeit und Leistbarkeit von Wohnraum;finanzpolitische Maßnahmen, welche die Besteue-

rung betreffen (Besteuerung/Abgabelasten von Zweitwohnsitzen, Leerstandsbesteuerung, Fehlbelegungsabgaben, Spekulationspönalen, Besteuerung von Immobilienerträgen aus Spekulation oder Vermietung); ferner steuerrechtliche Absetzmöglichkeiten (D) sowie ein Einhebung einer Grunderwerbssteuer)
- sozialpolitische Maßnahmen; hierzu gehören
    - Geldleistungen (Mietbeihilfen, Wohngeld, Leistungen der Wohnbauförderung wie Wohnbeihilfen, bedarfsgeprüfte Leistungen wie die Sozialhilfe);
    - Sachleistungen und funktionale Äquivalente (Bereitstellung von Wohnraum als indirekte subventionierte Sachleistung in Form von öffentlichem Raum (Gemeindewohnungen) einschließlich Zuweisungsrechte der öffentlichen Hand im gemeinnützig errichteten, geförderten Wohnraum oder auch in Form von Notschlafstellen bzw. Notwohnungen;
    - Dienstleistungen (soziale Dienste), welche die Versorgung mit Wohnraum im Rahmen der öffentlichen Daseinsvorsorge betreffen (Mieter:innen-/Rechtsberatung, Thematisierung und Mobilisierung von Recht etwa durch öffentliche Schlichtungsstellen, ‚Housing First' und Stufenmodelle der Obdachlosenhilfe).

Die Begründung der Notwendigkeit staatlicher Interventionen in den Wohnungsmarkt bzw. das Wohnungswesen ergibt sich daraus, dass
- Wohnen ein Grundbedürfnis ist (fehlende Substituierbarkeit des Wohnbedarfes, Wohnen als privater Rückzugsort);
- Wohnen unmittelbar der sozialen (Re-)Produktion von Arbeitskräften (Beschäftigungsfähigkeit) dient;
- Wohnen ein knappes Gut und Bauland nicht beliebig vermehrbar ist;

- die Nicht- oder Unterversorgung mit Wohnraum (Wohnungsüberbelag, Wohnungslosigkeit, Obdachlosigkeit) enorme gesellschaftliche Folgekosten nach sich zieht (Bildungs- und Gesundheitssystem, Arbeitsmarkt);
- Wohnen nach sämtlichen Maßstäben suprastaatlicher und völkerrechtlicher Verträge zum Kernbestand der öffentlichen Daseinsvorsorge zählt;
- der private Wohnungsmarkt aufgrund der ihm eigenen Mechanismen der Kapitalverwertung gesellschaftliche Wohnbedürfnisse nicht decken kann (zur Figur des Marktversagens siehe *Doan* 2020);
- die Privatisierung von Liegenschaften (Baugründe) und Immobilien (errichtete Bauten) zu einer strukturellen Übermacht der Anbieterseite führt, was sich in Boden-, Bau-, Eigentums- und Mietpreisen niederschlägt, die mit marktlichen Primäreinkommen allein nicht bestritten werden können;
- die Wohnkostenüberlast (40 % der österreichischen Haushalte wenden mehr als 40 % ihres Haushaltsnettoeinkommens für Wohnen inkl. Betriebskosten auf) zu Marktverzerrungen (Fokussierung des nachfragefähigen Einkommens), aber auch zur Unfähigkeit der Rücklagenbildung und damit erhöhter sozialer Vulnerabilität führt;
- die Immobilität der Güter am Wohnungsmarkt nicht mit der Dislozierung von Arbeitsplätzen akkordiert ist, weshalb die öffentliche Hand mittel- und langfristig die Allokation und Distribution von Wohnraum steuern muss;
- die Besonderheiten des Wohnungsmarktes (lange Produktions- und Lebensdauer des Wohnbestandes, hohe Kapitalintensität) Maßnahmen der öffentlichen Raum-, Infrastruktur-, Verkehrs- oder Sozialplanung erfordern;
- das Wohnungswesen unter föderalistischen Herrschaftsverhältnissen (etwa in A: 2.100 Bürgermeister:innen entscheiden als erste Instanz in Bauverfahren) auf dysfunktionale Weise gesteuert wird, was erhebliche ökologische

und infrastrukturelle Belastungen nach sich zieht (Zweitwohnsitze, Zersiedelung oder Flächenfraß).

All dies trägt dem Umstand Rechnung, dass ein unregulierter, auf substanziell fundamentalistische Weise sich selbst bzw. dem freien Spiel von Vermögensakkumulation, Vererbung, Macht, Wettbewerb und Rentenökonomie ausgesetzter Markt das gesellschaftliche Wohnbedürfnis nicht befriedigt. Dies lässt sich nicht nur als Herausforderung der je individuellen Bestreitung des Lebensbedarfes (Lebensunterhalt, Wohnen), sondern auch als gesellschaftspolitische Herausforderung verstehen. Dabei geht es eben nicht nur um die Bereit- und Sicherstellung der Rahmenbedingungen der Reproduktion von Lohnarbeitskräften. Vielmehr geht es um ein ganzes Bündel von sozialen Problemen. Zu diesen gehören die negativen sozialen Folgekosten aus der Unter- oder Nichtversorgung mit einem dem gesellschaftlichen Lebensführungsniveau entsprechenden Wohnraum, ebenso Boden- und Wohnraumspekulation (Zurückhaltung, Nichtverwertung), Wuchermieten (innerhalb und jenseits der Grenzen der Legalität), Verdrängungs- bzw. Gentrifizierungsprozesse (durch spekulative Sanierungen), das ‚Overcrowding' (Überbelag) von Wohnraum und prekäre (beengte, gesundheitsschädliche) Wohnverhältnisse. Es geht um Fragen der Bildungs-, Gesundheits-, Raumordnungs- oder Wohlfahrtspolitik. Wohnen und damit alle Wohnungspolitik ist also eine Querschnittsmaterie und die Wohnversorgung ist mit einer ganzen Fülle von Rechtsmaterien verfassungs- und einfachgesetzlicher Natur verknüpft.

Entscheidend für eine soziale Wohnungspolitik sind neben der Baulandmobilisierung und Regulierung von Errichtungs- bzw. Energiekosten ein hoher Anteil an Gemeindewohnungen und gemeinnützig-genossenschaftlich errichteten Wohnungen, ein kleiner privater Wohnungsmarkt, das Fehlen von institutionellen Investoren im Wohnungswesen und in Wohnkonzernen sowie die rechtliche Regulierung des Mietzinsniveaus.

2.1.1 Wohnungspolitik als Ordnungspolitik

Als ordnungspolitische Maßnahmen gelten jene (Rechts-)Normen, Institutionen, Verfahren und Finanzierungsformen, welche die Aufgabenverteilung zwischen Staat, Markt und drittem Sektor festlegen sowie die Funktionsweise dieser Systeme bestimmen. Im Zentrum der Daseinsvorsorge stehen öffentliche Infrastrukturen, Güter und Dienstleistungen sowie die Kofinanzierung meritorischer Güter und Dienste, an denen die öffentliche Hand ein übergeordnetes, nicht marktlich organisiertes Interesse verfolgt. Gegenstand der Daseinsvorsorge ist die Grundversorgung, welche auch die Wohnversorgung[163] mit einschließt. Der Begriff der Daseinsvorsorge ist ein Passepartout-Begriff,[164] der verwaltungsrechtlich, wirtschaftsrechtlich oder sozialwissenschaftlich unterschiedlich ‚aufgeladen' ist.

Als Rechtsbegriff ist die Daseinsvorsorge zwar unbestimmt, wird jedoch in Art 86 Abs 2 EGV sowie Art 14 AEUV als „Dienst-

---

[163] Hierzu zählen auch Verkehr und Beförderung, Gas, Wasser, Elektrizität, Müllabfuhr und Abwasser, Bildung und Kultur, Gesundheit (Krankenhäuser) und Soziales (Kindertagesbetreuungseinrichtungen), Feuerwehr und Friedhöfe, Schwimmbäder und Sportstätten. Diese Aufgaben werden entweder direkt von gemeinwirtschaftlichen (kommunalwirtschaftlichen) Unternehmen/Betrieben wahrgenommen oder von der öffentlichen Hand im Rahmen von Leistungsverträgen und Beleihungen beauftragt oder in Form von Subventionen/Förderungen alimentiert.

[164] Fraglos hat er eine fragwürdige Herkunft, rührt er doch von *Ernst Forsthoff*, der 1938 in seiner Studie „Die Verwaltung als Leistungsträger" das Konzept der Leistungsverwaltung sowie der Teilhaberechte an Leistungen der Daseinsvorsorge entwickelte. Forsthoff verstand die Daseinsvorsorge als Veranstaltung zur Befriedigung des Appropriationsbedürfnisses bzw. der Lebensführung in einer hocharbeitsteiligen Gesellschaft. Forsthoff war 1933 Nachfolger des vertriebenen/emigrierten *Hermann Heller* an der Universität Frankfurt und 1935 Nachfolger des in den Selbstmord getriebenen *Kurt Perels* gewesen. 1937 trat er der NSDAP bei (*Klee* 2005, 159) und war 1942–45 Ordinarius an den Universitäten Wien und Heidelberg, wo er nach Einstellung seines Entnazifizierungsverfahrens 1950 bis 1967 lehrte und dortselbst emeritierte.

leistung von allgemeinem wirtschaftlichem Interesse" verstanden, wobei allgemein marktbezogene Leistungen mit besonderen Gemeinwohlverpflichtungen[165] zu erbringen sind (*Kuhnert/ Leps* 2017, 213 ff). In D etwa findet sich die rechtliche Grundlage der Daseinsvorsorge in der Garantie der kommunalen Selbstverwaltung gemäß Art 28 Abs 2 GG. Das GG selbst kennt den Begriff Daseinsvorsorge nicht, sondern spricht von „allen Angelegenheiten der örtlichen Gemeinschaft".[166] Der darauf aufbauende § 2 Abs 2 des Dt. Raumordnungsgesetzes besagt, dass ausgeglichene soziale, infrastrukturelle, wirtschaftliche, ökologische und kulturelle Verhältnisse nachhaltig anzustreben sind.

Verwaltungsrechtlich meint die Daseinsvorsorge nicht nur, dass ein öffentliches Interesse besteht, sondern dass der oder die einzelne Bürger:in ihrer unumgänglich bedarf.[167] Die Reichweite der Daseinsvorsorge ist unterschiedlich konzipiert. Nach herrschendem Verständnis kann die Daseinsvorsorge wirtschaftlich oder nichtwirtschaftlich, im Wettbewerb oder als Monopol, gewinnbringend, kostendeckend oder zuschussbedürftig organisiert sein.

2.1.2 Voraussetzungen sozialer Wohnungspolitik

Bei der Versorgung mit leistbarem Wohnraum mittels des Instrumentariums einer sozialen Wohnungspolitik (in Abgrenzung zum freien Markt) spielen öffentliche Akteure (Gemeindebau), der Dritte Sektor (gemeinnützige Bauvereinigungen) sowie Maßnahmen der Marktregulierung eng zusammen (*Notwotny/ Heidl* 1994). Fragt man an dieser Stelle nach Good Practices, also nach den DACH-Gesellschaften vergleichbaren Industrieländern, in denen Wohnen auch für sog. einkommensschwache Haushalte leistbar ausgestaltet ist, so stößt man regelhaft auf einen großen öffentlichen Wohnungsbestand sowie ein gut aus-

---

[165] EU-KOM 270 vom 21. Mai 2003.
[166] So auch BVerfG, Beschluss vom 23. November 1988, Az. 2 BvR 1619, 1628/83.
[167] BVerfG, Urteil vom 20. März 1984, Az. 1 BvL 28/82

gebautes Wohnungsgenossenschaftswesen. Instruktiv ist in diesem Zusammenhang bereits der nur oberflächliche Blick nach Skandinavien.

In Norwegen sind 80 % der Bevölkerung Eigentümer:innen einer von insgesamt 5.000 Genossenschaften unter Zuhilfenahme öffentlicher Mittel errichteten Wohnung/eines Hauses, während der Mietensektor von privaten Vermieter:innen (keine Kapitalgesellschaften) dominiert wird. Die Begründung von Wohnungs- und Genossenschaftseigentum wird erheblich öffentlich gefördert. Öffentlicher Wohnraum spielt bei der Bedeckung des Wohnbedürfnisses nur eine marginale Rolle. Wohnbeihilfen sind im Mietensegment auf Niedrigeinkommenshaushalte und Personen mit besonderen Bedürfnissen konzentriert. Genossenschaftsanteile sind kostenintensiv (270.000 € im Durchschnitt). Ihr Erwerb wird daher durch gestützte Darlehen der öffentlichen „State Housing Bank" ermöglicht.

In Schweden wiederum leben 63 % der Bevölkerung im Eigentum und komplementär etwa 37 % zur Miete, allerdings etwa die Hälfte davon in Gemeindewohnraum zu gedeckelten Mietpreisen. 19 % entfallen auf Privatvermieter:innen, 18 % auf „gemeinnützige" Mietverhältnisse in Wohnungen im öffentlichen Eigentum (*Larsen/Hansen* 2016). 300 Gesellschaften mit beschränkter Haftung in öffentlichem Eigentum bewirtschaften 20 % des Gesamtwohnungsbestandes, was etwa der Hälfte des Mietwohnungsbestandes entspricht. 2021 bezogen 135.000 (Mieter:innen-)Haushalte (vor allem mit Kindern) Wohnbeihilfen.[168] Genossenschaften stellen einen erheblichen Teil des Wohnungsbestandes (mehr als 50 % in Stockholm).

Auch in Finnland wird leistbares Wohnen von öffentlichen Einrichtungen sichergestellt. 62 % der Wohnungen stehen im Eigentum der Nutzer:innen, 34 % werden gemietet, der Rest steht als Natural-/Dienstwohnung zur Verfügung. Ein Drittel des gesam-

---

[168] https://www.statista.com/statistics/536899/sweden-housing-allowance-recipients-by-type-of-household/

ten Wohnungsbestandes ist öffentlich gefördert errichtet, während darin anfallende Mieten bedarfsbezogen bezuschusst werden. Wohnraum wird vor allem von Gesellschaften in kommunalem Eigentum unter Bedachtnahme auf dessen Leistbarkeit errichtet, während auf nationaler Ebene gemeinnützige Wohnbauträger agieren. Das „Housing Finance and Development Centre of Finland" (ARA) gewährt Subventionen, Zuschüsse und Garantien für die Errichtung von Wohnraum, während die KELA[169] (die sozialversicherungs- und bedarfsgeprüfte Leistungen aus einer Hand erbringt) Wohnbeihilfen sowohl an Eigentümer:innen wie an Mieter:innen gewährt. Diese Wohnbeihilfe (Wohngeld) kann bis zu 80 % der Wohnkosten betragen. Sie wird ohne wechselseitige Anrechnung durch Sozialhilfe, Leistungen im Falle der Arbeitslosigkeit, Mindestpension oder Leistungen der Behindertenhilfe ergänzt.

Schließlich weist auch Dänemark ein ähnliches Versorgungsprofil auf: Hier entfallen 22 % des gesamten Wohnungsbestandes auf das „Social Housing"-Portfolio der öffentlichen Hand und auf Genossenschaften. Genossenschaften besitzen knapp 550.000 Wohnungen (bei insgesamt 3,1 Mio. Haushalten). Anteilseigner:innen einer Genossenschaft gelten auch hier nicht als Immobilieneigentümer:innen. Die öffentliche Hand hat gesetzlich verankerte Zuweisungsrechte im Bereich des „Social Housing" und bewirtschaftet den Leerstand. Knapp 40 % der Haushalte leben in Dänemark zur Miete (die eine Hälfte davon entfällt auf „Social Housing", die andere auf den freien Markt) und 60 % im Eigentum. Ein Fünftel aller Mieter:innen-Haushalte (8 % aller Wohnungen) lebt in Genossenschaftswohnungen (in Kopenhagen: 30 %), 12 % bewegen sich am freien Markt, 20 % wie erwähnt im „Social Housing"-Segment. 8 % aller Haushalte

---

[169] „Kansaneläkelaitos" (KELA) ist die finnische Sozialversicherungsanstalt. Ursprünglich als Pensionskasse gegründet, übernahm KELA im Laufe der Jahre immer mehr Aufgaben der Sozialversicherung und ist heute die wichtigste finnische Behörde zur Organisation des Wohlfahrtsstaates.

(also ein Fünftel aller Haushalte, die zur Miete wohnen) beziehen Wohngeld. Leistungsberechtigt sind nur Mieter:innen.

In allen skandinavischen Ländern sind derlei Regelungen eingefügt in eine elaborierte Sozialraumordnung und Sozialplanung, während gesetzliche Maßgaben das Spekulieren mit Wohnraum erheblich behindern. Genossenschaften prägen den Wohnungsmarkt, ergänzt durch einen „Social Housing"-Sektor, der unterschiedlich ausgestaltet ist. In Schweden stehen die Genossenschaften beinahe vollständig im Eigentum der Kommunen oder kommunaler Wohnungsunternehmen, während sie in Dänemark kollektives Eigentum privater Gesellschaften sind, die öffentliche Unterstützung in Form von staatlich gestützten Krediten und Steuererleichterungen erhalten.

Auch im DACH-Vergleich zeigt sich, dass A, das Land mit den vergleichsweise niedrigsten Wohnkosten und der geringsten Wohnkostenüberlastquote, den gemeinnützigen Wohnbaugenossenschaften erheblichen Stellenwert zuweist (20 % der Haushalte ein A wohnen in einer Wohnung der GBV), während Genossenschaften in D seit 1989 abgeschafft sind und sie in der CH nur 5 % des Wohnungsbestands bereitstellen. Der DACH-Vergleich zeigt auch, dass eine effektiv wohnungspolitische Regulierung der Versorgung mit leistbarem Wohnraum auf die flexible Kombination von Instrumenten und Maßnahmen in einander überlappenden Politikfeldern hinausläuft. Soziale Wohnungspolitik gelingt – wie in den skandinavischen Ländern – dann, wenn der Staat in den Wohnungsmarkt direktiv eingreift. Er kann dies durch die Steuerung von Rahmenbedingungen (Baurecht und Baupolizei, Mietrecht, Grundbuch, steuerliche Belastungen), die Planung der Raumnutzung (Raumplanung, Raumordnung, Bautechnik), Transferleistungen (Wohnbauförderung, Wohngeld, Sozialhilfe), privilegierte Eigentumsformen (gemeinnützig errichteter Wohnbau) oder die Akkumulation öffentlichen Vermögens (Schaffung von Gemeindewohnraum) tun. In föderalen Systemen wie den DACH-Gesellschaften sind regelhaft alle drei Ebenen, nämlich Gemeinde, Bundesland/Kanton und Zentralstaat/Bund, involviert,[170] während in den skandinavischen Gesellschaften Zentralstaat und Kommune als wesentliche Player in Erscheinung treten. Der springende Punkt dabei ist, ob das Feld sozialer Wohnungspolitik subsidiär zum freien Wohnungsmarkt oder umgekehrt der freie Wohnungsmarkt dem öffentlich regulierten gegenüber nachrangig positioniert ist.

2.2 Maßverhältnisse sozialer Wohnungspolitik

2.2.1 Was ist das „Politische" an der Wohnungsfrage?

Eine investorengeneigte Politik, die sich anschickt, die Wohnungsfrage intentional zu einem Element des sozialen Konfliktes zu machen, den *Krysmanski* (2007) und nach ihm *Strobl/Mazohl* (2022) als „Klassenkampf von oben" bezeichnet haben, verkörpert keinen Sachzwang. Die Wohnungsfrage ist nicht nur Ausdruck der Kapitalisierung des Wohnens, ein Ergebnis der fortgesetzten ursprünglichen Akkumulation des Kapitals oder ein Instrument zur Sicherstellung der erweiterten Reproduktion des Kapitals mittels der Anlage in „Betongold". Sie ist auch und insbesondere das Ergebnis einer Politik der Vermarktlichung und Verwettbewerblichung der öffentlichen Daseinsvorsorge (*Jacobs* 2019; *Frances/Everett* 2022).

Die Wohnungsfrage ist damit keineswegs das Ergebnis eines sich ‚hinter dem Rücken der Akteur:innen' durchsetzenden Mecha-

---

[170] Das Feld sozialer Wohnungspolitik fällt nicht in die unmittelbare Zuständigkeit der EU. Dessen ungeachtet existiert ein der „Open Method of Coordination" nachgebildeter Prozess des Abgleichs der Effekte wohnungspolitischer Maßnahmen auf Ministerebene. Auf internationaler Ebene findet Gleichartiges auf Ebene der UNECE und der HABITAT III statt. Bei der „Open Method of Coordination" bzw. Offenen Methode der Koordinierung unterziehen sich die Mitgliedstaaten einer gegenseitigen Bewertung, während die Europäische Kommission nur koordinierende und überwachende Aufgaben wahrnimmt. Dies kommt in den Bereichen Beschäftigung, Sozialschutz, soziale Eingliederung, Jugend sowie Weiterbildung in Betracht, in denen der EU keine Kompetenz zukommt.

nismus, gleichsam das Resultat einer selbstläufigen Kapitalverwertung. Im Gegenteil: Es ist eine ordnungspolitische Entscheidung regierender ‚Rackets', Staatsinterventionen (Recht, Förderwesen, Infrastrukturen) im Politikfeld der Wohnversorgung entweder auf Eigentumsbildung oder leistbare Mietverhältnisse hin auszurichten. Dabei geht der Begriff des ‚Racket' auf *Horkheimer* (1985) zurück, der damit eine herrschaftstheoretische Konkretisierung des Klassenbegriffs um der ‚*Clique*' vorgenommen hat. ‚Rackets', so *Kirchheimer* (1964), regeln den Zugang zu Organisationen und Entscheidungspositionen, sind also Klassenfraktionen, die um Macht, Einfluss und Ressourcenverfügung konkurrieren. ‚Rackets' entscheiden u.a. über Wohnungspolitik, Wohnverhältnisse und Zugänge zum Wohnungsmarkt, lassen sich also als Element einer Politik der ‚Klientelisierung' verstehen (*Lindemann* 2021; *Pohrt* 2021).

Es ist eine verteilungspolitische Entscheidung, den Mitteleinsatz entweder auf Sozialwohnungen im öffentlichen Eigentum oder auf Transfers für die Nutzung privat verwerteter Mietwohnungen zu fokussieren, entweder auf Mietpreisregulierungen oder bedarfsgeprüfte Wohntransferleistungen zur Kofinanzierung der Vermieter:innen zu setzen. Es ist eine raumordnungspolitische Entscheidung, entweder Großwohnkomplexe oder verdichteten Flachbau zu favorisieren, sich entweder auf die dosierte Zulassung oder das Verbot von Zweitwohnungen (auch als Vorsorgewohnungen) zu konzentrieren. Es ist eine wohnungspolitische Entscheidung, Fehlbelegungsabgaben und Spekulationspönalen einzuheben oder den Wohnungsleerstand als Ausdruck der Attraktivität einer Kommune für begüterte Klassen abzufeiern. Es ist eine eigentumspolitische Frage, ob Instrumente der Vertragsraumordnung oder der Enteignung genutzt werden oder man sich mit dem lapidaren Hinweis auf die historische Gewachsenheit von Eigentumsverteilungsverhältnissen begnügt. Gleiches gilt für die Frage, ob man die Regulierung der Wohnraumnutzung in Angriff nimmt oder ein unreguliertes Airbnb-Wesen zulässt, welches Wohnraum auf unkontrollierte Weise

2.2 Maßverhältnisse sozialer Wohnungspolitik

vom Wohnungsmarkt nimmt und ihn dem tourismus-industriellen Komplex zur Verfügung stellt.

Es ist damit ein Irrtum anzunehmen, es sei der Markt, der über Wert und Preis von Liegenschaften und Immobilien entscheidet. Wert und Preis werden erst durch politisches Entscheiden bestimmt. Sie werden über Maßnahmen der Boden- und Raumordnung sowie Infrastrukturpolitik bestimmt. Sie sind Ergebnis politischer Entscheidungen über die Zulässigkeit der Ungleichheit von Wohnverhältnissen. Fraglos ist das Wohnen durch herrschende Machtverhältnisse und darüber erzeugte Knappheiten von Gütern geprägt. In ihm spiegeln sich Statuswettbewerbe sowie milieu- und schichtspezifische Wohnpräferenzen. Wohnen geht auf Praktiken der Immobilienspekulation (auf der Seite der Eigentümer:innen) und Ertragsspekulation (auf der Seite der Erwerber:innen von Eigentum) zurück, bei welcher in die Kaufsumme die Realisierung eines erst in der Zukunft zu erzeugenden Wertes eingepreist ist. All das aber findet auf politisch regulierten Märkten statt.

Es sind ferner politische Entscheidungen, welche Liegenschaften in Bauland umwandeln, die jeweilige Bebauungsdichte und damit die Rentabilität der Verwertung einer Liegenschaft festlegen, Baukosten durch Marktregulative, Steuerlasten, Import- oder Arbeitsbedingungen festschreiben, spekulatives Horten von Bauland oder den Leerstand von Wohnungen ermöglichen, die Nachfrage nach leistbarem Wohnraum verteilungspolitisch steuern, das Makeln von Wohnungen verteuern oder verbilligen, Handlungsspielräume im Bauträgervertragsrecht eröffnen, Immobilienkredit-Zinsen oder erforderliche Eigenmittel festlegen, Transferleistungen wie Wohnbauförderung oder Mietbeihilfen/Wohngelder festlegen usf.

Fassen wir zusammen, dann basiert die Bereitstellung von und die Versorgung mit Wohnraum substanziell auf politischen Entscheidungen (*Glynn* 2009). Die (eigentlich vulgärmarxistische) Erzählung von Vertreter:innen der politischen Dienstklasse, der zufolge nur der Markt über Wohl und Wehe der Befriedigung von Wohnbedürfnissen und -bedarfen entscheidet, ist schlechterdings bloß ein ‚Ideologem', eine rhetorische Figur, welche die Vermarktlichung des Wohnens (Konkurrenz der Wohnungsuchenden), das Versagen des Wohnungsmarktes und die Kapitalisierung von Wohnraum rechtfertigen soll. Das dahinter liegende hegemoniale Projekt zielt darauf ab, jede die Kapitalverwertungsinteressen der Investoren beschränkende Staatsintervention in den Wohnungsmarkt (siehe zu deren Legitimität *Baron* et al. 2021) zu tabuisieren. Hierbei geht es nur vordergründig um ein marktfundamentalistisches Dogma, hintergründig indes um die Erosion eines Pfeilers der öffentlichen Daseinsvorsorge, die sich in den 1920er- und 1950er-Jahren (in D und A) herausgebildet hat und ein Kernelement des Fordismus samt seiner Teilhabelöhne und öffentlichen Daseinsvorsorge, von *Busch/Land* (2009) als „Teilhabekapitalismus" gemünzt, dargestellt hat.

2.2.2 Wohnen als Querschnittsmaterie

Wohnungspolitik ist als Querschnittsmaterie nicht nur Wohnungsbaupolitik, sondern ebenso Raumordnungs-, Marktordnungs-, Verteilungs-, Bildungs-, Sozial- oder Infrastrukturpolitik. Wohnungspolitik verbindet Eingriffe in den Wohnungsmarkt mit Maßnahmen der Raum-, Sozial- und Stadtplanung, Wohnbauförderung mit Mietzinsbeschränkungen, Baulandmobilisierung mit Leerstandsabgaben. Folglich spielen bei der Versorgung mit leistbarem Wohnraum in Abgrenzung zum freien Markt unterschiedliche öffentliche Akteure (Bund, Länder/Kantone, Gemeinden) sowie der Dritte Sektor (gemeinnützige Bauvereinigungen) und die Sozialwirtschaft (soziale Dienste) eng zusammen (*Notwotny/Heidl* 1994).

Dies wird etwa an PSPP[171]-Lösungen sichtbar, wo die öffentliche Hand Liegenschaften bereitstellt, damit gemeinnützige Wohn-

---

[171] Public Social Private Partnership, Methoden zu Kooperation zwischen privaten und staatlichen Institutionen.

baugenossenschaften darauf Wohnraum errichten. Dabei sind die Spielräume sozialer Wohnungspolitik abhängig von der nationalen Rechtslage (etwa: Sozialbindung des Privateigentums), aber auch von bestehenden Pfadabhängigkeiten der Wohnversorgung (Rechtstitel der Wohnungsnutzung), der Institution der Gemeinnützigkeit von Wohnbaugenossenschaften (1989 wurde deren Gemeinnützigkeit in D abgeschafft), der Verfügung der öffentlichen Hand über eigenen Wohnungsbestand (eine nennenswerte Anzahl von Gemeindewohnungen findet sich nur in A) oder dem bereits vorhandenen Baubestand, wodurch etwa Rahmenbedingungen weiterer Verdichtung gesetzt sind.

In allen DACH-Gesellschaften sind alle drei Ebenen (Bund, Land/Kanton, Gemeinde) berührt, greifen Markt und staatliche Maßnahmenbündel ineinander. Die öffentliche Hand sichert vor alle in D und A etwa durch sozialen Wohnungsbau (Gemeindewohnungen, gemeinnützig errichtete Wohnungen), Transferleistungen oder Belegsbindungen die Leistbarkeit des Wohnens. Hinzu kommen Maßnahmen der Baulandmobilisierung und Raumordnung. Von besonderer Relevanz ist die Regelung von Marktbeziehungen (Mietzinshöhe, Vertragsbefristung) sowie das Maßnahmenbündel der Wohnbauförderung. Das Portfolio hat sich seit Ende des 19. Jahrhunderts konfliktorisch fortentwickelt. Einerseits wurde in D (Berlin) die Forderung nach einer Enteignung und Verstaatlichung des Wohnungsbestandes von als AG verfassten Großvermietern erhoben, während andernorts die Angleichung der Bestandsmieten auf Marktmieten mittels einer Reform der ortsüblichen Vergleichsmieten mit dem Ziel eingefordert wurde, mittlere Einkommen effektiver zu fördern (*Kühling/Sebastian/Siegloch* 2021). Das *Münchner Forum* (2016) wiederum fordert für die kommunale Wohnungspolitik schärfere Auflagen für ausgewiesene Baugrundstücke, geringere Wohnungsgrößen, beschleunigte Bauverfahren, Nachverdichtungen sowie eine Reduktion des Flächenverbrauchs für Individualmobilität. Es lassen sich also unterschiedliche Strategien und wohnungspolitische Schwerpunkte in den DACH-Gesellschaften erkennen, die allerdings überall durch Dynamiken der

Bodenkonzentration, Immobilienspekulation und Marktliberalisierung beschränkt werden.

2.2.3 Ökonomische Effekte

Wohnkosten lassen sich nicht isoliert als eine Komponente jeweiliger Haushaltsausgaben betrachten. Denn die Kosten des Wohnens ebenso wie Transfers zur Sicherung der Leistbarkeit des Wohnens haben makroökonomische Effekte (*Blaas/Wieser* 2004). Hohe Wohnkosten entziehen den übrigen Kapitalteilen nachfragefähiges Einkommen. Ihre Bedeckung durch direkte und indirekte Förderungen und Transferleistungen (bei der Errichtung von und beim Zugang zu Wohnraum) belastet öffentliche Budgets. Schließlich erzeugen hohe Wohnkosten negative Umwegrentabilitäten aufgrund der Erweiterung und Konzentration von Armutsrisikolagen im sozialen und geografischen Raum (*Alisch/Dangschat* 1998; *Heyn/Braun/Grade* 2013).

Ursächlich dafür ist eine komplexe Gemengelage von Faktoren, vor allem aber, dass die Entwicklung der Haushaltseinkommen nicht mehr mit der Entwicklung der Miet- und Kaufpreise von Wohnimmobilien Schritt hält, die soziale Wohnungsbau-Tätigkeit weit hinter den Bedarf zurückgefallen ist, der Sozialwohnungsbestand anteilig zurückgeht, der spekulative Leerstand gegengleich steigt, demografische Entwicklungen (Scheidungsneigung, Singlehaushalte, steigende Lebenserwartung) den Bedarf an Wohnraum in die Höhe schnellen lassen oder Wohnraum ungehindert von legislativen Maßgaben zweckentfremdet wird. Fragt man aber nach den prioritären Ursachen, so besteht weithin Konsens, dass die aktuelle Wohnungsnot in der EU Ausdruck der Eroberung der öffentlichen Daseinsvorsorge durch das Finanzkapital (*Huffschmid* 2007) ist. Dies spiegelt sich nicht nur in der Liberalisierung des Wohn- und Mietrechts, der in den DACH-Gesellschaften ungleichartig ablaufenden Umschichtung der Wohnbauförderung weg vom Mieten- hin zum Eigentümermodell sowie der ungebremsten Immobilienspekulation wider (*Ryan-Collins/Lloyd/Macfarlane* 2017). Es drückt sich auch in einem systematischen, EU-weiten Rückzug der öffentlichen Hand aus dem Feld regulativer Wohnpolitik aus. Auf die Schaffung öffentlichen Wohnungseigentums, von Vorbehaltsflächen und Zuweisungsrechten wurde und wird weitgehend verzichtet.[172] Der Staat hat sich als Player am Wohnungsmarkt, vor allem als Eigentümer von Liegenschaften und Wohnungen, faktisch aus dem Spiel genommen, während der deregulierte Markt ungebremst seine destruktive Logik entfaltet.

2.3 Instrumente sozialer Wohnungspolitik

Vor diesem Hintergrund lassen sich mehrere Instrumente der sozialen Wohnungspolitik als Politikfeld ausmachen. Zu diesen zählen etwa Vertrags- und Preisregulierungen, Maßnahmen der Wohnraummobilisierung, die Errichtung von Wohnraum in öffentlichem Eigentum, die Schaffung von Wohnraum durch genossenschaftlich-gemeinnützige Errichter/Träger sowie die Wohnbauförderung samt Mietbeihilfen-Regimen. Im Folgenden nicht erörtert werden steuerrechtliche Maßnahmen, Regeln zur Vertragssicherheit der Wohnraumnutzung (Kündigungsschutz), aber auch das Portfolio sozialer Dienstleistungen („Housing First') zur Bekämpfung der Obdachlosigkeit.

2.3.1 Baulandmobilisierung

Ein zentrales ordnungspolitisches Instrument der Bereitstellung von Bauland ist die sog. Baulandmobilisierung. Bauland ist nicht beliebig vermehrbar, sondern ein begrenztes, immobiles Gut, weshalb jegliche Nachfrage (vor allem in Ballungsräumen) immer mit Preissteigerungen verknüpft ist. Da die Rechtsordnung über Jahrzehnte hinweg die spekulative Hortung von Bauland bei gleichzeitiger Vertiefung der Ungleichheit der Vermögensverteilung zuließ, sind ex post eingeführte Raumplanungsinstrumente bzw. Raumplanungs- und Raumordnungsgesetze zur

---

[172] Leuchtendes Gegenbeispiel hierfür ist die österreichische Bundeshauptstadt Wien.

Baulandmobilisierung nur bedingt effektiv, weil ihre Reichweite (bzw. die Enteignungsfrage) vom verfassungsrechtlichen Eigentumsschutz beschränkt wird (*Markstein* 2004). Jede Boden- und Baupolitik setzt eine langfristige Planung, Beschaffungs- und Bereitstellungsmaßnahmen von bebaubarem Boden voraus. Ordnungspolitische Interventionen (Bodenbeschaffung, Raumordnung, Flächenwidmung, Baukostenregulierung) stehen dabei im Vordergrund. Funktional damit verschränkt sind Maßnahmen der Verdichtung von Wohnraum (etwa auch die Überbauung von Supermärkten oder Tankstellen) sowie die Zurverfügungstellung öffentlicher Gründe für den gemeinnützigen, genossenschaftlich organisierten Mietwohnungsbau.

In D zielt das Baulandmobilisierungsgesetz (2021) dezidiert darauf ab, Bauland für leistbaren Wohnbau zu mobilisieren (*Spannowsky/Christian* 2022). Zuständig für die Ausweisung von Bauland sind in D die Gemeinden. Im Rahmen der Bauleitplanung legen Gemeinden fest, wie die Grundstücke im Gemeindegebiet genutzt werden dürfen. Landesregierungen können durch Rechtsverordnung Gemeindegebiete zu Arealen mit angespanntem Wohnungsmarkt erklären. Der Erlass einer derartigen Rechtsverordnung ist an die Gefährdung der ausreichenden Versorgung der Bevölkerung mit Mietwohnungen zu angemessenen Bedingungen geknüpft und muss sich auf eine belastbare Datenlage zurückführen lassen. Damit wird der Einsatz von Instrumenten der Baulandmobilisierung möglich, die von erweiterten Satzungsvorkaufsrechten (sog. Zwischenerwerbsmodelle) über zusätzliche Befreiungsmöglichkeiten bis hin zu den Baugeboten reichen (*DIFU* 2023a,b). Ein sektoraler Bebauungsplan soll Bauland auch in Innenstädten der Großstädte mobilisieren, also zur Innenverdichtung beitragen.

Bis 2021 wurden Baurechte (bedingter Anspruch der Grundeigentümer:innen einschließlich juristischer Personen auf Erteilung einer Baugenehmigung) vorwiegend dazu genutzt, hochpreisigen Wohnraum zu schaffen. Mit sektoralen Bebauungsplänen[173] erhielten Gemeinden die vorerst bis Ende 2024 befristete Möglichkeit, sozial geförderten leistbaren Wohnraum durch Vorkaufsrechte zu schaffen, solange dies zum Wohl der Allgemeinheit ausgeübt wird, wozu die Wohnbedürfnisse der Bevölkerung gehören. Hierzu sieht das BauGB ein selektives Vorkaufsrecht der Gemeinden vor. Die Deckung des Wohnbedarfs in der Gemeinde stellt seit 2021 ausdrücklich einen rechtfertigenden Allgemeinwohlgrund dar, der die Ausübung des Vorkaufsrechts rechtfertigt.[174] Die Gemeinden werden zudem in die Lage versetzt, den zu zahlenden Kaufpreis auf den Verkehrswert des Grundstücks zum Zeitpunkt des Kaufs im Ausübungsbescheid herabzusetzen, ohne dass wie bisher eine deutliche Verkehrswertüberschreitung des Kaufpreises seitens der Gemeinde nachgewiesen werden muss. Dieses gilt vor allem für sog. Problemimmobilien, die baulich heruntergekommen sind und negativ auf ihre Umgebung einwirken.

Zugleich kann die Gemeinde auch zu den Bedingungen eines bereits abgeschlossenen Grundstückskaufvertrags als Käuferin eintreten, muss dabei aber die ursprünglich zwischen den Vertragsparteien vereinbarten Konditionen einhalten. Derlei Vorkaufsrechte müssen durch Satzung der Kommune begründet werden. Als Eigentümerinnen können die Gemeinden Einfluss auf die Bebauung der Grundstücke mit bezahlbarem Wohnraum nehmen und das stadtentwicklungspolitische Ziel einer sozial gemischten Stadt verfolgen (*Dt. Städte und Gemeindebund* 2022).

Verbunden ist dies mit einer Ausweitung der Möglichkeiten, Baulücken zu schließen. Hierfür hat der Gesetzgeber das Baugebot in Gebieten mit einem angespannten Wohnungsmarkt (diese werden durch die Landesregierungen per Verordnung festgelegt) erweitert. So gilt ein Grundstück etwa auch dann als unbebaut, wenn es nur zu vorläufigen Zwecken bebaut wurde. Schließlich besteht die Möglichkeit, dem oder der Eigentümer:in

---
[173] „Wohnraumversorgung" gemäß § 9 Abs 2d BauGB (Baugesetzbuch).
[174] § 24 Abs 3 Satz 2 BauGB.

eine bestimmte Nutzung der Liegenschaft – nämlich Wohnbebauung – vorzuschreiben, wobei zugunsten des engsten Familienkreises ein auf fünf Jahre befristetes Verfügungsrecht gewahrt bleibt.

Baugenehmigungsbehörden wurde mittels Änderungen der Baunutzungsverordnung (BauNVO) ermöglicht, Befreiungen von bestehenden Bebauungsplänen zugunsten des sozialen Wohnungsbaus zu erteilen, ohne eine aufwändige Änderung von Bebauungsplänen vorzunehmen. In der BauNVO enthaltene Obergrenzen für das Maß der baulichen Nutzung wurden von Maximal- in Orientierungswerte umgewandelt, was es den Gemeinden erlaubt, die Bebauungsdichte zu erhöhen, etwa Voraussetzungen für den Ausbau von Dachgeschoßen oder An- und Zubauten zu schaffen.

Schließlich wurde die Möglichkeit, Mietwohnungen in Eigentumswohnungen umzuwandeln, erheblich reduziert.[175] Die Landesregierungen sind ermächtigt, durch Rechtsverordnung Gebiete mit angespanntem Wohnungsmarkt festzulegen, in denen die Umwandlung von Miet- in Eigentumswohnungen einer gesonderten behördlichen Genehmigung bedarf. Dieses Genehmigungserfordernis gilt für Wohngebäude mit mehr als fünf Wohnungen, sodass vor allem Wohnungsunternehmen adressiert sind. Etwa zwei Drittel aller Gemeinden in D nutzen diese Instrumente (*DIFU* 2023b).

In A existiert ein bundesgesetzliches Instrument der Bodenbeschaffung.[176] Dessen zentrale Bestimmung[177] sieht vor, dass die Bundesländer Vorsorge zu treffen haben, damit die Gemeinden für die Errichtung von Häusern mit Klein- oder Mittelwohnungen unbebaute Grundstücke, die baureif sind oder baureif gemacht werden können, sowie Ergänzungsgrundstücke beschaf-

---

[175] § 250 BauGB.
[176] BodenbeschaffungsG 1974, BGBl 288/1974 idF 112/2003.
[177] § 1 BodenbeschaffungsG.

fen können.[178] Im Einzelnen kann die Landesregierung über Antrag der Gemeinde durch Verordnung feststellen, dass in dieser Gemeinde ein quantitativer Wohnungsbedarf[179] besteht. Eine Gemeinde, für deren Gebiet quantitativer Wohnbedarf festgestellt wurde, kann im Verordnungswege ein Bodenbeschaffungsgebiet (welches das ganzes Gemeindegebiet einschließen kann) bestimmen und dafür Bebauungsvorschriften (etwa: Flächenwidmungspläne, Flächennutzungspläne, Raumordnungspläne) im Rahmen landesgesetzlicher Bestimmungen erlassen. In der entsprechenden Verordnung sind die zu diesem Gebiet gehörigen Grundstücke unter Angabe der Grundstücksnummer anzuführen.

In T etwa unterstützt ein Bodenfonds in diesem Kontext seit knapp 30 Jahren die Gemeinden bei der Besorgung der Angelegenheiten der örtlichen Raumordnung. Aufgabe des Fonds ist es, Liegenschaften zu erwerben und zu entwickeln, wobei die Vergabe der baureifen Grundstücke für den Wohnungsbau oder Gewerbegebiete durch die jeweilige Standortgemeinde erfolgt. Das Land gewährt den Gemeinden über den Fonds Zuschüsse nicht nur für den Erwerb von Baugrundstücken zur Umsetzung geförderter Wohnbauprojekte oder Bauvorhaben in bodensparender und verdichteter Bauweise, sondern auch für infrastrukturelle Vorhaben, Sanierungs- oder Revitalisierungsprojekte.

In den durch Verordnung zur Bodenbeschaffung festgelegten Gebieten kann die Gemeinde in Kaufverträge über unbebaute Grundstücke anstelle des Käufers eintreten. Die Gemeinde kann

---

[178] Dies gilt nicht für Grundstücke, die im Eigentum des Bundes, eines Landes, einer Gemeinde oder einer internationalen Organisation stehen und öffentlichen Zwecken dienen.

[179] Quantitativer Wohnungsbedarf liegt vor, wenn in einer Gemeinde die Zahl der vorhandenen und der im Bau befindlichen Wohnungen die Zahl der Haushalte um nicht mehr als 3 % übersteigt oder in einer Gemeinde 2 % der Wohnbevölkerung als Wohnungssuchende gemeldet und von der Gemeinde als solche anerkannt sind. Barackenwohnungen, Behelfsheime, Einzelräume und sonstige Notunterkünfte sind nicht als Wohnungen zu zählen.

vom Eintrittsrecht Gebrauch machen, wenn sie diese Grundstücke für Wohnbauzwecke benötigt. Macht sie von diesem Recht Gebrauch, so ist sie aus dem Kaufvertrag in gleicher Weise berechtigt und verpflichtet wie der Käufer. Ist der Kaufpreis nicht angemessen, so hat die Gemeinde an dessen Stelle die von der Bezirksverwaltungsbehörde oder vom Gericht festgesetzte Gegenleistung zu erbringen. Wenn Liegenschaften gegen Liegenschaften getauscht werden, so ist dies Kaufverträgen gleichzuhalten. Macht in einem solchen Falle die Gemeinde von ihrem Eintrittsrecht Gebrauch, so hat die Gemeinde, wenn der Tauschwert unverhältnismäßig ungleich ist, den von der Bezirksverwaltungsbehörde oder vom Gericht festgesetzten Schätzungswert zu erbringen. Ein gleiches Eintrittsrecht steht der Gemeinde bei Begründung eines Baurechtes an einer Liegenschaft zu. In festgelegten Gebieten kann zum Zwecke der Bodenbeschaffung das Eigentum an unbebauten Grundstücken, die baureif sind oder baureif gemacht werden können, aber auch die Einräumung, Einschränkung oder Aufhebung von dinglichen Rechten an solchen Grundstücken im Wege der Enteignung zugunsten von Gebietskörperschaften und gemeinnützigen Bauvereinigungen (Enteignungswerbern) gegen Entschädigung in Anspruch genommen werden, wenn die Berechtigten den Verkauf bzw. die Einräumung, Einschränkung oder Aufhebung von dinglichen Rechten ablehnen oder ein nicht angemessenes Entgelt begehren. Diese Enteignung hat gegen Entschädigung zu erfolgen.

1999 zeigte der VfGH[180] Grenzen des raumordnungsrechtlichen Zugriffes auf. 1992 hatte das Land Salzburg[181] eine Vertragsraumordnung etabliert, laut der Gemeinden unter Bedachtnahme auf die Bevölkerungsentwicklung und den Wohnungsbedarf in ihren Flächenwidmungsplänen Bauland ausweisen, wobei (größere) unbebaute Flächen als Bauland gewidmet werden durften, wenn sich die Grundstückseigentümer:innen privatrechtlich bereit erklärten, ihre Liegenschaften innerhalb eines

---
[180] Erkenntnis v. 13. 10. 1999, G 77/99, V 29/99.
[181] Salzburger Raumordnungsgesetz 1992, LGBl 1992/98.

bestimmten Zeitraumes zu bebauen. Grundstückseigentümer:innen wurden damit verpflichtet, zivilrechtliche Verträge mit den Gemeinden über die widmungsgemäße Nutzung ihrer Liegenschaften abzuschließen. Verweigerte der oder die Eigentümer:in den Vertragsabschluss, so musste die entschädigungslose Rückwidmung in Grünland erfolgen. Die Androhung des Wertverlustes sollte also zum Abschluss entsprechender Baulandverträge verhalten. Gemeinden wiederum mussten damit rechnen, dass bei Nichtumsetzung der Baulandmobilisierungsmaßnahmen die aufsichtsbehördliche Genehmigung der Flächenwidmungspläne verweigert wurde. Allein in der Stadt Salzburg wurden Grundflächen im Umfang von ca. 90 Hektar mobilisiert, welche den Bau von 2.000 (teils geförderten) Wohnungen ermöglichten. 49 Hektar wurden dauerhaft, 76 Hektar vorübergehend in „geschütztes Grünland" umgewidmet. Indes erklärte der VfGH das Vertragsraumordnungsmodell als verfassungswidrig, weil es einen kompetenzwidrigen und unverhältnismäßigen Eingriff in das Grundrecht auf Unverletzlichkeit des Privateigentums darstellte. Das öffentliche Interesse überwog das private an der Verwertung von Immobilienkapital demnach nicht. Gerügt wurde eine Verletzung des Legalitätsprinzips, weil Flächenwidmungspläne (Verordnungen) inhaltlich an privatrechtliche Vertragsverhandlungen gebunden wurden. Ferner lag dem VfGH zufolge ein Verstoß gegen das Rechtsstaatlichkeitsgebot vor, weil Rechtsschutz suchenden Grundeigentümer:innen nur der Weg zu den ordentlichen Gerichten offenstand. Das Gericht erkannte auch einen Verstoß gegen den Gleichheitssatz und das Sachlichkeitsgebot, weil eine hoheitliche Rückwidmung nicht mit dem Scheitern einer privaten Vertragsverhandlung begründet werden kann. Damit lag eine verfassungswidrige Verflechtung von Maßnahmen der Hoheitsverwaltung mit solchen der Privatwirtschaftsverwaltung vor.[182] Das Erkenntnis lässt sich als Leitplanke einer künftigen verfassungskonformen Rückwidmungs- und Enteignungsregelung verstehen.

---

[182] https://www.staedtebund.gv.at/oegz/archiv-bis-2009/details/?tx_ttnews[tt_news]=107628&cHash=8afe5e37ec36e18ca13a237e276b651b

Berka/Kletećka (2014) hielten fest, dass sowohl eine privatrechtlche als auch eine öffentlich-rechtliche Form von Raumordnungsverträgen möglich ist. Jedenfalls ist den Anforderungen des verfassungsrechtlichen Legalitätsprinzips zu entsprechen, was vor allem den Gleichheitsgrundsatz sowie die Eigentumsgarantie betrifft. Denkmöglich ist ferner eine Verpflichtung der Gemeinden zum Abschluss von Raumordnungsverträgen.

Kanonier (2014) hat dargetan, dass ungeachtet bestehender rechtlicher Möglichkeiten in A Baulandmangel und Baulandreserven nebeneinander bestehen. Die entsprechende Rechtsgrundlage ist weithin totes Recht. 2015 waren 26,5 % der gewidmeten Baulandflächen in A unbebaut (Wien: 4,3 % des gewidmeten Baulands unbebaut, Bgld.: 37,9 %) (*Umweltbundesamt* 2016, 23). Der Großteil dieser Grundstücke befindet sich in privatem Eigentum und gelangt bedingt durch Spekulationsabsicht, Kapitalveranlagung oder Vorsorge für den Wohnbedarf von Familienmitgliedern nicht auf den Markt. Tatsächlich, so *Doan* (2019, 81) sind nur 10 % des noch unbebauten gewidmeten Baulands (1.400 ha) tatsächlich verfügbar. Diese spekulativ gehorteten, dem öffentlichen Zugriff entzogenen Flächen erschweren zugleich die Raumplanung und Raumordnungspolitik, haben mit zur Entleerung der Ortskerne beigetragen (*Lexer* 2004) und sind Teil der Dynamik einer destruktiven, weithin regellosen Flächeninanspruchnahme (Landschaftszerschneidung, Bodenversiegelung) in A (2015–2017 mit 12,9 Hektar pro Tag; *Umweltbundesamt* 2016, 2018a), welche jegliche Nachhaltigkeitsstrategie (2,5 Hektar pro Tag wären angemessen) konterkariert.

Doan (2019) hat gezeigt, dass Maßnahmen zur Baulandmobilisierung (Bebauungsbefristung, Baulandumlegung, Infrastrukturkostenbeitrag, Baulandbeschaffungsfonds, Vertragsraumordnung) zwar das Ziel verfolgen, die Hortung von Bauland zu unterbinden, Bauflächen einer widmungskonformen Nutzung zuzuführen, Neuausweisungen von Bauland in Randlagen zu vermeiden und Baulandpreiserhöhungen durch Angebotsmangel zu dämpfen. Augenfällig reicht deren Wirkung jedoch nicht über herkömmliche Raumordnungsinstrumente (Flächenwidmungsplan, Bebauungsplan) hinaus, welche den Gemeinden bzw. Bürgermeister:innen als erster Instanz im Bauverfahren breiten Spielraum gewähren, nichts zu tun. Da dem Bund keine Kompetenz zur Raumplanung zukommt, bestehen neun unterschiedliche, nicht aufeinander abgestimmte Rechtsgrundlagen zu Raumplanung, Raumordnung und Baulandmobilisierung nebeneinander, während die Vollziehung der örtlichen Raumplanung im Wirkungsbereich der 2.100 Gemeinden liegt.

Handlungsspielräume der Baulandmobilisierung bestehen (*Götzl/Schnellinger* 2015): In T etwa hat die Landesregierung 2019 ein Maßnahmenpaket beschlossen, demnach neben der Befristung von Baulandwidmungen sowie der verpflichtenden Schaffung von Vorbehaltsflächen für den geförderten Wohnbau in den Gemeinden der Kauf von Wohnungen bzw. Baugrund durch Private eingeschränkt wurde.[183] Immobilien kaufen kann demnach, wer einen unmittelbaren Wohnzweck nachweisen kann. Wohnungssuchende, gemeinnützige Bauträger und Gemeinden halten generell ein Vorkaufsrecht (*Reindl* 2019). Auch in der Stmk. bietet die Raumordnung[184] den Gemeinden die Möglichkeit, mit bodenpolitischen Instrumenten als Bauland gewidmete, aber bislang nicht verfügbare Grundstücke für Zwecke der Bebauung zu mobilisieren. Gemeinden sind verpflichtet, Maßnahmen zur aktiven Bodenpolitik zu setzen und können je nach Lage, Erschließung und Dringlichkeit spezifische Mobilisierungsmaßnahmen vornehmen.

Noch weiter ging das Bgld., wo neben einer Baulandmobilisierungsabgabe[185] 2023 per Verordnung ein Preisdeckel für gemein-

---

[183] 2024 folgt dem eine Baulandabgabe für knapp 3.000 Hektar Grund und Boden, die in T gewidmet, aber nicht bebaut sind und somit gehortet werden. Bemessungsgrundlage der Abgabe ist der Verkehrswert; https://tirol.orf.at/stories/3202725/
[184] § 35 StROG 2010.
[185] § 24a RaumplanungsG, LGBl 49/2019.

deeigenes Bauland eingezogen[186] wurde, um für leistbare Baugrundstücke zu sorgen. Demnach hat die Gemeinde ihren Gemeindebürger:innen nach Maßgabe der Verfügbarkeit Baulandgrundstücke zu einem leistbaren Kaufpreis zu verkaufen, wobei das Land Maximalpreise für Baulandgrundstücke zwischen 50 und 143 €/qm festgelegt hat.[187]

Den bestehenden österreichischen Modellen der Marktmobilisierung wohnt allerdings ein strukturell angelegtes Defizit inne, weil einem auf den Bodenmarkt gebrachten, gewidmeten, nicht bebauten Bauland nachfragefähige Vermögen (und im Kreditierungsfalle budgetäre Ressourcen oder Einkommen) gegenüberstehen müssen. Analoges gilt für den Fall einer Baulandwidmungsbefristung, mithilfe derer Druck auf Grundeigentümer:innen ausgeübt wird, eine Immobilie zu errichten. Andererseits deuten vorliegende Befunde (*ÖROK* 2018) zu den Infrastrukturkostenbeiträgen, die dazu dienen sollen, in Hortungsabsicht ungenutztes Bauland finanziell zu belasten, darauf hin, dass sie zu gering sind, als dass sich daraus ein Marktlenkungseffekt ergäbe.

Im Ergebnis haben bisherige Maßnahmen der Baulandmobilisierung wenig an der Entwicklung der Baupreise (nicht nur in Wien, Sbg. oder T) geändert und damit auch in zweiter Linie nichts am Anstieg der Hauptmietzinse bei privaten Neumietverträgen (2008–2016: + 35 %), während die Medianlöhne mit einem Anstieg von 22 % deutlich davon abgekoppelt blieben (*Tockner* 2017, 4).

Auch in der CH existiert hinreichend Bauland, dieses ist aber auch hier aufgrund der ‚Hortung' von Liegenschaften nicht unmittelbar verfügbar oder nicht am Ort der Nachfrage disloziert. Als gehortetes Bauland wird hier ein Grundstück bezeichnet, das der Bauzone zugewiesen, erschlossen und baureif ist, das

---

[186] § 24b Abs 4 Bgld. Raumplanungsgesetz 2019, LGBl 40/2023.
[187] https://www.derstandard.at/story/2000146607653/burgenland-verordnet-preisdeckel-fuer-gemeindeeigenes-bauland

aber nicht innerhalb einer angemessenen Frist (höchstens 15 Jahre) überbaut wird (*Zeller* 1990). Dies führt dazu, dass es einzelnen Gemeinden ungeachtet erheblicher Baulandreserven an verfügbarem Bauland mangelt, da das Raumplanungsgesetz den Gemeinden untersagt, neue Bauland-Einzonungen vorzunehmen, solange Bauland gehortet wird. Öffentliches Interesse vorausgesetzt, können Gemeinden den Grundeigentümer:innen eine Frist zur Überbauung ihrer Grundstücke setzen und im Falle des Verstreichens der Frist Maßnahmen zur Mobilisierung des Baulands anordnen (Art 15a Abs 2 RPG).

Das Mobilisierungsrepertoire der Gemeinden[188] und Kantone umfasst preis- und mengensteuernde Maßnahmen. Als preissteuernd gelten Siedlungsflächenabgaben (abhängig vom Flächenverbrauch), Zersiedelungsabgaben (abhängig von der Dislozierung des Gebäudes), Planungswertausgleiche (Mehrwertabgaben; hierzu *Schöpp* 2014), Flächennutzungszertifikate (handelbar und an eine Parzelle gebunden), Flächenausweisungszertifikate (Neueinzonungen), schließlich auch Subventionen und steuerliche Anreize.[189] Die Mengensteuerung erfolgt durch Maßnahmen der Verdichtung und Baulandkontingentierung, aber auch durch angeordnete Landumlegungen, verhängte Baupflichten sowie die öffentliche Ausschreibung zur Überführung des Grundstücks ins Privateigentum eines bzw. einer Bauwilligen.. Ferner sind vertragliche Regelungen der Gemeinden (verwaltungsrechtliche Vereinbarung zwischen Gemeinde und Grundeigentümer:in) über den Zeitpunkt der Einzonung, die Baurealisationsdauer und die Folgen des nicht fristgerechten Bauens (Kaufrecht am Grundstück zugunsten der Gemeinde) vorgesehen. Schließlich sind Rückzonungen in eine Landwirtschaftszone, Lenkungsabgaben sowie die Enteignung baureifer, aber spekulativ unbebauter Grundstücke möglich. Das öffent-

---

[188] https://www.espacesuisse.ch/sites/default/files/documents/d_Tabelle_Kantone_Mobilis_A3_230620.pdf
[189] Steuern werden in der CH von Bund, Kantonen und Gemeinden eingehoben.

liche Enteignungsrecht kann realisiert werden, sofern und soweit der Nutzungsplan nicht umgesetzt wird und der bzw. die Grundeigentümer:in keine Entlastungsgründe nachweisen können.

Praktisch gelangen vorwiegend Vor- und Rückkaufsrechte der Gemeinden zur Anwendung, dies mit der Verpflichtung, das Grundstück an eine bauwillige Person weiterzuverkaufen. Ferner kommt es häufig zu entschädigungslosen Bauplanänderungen, vertraglichen Bauverpflichtungen sowie Landumlegungen (Kommassierungen; gesetzliche Kaufrechte des Gemeinwesens). Vielfach kommt es zur „Rückzonung" eines nicht überbauten Grundstücks in eine Landwirtschaftszone oder zur Einhebung einer Lenkungsabgabe, solange das Grundstück nicht überbaut ist (zu den rechtlichen Rahmenbedingungen *Amisegger* et al. 2016).

Indes werden diese Instrumente in der CH nicht regelhaft, flächendeckend und einheitlich genutzt (*Müller-Jentsch/Rühli* 2012). Einzelne Kantone sehen derlei Maßnahmen nicht nur für unüberbaute Grundstücke vor, sondern auch für unternutzte, also mit zu geringer Dichte bebaute Grundstücke in zentralen Lagen („Schwerpunktzonen" in St. Gallen; „Entwicklungsperimeter" im Kanton Wallis) vor. Hier überwiegt in der Judikatur das öffentliche Interesse: Sofern die Eigentümer:innen von Liegenschaften binnen 15 Jahren keine Feinerschließungs- und Überbauungsmaßnahmen getroffen haben, werden sie gemäß Rechtsprechung des Bundesgerichts, weil keine materielle Enteignung vorliegt, nicht entschädigt (*VLP-ASPAN* 2013).

Boden- und Wohnungspolitik haben mit teils paradoxen Folgen zu kämpfen (*Hengstermann* 2019). So werden Instrumente der Baulandverknappung von Kommunalverwaltungen differenziell genutzt, um dem Flächenverbrauch entgegenzuwirken. Kommt es zu Flächenverknappungen in Ballungsgebieten, so sind freilich Ausweichbewegungen mit zusätzlichen Verkehrs- und Umweltbelastungen die Folge. Verdichtet man indes den Wohnbau mittels einer Erhöhung der Geschoßflächenzahl, so kommt es bei proportionaler Steigerung des Individualverkehrs ohne Entlastung durch öffentlichen Verkehr zu einer Verschlechterung des Wohnwerts im Umfeld sowie der räumlichen Erlebnisqualität. Der Flächenverbrauch bedarf also komplexer Steuerungsinstrumente (Flächenwidmung, Grundsteuer, Bebauungsgrundlagen).

Im Vergleich bietet das legistische Portfolio also eine ganze Reihe von Anhaltspunkten, um Bauland zu mobilisieren. Entscheidend für die Mobilisierbarkeit sind die verfassungsrechtlich vorgeordneten ‚Handlungsspielräume, Eigentümer:innen mit Abgaben zu belasten oder auch ihr Eigentumsrecht bis hin zur Enteignung zu beschränken.

2.3.2 Öffentlicher Wohnraum

Bei der Errichtung öffentlicher Wohnungen treten Gemeinden selbst als Bauherrinnen und Vermieterinnen in Erscheinung, wobei Miet- und Belegungsregelungen (Selbstbindungsnormen) eine soziale Bedarfsprüfung vorsehen. Zur Errichtung von Genossenschaftswohnungen wiederum stellen Gemeinden vielfach Liegenschaften zur Verfügung und nutzen Zuweisungsberechtigungen nach Fertigstellung. In beinahe allen zentralen Orten in A kommt den gemeinnützigen Bauvereinigungen heute die Aufgabe der Verwaltung vormals kommunaler Wohnungen zu.[190] In traditionell sozialdemokratisch regierten Gemeinden dominiert in der Tendenz der Gemeindebau, während in traditionell christlich-sozial regierten Gemeinden die Zahl der durch Gemeinnützige errichteten Wohneinheiten überwiegt.

Die Errichtung öffentlichen Wohnraums (Gemeindebau, kommunaler Wohnungsbau) in D und im A der ersten Republik kann als Pfeiler sozialer Wohnungspolitik gelesen werden. Hierbei traten Kommunen entweder als Bauherrinnen und Vermie-

---

[190] Im Gegensatz dazu verwaltet Wien durch das öffentlich-rechtliche Unternehmen „Wiener Wohnen" ca. 220.000 Wohnungen. In mehr als 2.300 Gemeindebauten wohnen rund 500.000 Bewohner:innen, also ein Viertel aller Einwohner:innen Wiens.

terinnen auf oder gründeten kommunale Wohnbaugesellschaften. In D waren dem kommunalen Wohnungsbau nach 1918 der Werkswohnungsbau ab 1840 und die Errichtung erster kommunaler Wohnungsgesellschaften Ende des 19. Jahrhunderts vorangegangen.[191] Nach dem Ersten Weltkrieg wurden viele Kommunen im Wohnungsbau aktiv, um Kriegszerstörungen zu kompensieren und Wohnungs- bzw. Obdachlosigkeit zu verhindern. Auch die Weimarer Republik blieb von staatlichen Eingriffen in den Wohnungssektor zur Bekämpfung der Wohnungsnot geprägt, gerahmt durch das in der Weimarer Verfassung verankerte Recht auf Wohnen. Diesen Strategien lag ausdrücklich die Annahme zugrunde, dass eine Versorgung der Lohnabhängigen in den Unter- und Mittelschichten mit Wohnraum nur gelingen kann, wenn diese nicht von gewinnwirtschaftlichen Kalkülen bestimmt wird.

Dieser strategische Ansatz erwies sich als nachhaltig: In D standen 2018 2,3 Mio. Wohneinheiten im Eigentum der Kommunen bzw. ihrer (ausgelagerten) kommunalen Wohnungsunternehmen (*BBSR* 2020). Der direkt den Kommunen zuzuordnende Wohnungsbestand (Wohnungen im Eigentum der Städte, Gemeinden und Landkreise) erreichte 2015 eine Größenordnung von 1,6 Mio. Davon standen knapp 52.000 (3 %) im unmittelbaren Eigentum der Kommunen. An 98.000 Wohneinheiten (8 %) waren die Kommunen indirekt[192] und an 1,446 Mio. (89 %) direkt[193] beteiligt (*BBSR* 2017).

In A war die Wohnsituation der Arbeiter:innenklasse schon lange vor Ende des Ersten Weltkriegs schlechthin menschenunwürdig (gesundheitsgefährdende Bausubstanz, Überbelag, Wuchermieten, „Bettgeher"-Kultur, prekäre sanitär-hygienische Bedingungen). So waren 1917 mehr als 70 % aller Wiener Woh-

---

[191] Ein Beispiel hierfür ist die „Siemensstadt" in Berlin 1914.
[192] Unternehmen, an denen die Kommune als Minderheitseigentümerin beteiligt ist.
[193] Unternehmen, an denen die Städte, Gemeinden und Landkreise als Mehrheitseigentümerinnen beteiligt sind.

2.3 Instrumente sozialer Wohnungspolitik

nungen überbelegte Ein- und Zweizimmerwohnungen. Auch in A fungierten Werkswohnungen neben dem Wohnraum karitativer Stiftungen als Vorläufer des kommunalen Wohnungsbaus. Ab 1918 ermöglichten (vor allem in Wien) niedrige Grundstückspreise (Rückgang privater Nachfrage) den günstigen Erwerb von Grundstücken, auf denen steuerbefreit – weil gemeinnützig – kommunaler Wohnraum errichtet werden konnte. Dieser Wohnbau wurde nach 1923 durch eine zweckgebundene *Wohnbausteuer* finanziert, welche von Eigentümer:innen vermietbarer Räume (v. a. Zinshäuser) zu entrichten war.

1918–1934 entstanden in Wien auf diese Weise in 382 Gemeindebauten 65.000 Wohnungen mit Wohnraum für ungefähr 220.000 Bewohner:innen, die sich bis heute instand gesetzt[194] im Bestand der Stadt befinden. Gleichartiges wiederholte sich in der Sequenz 1947–1970, wo weitere 96.000 Wohneinheiten in Wien errichtet wurden. Seit der Jahrtausendwende liegt der Fokus auf Baulückenschließungen, Stadterneuerungsprojekten, Maßnahmen der Wohnhaussanierung, dem verdichteten Flachbau und Stadterweiterungsprojekten, sodass der Magistrat 2021 insgesamt 220.000 Wohnungen in 2.300 Gemeindebauten für knapp 500.000 Personen administrierte. Wien fungierte somit als größte Hausverwaltung Europas.

In A lag die Gesamtzahl der Gemeindewohnungen 2019 bei 275.400 (*Statistik Austria* 2020). Ergänzt durch Wohnungen im Eigentum der Länder sowie 30.900 Wohnungen im Eigentum von öffentlich-rechtlichen Körperschaften erreichte der öffentliche Wohnungsbestand ein Volumen von 356.900 Wohnungen (*Statistik Austria* 2013[195]). Vor allem die Landeshauptstädte so-

---

[194] Ende 1945 waren rund 13 % des gesamten Wiener Wohnhausbestandes zerstört.
[195] Aktuellere Zahlen sind aggregiert nicht verfügbar. Es werden 376.000 Unterkünfte als Hauptwohnsitz erfasst, die weder Hauseigentum, Wohnungseigentum, Genossenschaftswohnungen, Hauptmieten am freien Wohnungsmarkt noch Gemeindewohnungen sind. Hier findet sich der „Rest" des öffentlichen Wohnungsbestandes.

wie die Bundeshauptstadt stellen Gemeindewohnungen abhängig von Staatsbürgerschaft, Haushaltseinkommen und Aufenthaltsdauer im Rahmen von Selbstbindungsnormen (Wohnungsvergaberichtlinien) zur Verfügung. Einige Gemeinden gewähren einkommensschwachen Haushalten Mietbeihilfen.[196] 2004 wurde der Gemeindewohnbau faktisch für knapp 15 Jahre eingestellt.[197] Erst 2017 setzte der Gemeindebau wieder ein. Bis 2023 wurden knapp 1.000 neue Gemeindewohnungen (Miete 7,50 € brutto inklusive Umsatzsteuer, keine Eigenmittel, keine Befristung, keine Kaution) errichtet und durch ‚Wiener Wohnen' vergeben.[198]

Demgegenüber spielen Gemeindewohnungen in der CH nur eine marginale Rolle. Zwar besitzen 80 % aller Kommunen Wohnungen, deren Anzahl beläuft sich insgesamt aber nur auf etwa 10.000 (*BWO* 2017).

2.3.3 Gemeinnütziger Wohnbau

Neben der Errichtung öffentlichen Wohnraums fußte die Strategie, Wohnen der Gewinnwirtschaft zu entziehen, auf dem genossenschaftlich verfassten Wohnungsbau sowie dem Rechtsinstitut der Wohnungsgemeinnützigkeit. In allen DACH-Gesellschaften lässt sich die Entwicklung gemeinnütziger Wohnbaugenossenschaften als Reaktion auf die Wohnungsnot im zweiten Drittel des 19. Jahrhunderts, begleitet von Epidemien und teils gewalttätigem sozialen Widerstand (*Kunert/Leps* 2017), verstehen. Heute spielen die gemeinnützigen Bauträger (GBV) in D und CH eine relevante Rolle bei der Mietwohnungsversorgung der Mittelschichten (*Stöger/Weidenholzer* 2006). Aufgrund der gesetzlich vorgegebenen Beschränkung der Mieten tragen sie zur Leistbarkeit des Wohnens bei. Dabei können GBVs genossenschaftlich organisiert sein, müssen dies aber nicht sein.

---

[196] https://www.wienerwohnen.at/mieterin/wohnkosten.html
[197] https://www.derstandard.at/consent/tcf/story/1397521670582/wien-baut-nur-noch-dachgeschosse-aus
[198] https://wien.orf.at/stories/3223111/

Zugleich zeigte die Entwicklung des Wohnungsgenossenschaftswesens in D nach 1847, dass eine Voraussetzung der Schaffung leistbaren Wohnraums legistische Rahmensetzungen (etwa im Genossenschaftsrecht) sind, in denen Förderungsverwaltung, Formen zivilgesellschaftlicher Selbstorganisation und öffentliche Eigentümerschaft eng verschränkt werden. Eine zentrale Herausforderung blieb die Steuerung ökonomischer Risiken im Genossenschaftswesen. So sah etwa das Preußische Genossenschaftsgesetz 1867 weder eine Haftungsbeschränkung der Genossenschafter:innen noch steuerliche Begünstigungen vor, sodass das bürgerlich-sozialreformistische Wohnungsgenossenschaftswesen in der Weltwirtschaftskrise 1874 zusammenbrach (*Karthaus* et al. 1985). Seine Renaissance erlebte es 1889 auf der Grundlage eines novellierten Genossenschaftsgesetzes, welches erstmalig eine beschränkte Haftung vorsah. Zugleich erlaubte eine Reform des Versicherungsrechts die Vergabe von langfristigen, zinsgünstigen Krediten an die gemeinnützige Wohnungswirtschaft. Folgerichtig stieg die Zahl der gemeinnützigen Wohnbaugenossenschaften – vorerst getragen vor allem von (männlichen und weiblichen) Beamten und Angestellten der Mittelschicht, ökonomisch durch staatliche Förderung gesichert – 1889–1914 von 38 auf 1.402, wobei vorwiegend Wohnanlagen in innerstädtischen Lagen errichtet wurden. Ganz anders gelagert war die als Selbsthilfe angelegte Genossenschaftsbewegung des Proletariats und Kleinbürgertums (Facharbeiter:innen, Handwerker:innen, Kleinunternehmer:innen), die in ländlichen Gegenden (Gartenstadtbewegung) Wohnraum in Siedlerhäusern schuf (*Faust* 1977). In diesen Milieus verfolgten Genossenschaften nicht nur das Ziel der Errichtung von Wohnraum und der Deckung von Wohnbedarfen, sondern sie fokussierten darüber hinaus auch auf Fragen der Organisation von Miteigentum und Mitbestimmung sowie der Institutionalisierung von solidarischen Praktiken zwischen den Wohnungsnutzer:innen.

Aus dieser Spielanordnung ging in der Wohnungsnot der deutschen Nachkriegsgesellschaft der 1920er-Jahre eine Neuordnung der Wohnungswirtschaft in Form einer gemeinwirtschaftlich orientierten Bauwirtschaft (Bauhüttenbewegung) hervor. 1926 zählte der gewerkschaftliche *Verband sozialer Baubetriebe* bereits 148 Betriebe mit 16.000 Mitarbeiter:innen und einem Umsatz vom 80 Mio. RM. Die Gemeinnützigkeitsverordnung (GemVO) 1930, welche nunmehr eine umfassende Steuerbefreiung etablierte, markierte den Beginn direktiver staatlicher Eingriffe in den Wohnungsmarkt, institutionalisiert im Wohnungsgemeinnützigkeitsgesetz (WGG) 1940.[199]

Unter dem ‚Label' der sozialen Marktwirtschaft wurden in D zwischen 1950 und 1960 3,3 Mio. vom Bund gefördert, also öffentlich kofinanzierte Wohnungen überwiegend genossenschaftlich errichtet.[200] Genossenschaften beteiligten sich ab Mitte der 1960er-Jahre auch an Großsiedlungsprojekten gemeinsam mit kommunalen und gewerkschaftlichen Wohnungsbaugesellschaften, entwickelten sich weiter zu Wohnungsunternehmen mit mehreren Tausend Wohnungen. Das zweite Wohnungsbaugesetz 1956 zielte auf die Errichtung von Wohnungen ab, die nach Größe, Ausstattung und Miete oder Belastung für die breiten Schichten des Volkes bestimmt und geeignet sind. Wie in A wurden sie unter Auflagen steuerlich und durch Zuschüsse gefördert und waren durch die Prinzipien der Gewinnbeschränkung, Konzentration auf Bedürftige, Bauverpflichtung und Zweckbindung des Vermögens gekennzeichnet. Wohnraum, von GBVs errichtet, musste dauerhaft der sozialorientierten Wohnraumversorgung zur Verfügung stehen (*Holm/Horlitz/Jensen* 2015, 2017). Im Ergebnis waren 60 % aller Sozialwohnungen der BRD von GBVs objektgefördert errichtet worden. 1990 stellten sie ein Drittel des Wohnungsbestandes der Großstädte und sicherten die Leistbarkeit, indem sie Mieten von 10 % bis 30 % unterhalb der Marktmiete verlangten (*Kunert/Leps* 2017, 33 ff.).

---

[199] Hierbei soll nicht unerwähnt bleiben, dass das Nazi-Regime das Wohnbaugenossenschaftswesen nicht nur in eine Institution staatlicher Wohnungspolitik und ein Interventionsfeld der Arbeitsbeschaffung umwandelte, sondern auch antisemitisch ‚säuberte'.
[200] 2,7 Mio. Wohnungen wurden durch private Investor:innen errichtet.

2.3 Instrumente sozialer Wohnungspolitik

Das Rechtsinstitut der Gemeinnützigkeit hatte (vielfach reformiert) bis zum Steuerreformgesetz 1990 unter dem Kabinett Kohl IV Bestand. Durch dieses verloren alle knapp 1.800 gemeinnützigen Wohnungsbauunternehmen in D ihre Steuerprivilegien. Übrig blieb nur die Befreiung von der Körperschaftssteuer bei gemeinnützigen Vermietungsgenossenschaften. Damit war ein tragender Pfeiler der sozialen Wohnversorgung weggebrochen. Zwar verblieben unter dem Genossenschaftsverband GDW 1.944 Baugenossenschaften mit ca. 2,2 Mio. Wohneinheiten und 2,9 Mio. Mitgliedern. Insgesamt wurde die Wohnversorgung nunmehr aber gewinnorientierten Wohnbaugesellschaften, Investoren und Privatvermieter:innen übertragen. Nach dem Zensus 2011 stellten die privaten Kleinvermieter:innen 65,9 %, privatwirtschaftliche Wohnungsunternehmen 12,4 %, Kommunen 10,0 % und Wohnungsgenossenschaften 9,1 % aller 23 Mio. Mietwohnungen. Während die ostdeutschen Bundesländer durch einen umfangreichen kommunalen und genossenschaftlichen Wohnungsbestand gekennzeichnet blieben, dominierten in den westlichen Bundesländern private Kleinvermieter:innen; privatwirtschaftliche Wohnungsunternehmen als Vermieter wiederum dominierten in den Großstädten.[201] Nach der Beseitigung der Gemeinnützigkeit blieb noch die Steuerbefreiung für Notschlafstellen als ‚mildtätige' Aufgabe sowie für gemeinnützige Vermietungsgenossenschaften, sofern sie Wohnungen nur zugunsten von Mitgliedern bauen, ankaufen oder vermieten (*Kunert/Leps* 2017, 165). In D hatten 2021 knapp 2.000 (nicht mehr gemeinnützige) Wohnungsgenossenschaften 2,2 Mio. Genossenschaftswohnungen im Bestand, was einem Anteil von 5,1 % an 43,1 Mio. Wohnungen insgesamt entsprach.[202]

Die Abschaffung der von der Arbeiter:innenbewegung errungenen Wohnungsgemeinnützigkeit 1990 bedeutete für wachsende

---

[201] https://www.bmwsb.bund.de/Webs/BMWSB/DE/themen/stadt-wohnen/wohnungswirtschaft/fakten-wohnungsmarkt/fakten-wohnungsmarkt-node.html
[202] https://www.destatis.de/DE/Themen/Gesellschaft-Umwelt/Wohnen/_inhalt.html

Teile der Lohnabhängigen (Arbeiter:innenklasse und kleinbürgerliche Mittelschichten) eine existenzielle Bedrohung (Wohnkostenüberlast, Verschuldung, Verdrängung, Räumung), zugespitzt durch die Finanzmarktkrise 2007 und die daraus nach 2009 hervorgehende Wohnungsspekulation samt ihren nachgerade explodierenden Miet- und Grundstückspreisen (*Belina* 2018a). Seither fallen mehr Sozialwohnungen aus der Bindung,[203] als neue gebaut werden. Zugleich läutete diese Transformation des Wohnungssektors, nämlich die beschleunigte Privatisierung von Grund und Boden, eine neue Phase des Wohnkonfliktes ein, worauf die Initiative „Deutsche Wohnen & Co enteignen" sowie die Strategie zur Einführung eines Mietendeckels in Berlin hindeuten. 2018 hatten 75 % der Mieter:innen Angst, ihre Wohnung zu verlieren, 80 % erkannten in der Wohnkostenlast ein Armutsrisiko (*Caritas* 2018).

Aufgrund der desaströsen Konsequenzen des Wegfalls von Sozialwohnungen bzw. Sozialwohnungsbindungen und dem Wegbrechen eines ganzen Marktsegmentes leistbarer Mietwohnungen wird seit 2017 über die Wiedereinführung der Gemeinnützigkeit debattiert, um die soziale Wohnversorgung zu sichern, indem ein gemeinnütziges Wohnungssegment leistbare Mieten bis auch zugunsten der erodierenden Mittelschicht geschaffen wird. Die Koalitionsregierung unter Führung der CDU/CSU lehnte einen entsprechenden Gesetzesentwurf unter Rückendeckung des Bundesverbands deutscher Wohnungs- und

---

[203] Wird der Neu- oder Umbau einer Immobilie aus öffentlichen Mitteln gefördert so unterliegen die darin vermieteten Wohnungen einer Mietpreisbindung und dürfen zudem nur an Menschen vermietet werden, die einen Wohnberechtigungsschein vorlegen können. Diese Sozialbindung ist allerdings zeitlich mit nach Sachverhalt mit 15-25 Jahren begrenzt (Dt. Bundestag 2022). Mit Ablauf der Sozialbindung werden gemäß § 558 BGB Sozialwohnungen zu normalen, freifinanzierten Wohnungen. 2017 gab es in D 1,2 Mio sozial-gebundene Wohnungen, 2002 waren es noch mehr als doppelt so viele gewesen; siehe: https://www.zeit.de/wirtschaft/2019-02/bgh-urteil-sozialwohnungen-bundesgerichtshof-genossenschaft-sozialbindung

Immobilienunternehmen (Nachfolger des GGW, des Gesamtverbands gemeinnütziger Wohnungsunternehmen) 2021 ab.

Auch in A reichte die Tradition der Gemeinnützigkeit im Wohnungswesen in das 19. Jh. zurück. Die ältesten Wohnungsgenossenschaften stammen aus den Jahren 1895 und 1907. Nach 1852 (Vereinspatent) fungierten Bauvereine als Selbsthilfegemeinschaften zur Schaffung von Siedlungshäusern. Diese wandelten sich nach 1873 (Genossenschaftsgesetz) zu erheblichen Teilen in Wohnbaugenossenschaften (von Staatsbeamten und Eisenbahnern) um. Zielsetzung dieses Genossenschaftsmodells war es, Wohnraum entkoppelt von markt- und gewinnwirtschaftlichen Logiken zu errichten (*Fuchs/Mickel* 2008). Es waren jeweils öffentliche Fördersysteme, welche den Auf- und Ausbau des Genossenschaftswesens vorangetrieben haben. Nach 1908 führte die Gewährung von Darlehen durch den *Franz Josef I Jubiläumsfonds* zum Zweck der Errichtung von sog. Volkswohnungen zu einer Gründungswelle von Beamten- und Eisenbahner-Genossenschaften, erweitert durch die Einrichtung des Wohnungsfürsorgefonds 1910. Als Antwort auf die wohnpolitischen Erfordernisse der Nachkriegsökonomie entstanden 1919/1921 Wohnungsfürsorge- bzw. Wohn- und Siedlungsfonds (*Brauner* 1972) sowie eine Wiener Siedlungsbewegung (*Streimelweger* 2016), wodurch die Zahl der Genossenschaften deutlich anstieg. Gleiches wiederholte sich nach der Einrichtung des Wohnhauswiederaufbaufonds 1948. Dieser Fonds zielte (wie auch in D) vor dem Hintergrund der Behebung von Kriegsfolgen auf die Deckung des Wohnbedarfes mittels Wohnungen ab, die nach Größe, Ausstattung und Mietbelastung für die breiten (meint: vermögenslosen) Schichten geeignet waren.

Seit Beginn der 1980er-Jahre übernahmen GBVs die Aufgabe einer für breite Bevölkerungsschichten erschwinglichen Wohnversorgung und Wohnhausverwaltung. 1981–2010 kam den GBVs mit 16.000 Einheiten pro Jahr eine führende Rolle bei der Wohnraumschaffung zu, wobei zwei Drittel der fertiggestellten Wohnungen im Mehrgeschoßbau lokalisiert waren. 1980 waren 10 %

aller Wohnungen gemeinnützig errichtet und verwaltet; 2007 waren es 20 % und 2011 23 % des gesamten Wohnungsbestandes (841.000 Wohnungen). 27 % der Wohnungen von GBVs fielen unter den Anwendungsbereich des WGG (*GBV* 2011). Der Anteil der unter gemeinnützigen Rahmenbedingungen errichteten Wohnungen lag 2007 bei 20 %, im städtischen Geschoßbau bei 40 % Prozent. In Mittel- und Kleinstädten übernehmen bis heute beinahe ausschließlich gemeinnützige Bauvereinigungen die Verwaltung ehedem kommunaler Wohnungen.

2019 bewirtschafteten die 185 GBVs[204] bereits 952.000 Wohnungen.[205] 2020 wohnte etwa jeder fünfte Haushalt in einer gemeinnützig errichteten Wohnung. Ein Viertel der gesamten Neubautätigkeit entfiel auf Genossenschaften. Sie verwalten überwiegend Mietwohnungen (70 %), rund 30 % ihrer Verwaltungsobjekte sind Eigentumswohnungen. Funktional betrachtet handelt es sich bei ersterem um Wohnungen, die von steuerlich begünstigten (Befreiung von der Körperschaftssteuer) gemeinnützigen Bauvereinigungen im eigenen Namen errichtet wurden und nutzungsberechtigten Genossenschafter:innen, welche einen Genossenschaftsanteil erwerben, zur Miete überlassen werden.[206]

Dieser gemeinnützige Sektor stellt einen erheblichen Teil des leistbaren Wohnungsbestandes zur Verfügung (*Kunnert/Baumgartner* 2012). 2021 entfielen bei 3,95 Mio. Hauptwohnsitzen 1,66 Mio. (42 %) auf Mietverträge und davon wiederum 276.000 auf Gemeinde- (7 %) und 666.000 (16,9 %) auf Genossenschaftswohnungen (*Statistik Austria* 2022). In einzelnen Bundesländern entfiel mehr als die Hälfte des Mietwohnungsbestandes auf

---

[204] https://www.gbv.at/Fakten_Analysen/Verbandstatistik/
[205] 1980 waren es 489.000, 2010 884.000 Wohnungen gewesen.
[206] Verfälschenderweise wird der Begriff Wohnbaugenossenschaft in A auch für Wohnbaugesellschaften mit beschränkter Haftung sowie Wohnbau-Aktiengesellschaften (§ 1 Abs 1 und § 39 Abs 7 WGG) verwendet.

2.3 Instrumente sozialer Wohnungspolitik

gemeinnützige Mietwohnungen. Von den erwähnten 185 GBVs[207] waren 98 Genossenschaften, 77 GmbHs und 10 AGs. Sie sind gemeinsam mit gemeinnützigen Kapitalgesellschaften in eine Dachorganisation eingegliedert.[208] Überhaupt ist die soziale Wohnversorgung durch einen engen Zusammenhang zwischen Wohnbauförderung und gemeinnützigen Bauvereinigungen sowie Gemeinnützigen und den Gemeinden geprägt.[209] Hierzu gehört auch die staatliche Aufsicht. Die durch gemeinnützige Träger errichteten Wohnungen sind beinahe durchgängig von der öffentlichen Hand kofinanziert und unterliegen dem Wohnungsgemeinnützigkeitsgesetz (WGG) sowie einer verbandlichen Aufsicht (*Feichtinger* 2014).[210]

Der Gesetzgeber prüft für die Zuerkennung des Status als gemeinnützig[211] die Einhaltung der Prinzipien der Kostende-

---

[207] 2008 waren es noch 193 Unternehmen gewesen; 101 davon Wohnungsgenossenschaften.
[208] Österreichischer Verband gemeinnütziger Bauvereinigungen.
[209] Der größte Anteil an Wohnungen gemeinnütziger Bauvereinigungen findet sich in OÖ und im Bgld. (70 % des Wohnungsbestandes im Geschoßbau), während in Wien nur 25 % erreicht werden. Im Wohnungsneubau, wo die Gemeinnützigen ein Drittel aller Fertigstellungen verbuchen, dominieren die Gemeinnützigen vor allem in den östlichen Bundesländern. Die gesellschaftliche Nutzenorientierung gemeinnütziger Bauvereinigungen wird durch das Wohnungsgemeinnützigkeitsgesetz (WGG) gewährleistet, nach dem gemeinnützige Bauträger nur beschränkt Gewinne erzielen dürfen, diese für Wohnbaumaßnahmen investieren müssen und bei der Miethöhe an die Kostenmieten gebunden sind (*Donner* 2000).
[210] Der Österreichische Verband gemeinnütziger Bauvereinigungen fungiert als genossenschaftlicher Revisionsverband und Interessensvertretung. Als solcher ist er Teil der European Federation of Public, Co-operative & Social Housing (Housing Europe).
[211] Folge ist, dass GBVs von der Körperschaftsteuer befreit sind.

ckung,[212] der Gewinnbeschränkung,[213] der Vermögensbindung[214] und des Bauzwangs[215]. Ferner ist eine Bezugsdeckelung von Funktionär:innen[216] und die Beschränkung auf das Hauptgeschäft[217] vorgesehen. Schließlich muss eine GBV dem Revisionsverband angehören.[218]

Der soziale Mietwohnungsbestand der GBVs ergänzt im Modell die sozialpolitische Zwecksetzung der Gemeindewohnungen,[219] adressiert allerdings eine andere Klientel. GBVs adressieren Mittelschichten, indes die kommunale Wohnungsversorgung im Wesentlichen die Wohnbedarfe von Unterschichten abdeckt (*Klien/Streicher* 2021). Während im Bereich der Gemeindewohnungen 2008 zwei Drittel der Bewohner:innen ein Haushaltseinkommen von weniger als 60 % des Medianeinkommens aufwiesen, waren es im GBV-Bereich 39 % (*Mundt/Amann* 2009).

---

[212] Miete darf nicht höher, aber auch nicht niedriger angesetzt werden, als sich dies aus den Kosten der Herstellung bzw. der Bewirtschaftung der Wohnhäuser, unter Berücksichtigung angemessener Rücklage, ergibt („Kostenmiete").

[213] Jährliche Gewinnausschüttungen sind mit 5 % des einbezahlten Stamm- oder Grundkapitals begrenzt.

[214] Eigenkapital ist auf Dauer für gemeinnützige Zwecke gebunden; 2002 aufgehoben.

[215] Verpflichtung zur regelmäßigen Investition in gemeinnützigen Wohnbau.

[216] Bezüge von Funktionär:innen sind beschränkt; zugleich dürfen Funktionär:innen gemeinnütziger Bauträger keine Positionen im Baugewerbe bekleiden.

[217] GBVs müssen (überwiegend) Hauptgeschäfte (Errichten, Verwalten und Sanieren von Wohnungen, Eigenheimen und Heimen im eigenen Namen) betreiben. Nebengeschäfte (Errichtung von Geschäftsräumen, Garagen und Gemeinschaftseinrichtungen) sind nur im untergeordneten Maß zulässig und müssen in Verbindung zum Hauptgeschäft stehen

[218] Dieser Verband prüft jährlich die Einhaltung der Bilanzierungsgrundsätze, die Wirtschaftlichkeit des Unternehmens, die Zweckmäßigkeit der Geschäftsführung sowie die Einhaltung der WGG-Bestimmungen.

[219] Der relativ niedrige Anteil von Genossenschaftswohnungen in Wien wird durch Gemeindemietwohnungen (34 %) kompensiert.

Die von GBVs errichteten Wohnungen sind für einkommensschwache und/oder sozial auffällige/unangepasste/stigmatisierte Personen nur eingeschränkt oder gar nicht erreichbar,[220] weil Obergrenzen beim Bezug von Wohn- bzw. Mietzinsbeihilfen im nicht geförderten Bereich eingezogen sind (*Holm* 2006a).[221] Haben diese jedoch keinen Zugang zum kommunalen Wohnraum, so sind sie auf den freien Wohnungsmarkt verwiesen. Deshalb leben Armutshaushalte häufig in teuren, überbelegten, schlecht ausgestatteten, privat vermieteten Wohnungen in Vierteln mit ausgedünnter Infrastruktur (*Friedrichs/Kempen* 2004). So bleibt der gesamte Substandard-Wohnungsmarkt der Armutsbevölkerung vorbehalten. Armuts- oder Ausgrenzungsgefährdete wendeten 2021 einen im Durchschnitt doppelt so hohen Anteil des Haushaltseinkommens (36,5 %) für Wohnkosten auf als die Gesamtbevölkerung (18,0 %).[222] Ein Teil der einkommensschwachen Haushalte bleibt also zwischen GBVs und Gemeindewohnraum der Gefahr von Zwangssesshaftigkeit, Zwangsnomadisierung und/oder Wohnungslosigkeit ausgesetzt (*Schoibl* 2007).

Wie in D, wo 1989 die Wohnungsgemeinnützigkeit beseitigt wurde und allein 1997–2007 mehr als 700.000 Wohnungen aus öffentlicher Hand privatisiert wurden, folgte auch in A 2002 unter einer rechtspopulistisch-rechtsextremen Regierungskoalition ein massiver Einschnitt. Durch die WGG-Novelle 2002, welche den Verkauf des gemeinnützigen Mietwohnungsbestandes und dessen Umwandlung in Eigentumswohnungen vorschrieb, wurde der geförderte Mietwohnungsbestand fortlaufend reduziert.

---

[220] Nur in Wien wurde der genossenschaftliche Wohnbau auch und gerade für Personen mit sozialen Integrationsproblemen forciert. In den übrigen Bundesländern konzentriert sich der genossenschaftliche Wohnbau auf Eigentumswohnungen und Eigenheime, gestützt durch selektive Anspruchsvoraussetzungen der Wohnbauförderung.

[221] http://derstandard.at/1369264163349/Tirol-Zu-wenige-Wohnungen-fuer-Arme

[222] https://www.statistik.at/fileadmin/pages/338/NEUKennzahlen_zu_Lebensbedingungen_2021.pdf

Den destruktivsten Eingriff in das System des sozialen Wohnbaus stellte in diesem Zusammenhang der Verkauf von vier gemeinnützigen Bundeswohnbaugesellschaften (BUWOG, WAG, ESG Linz, ESG Villach) mit insgesamt 60.000 überwiegend aus Lohnsteuern geförderten Mietwohnungen, die sich bis dahin im unmittelbaren oder mittelbaren Alleineigentum des Bundes befunden hatten,[223] an renditeorientierte österreichische Konsortien dar.

Zugleich wurde eines der wesentlichen wohnungspolitischen Instrumente der Wohnungsgemeinnützigkeit, nämlich die Vermögensbindung, aufgehoben. Seither ist das gemeinnützige Kapital nicht mehr wohnwirtschaftlich gebunden und kann anderen Zwecken als Neubau und Sanierung zugeführt werden. Als Konsequenz war und ist ein deutlicher Rückgang im Bereich der Mietwohnungen in Mehrgeschoßbauten im Gegensatz zur Errichtung von Eigentumswohnungen, Reihen- Einfamilienhäusern zu registrieren. Zugleich geriet die Zugänglichkeit von Mietwohnungen aufgrund der Einschränkung der Neubautätigkeit auch aufgrund der Aufhebung der Zweckbindung der Wohnbaufördermittel unter Druck. Im Ergebnis ging die Zahl der Baubewilligungen im Mehrgeschoßbau (Mietwohnungen) zugunsten der Einfamilienhäuser zurück. Lag deren Anteil 2008 noch etwa 41 %, stieg er bis 2016 auf 45 %.

In der CH entstanden in größeren Städten mit prekären Wohnbedingungen gemeinnützige Wohnbaugenossenschaften bereits in den 1860er-Jahren. Erste Wohnbauförderungsmaßnahmen sind in der CH bereits ab 1860 dokumentiert, Wohnbauförderungskredite wurden an Genossenschaften seit 1907 (Zürich) vergeben. Diese Objektförderung wurde in der Wohnungsnot der Nachkriegszeit in den 1920er-Jahren von Bund, Kantonen und Gemeinden ausgeweitet. Folgerichtig stieg 1928–1942 die Zahl der Genossenschaften von knapp 100 auf 261 (*Schmid*

---

[223] BUWOG, ESG Villach, WAG Wohnungsanlagen GmbH, Wohnen und Bauen GmbH und die EBS Wohnungsgesellschaft mbH.

2005). Ein zweiter Aufschwung fand in den 1950er-Jahren bis 1966 statt (*Kellerhans* 1969). 1966 waren bereits weit über 1.000 Wohnbaugenossenschaften im Handelsregister eingetragen. Der Großteil der Genossenschaftswohnungen der CH wurde mit Hilfe der öffentlichen Hand errichtet. Seit Ende der 1990er-Jahre geht der relative Anteil der Genossenschaftswohnungen jedoch deutlich zurück. Ursächlich waren Maßnahmen zur Budgetkonsolidierung sowie die Liberalisierung des Wohnungsmarktes (*SVW* 2008)

In der CH entfallen auf etwa 2.000 gemeinnützige Bauträger knapp 185.000 Wohnungen, welche 5 % des Wohnungsbestandes darstellen (*Verband der gemeinnützigen Wohnbauträger* 2019). Funktion der GBVs ist es, Wohnraum der Spekulation zu entziehen und ein leistbares Wohnangebot auf Basis der Kostenmiete sicherzustellen. Die normative Zielsetzung einer sozialen Durchmischung wird durch die Verbindung von selbstgenutztem Wohneigentum und Mietwohnungsverhältnissen sichergestellt.

A weist also dreimal so viele Genossenschaftswohnungen aus wie D oder CH. Übergreifend betrachtet ist der Anteil der Genossenschaftswohnungen am gesamten Wohnungsbestand in D und der CH rückläufig/stagnierend, weist aber in A ein stabiles leichtes Wachstum auf. Die Ursachen für Stagnation und Rückgang sind vielfältig und finden sich auch in A. Sie reichen vom Mangel an zu gemeinnützigen Zwecken überhaupt bebaubaren Baugründen über die Eligibility[224] (formale Zugangsberechtigung) bis hin zu negativen Anreizsystemen. Vielfach führten Wohngeldgesetze (Förderungen, Mietbeihilfen) nämlich auch dazu, dass sich Erwerbstätige aus diesem Sektor absetzten, um der mit bedarfsgeprüften Zuschüssen (und Rückzahlungsandrohungen) verbundenen Armutsfalle zu entgehen.

---

[224] Die Summe der Nettoeinkommen aller miteinziehenden Personen muss sich üblicherweise zwischen einer bestimmten Höchstgrenze und einer Mindestgrenze bewegen.

2.3.4 Beschränkung/Verbot von Zweitwohnsitzen

Eine hohe Anzahl von Zweitwohnsitzen hat negative Auswirkungen auf größere Gemeinden, die leistbaren Wohnraum als Gemeindewohnung errichten (lassen) wollen, aber auch gemeinnützige Bauvereinigungen, die kaum noch leistbare Grundstücke vorfinden, wenn private Ferienappartement-Entwickler im High-End-Bereich spekulative Bodenpreise zu zahlen bereit sind. Das betrifft vor allem junge Gemeindebürger:innen in begehrten Zweitwohnsitzgemeinden, für die es oft schwierig ist, eine leistbare Wohnung oder ein Haus zu finden, weil in vielen Fällen zwar Wohnraum vorhanden ist, aber aus spekulativen Erwägungen nicht zur Verfügung steht. Die Folge sind überhöhte Wohnpreise oder sogar die Abwanderung in Ballungsräume, in denen Wohnungmärkte enger werden. Für Gemeinden in ländlichen Räumen bedeutet dies, dass die Anzahl der in der Gemeinde Beschäftigten abnimmt und damit Steuer- und Transfererträge schrumpfen.

Ein Instrument zur Dämpfung des Zuwachses der Anzahl von Zweitwohnsitzen ist deren Besteuerung. In D existiert eine Zweitwohnsitzsteuer als kommunale Aufwandssteuer (mit einem geringen Aufkommen von insgesamt etwa 120 Mio. €). Besteuert wird die Innehabung einer Wohnung neben einer Hauptwohnung. Ob die Wohnung gemietet ist oder selbst bewohnt wird, ist ebenso unerheblich, wie der Umstand, ob sich die Hauptwohnung in derselben oder einer anderen Kommune befindet. Grundlage hierfür ist das Melderecht. Allein in Bayern haben mehr als 100 Kommunen eine Zweitwohnsitzsteuer eingeführt. Der (progressive) Steuersatz schwankt zwischen 8 % und 28 %, in den meisten Städten liegt er zwischen 10 % und 15 %. Modelle eines degressiven Steuertarifs nach Mietaufwandsstufen hat das Bundesverfassungsgericht 2014[225] wegen Verletzung des Grundrechts auf Gleichbehandlung i. S. d. Art 3 Abs 1 GG für verfassungswidrig erklärt. Es besteht weiter Ge-

---

[225] BVerfG, Beschluss vom 15. Januar 2014, Az. 1 BvR 1656/09,

staltungsspielraum. In der Stadt Baden-Baden etwa ist die Zweitwohnungsteuer nicht gedeckt. Hier wird bei einem jährlichen Mietaufwand bis 2.500 € ein Steuersatz von 20 %, bei dem Aufwandsanteil zwischen 2.500 € und 5.000 € ein Steuersatz von 27,5 % eingehoben; der Anteil über 5.000 € schließlich wird mit 35 % besteuert.[226] Ursache dafür ist auch, dass Gemeinden beim kommunalen Finanzausgleich für Personen mit einem Nebenwohnsitz keine Ertragsanteile (Schlüsselzuweisungen) erhalten, zugleich aber für diese Nebenwohnsitze infrastrukturelle Aufwendungen tätigen müssen. Die kompetenzrechtliche Grundlage hierfür findet sich in Art 105 Abs 2a GG, wonach die Länder „örtliche Verbrauch- und Aufwandsteuern" erheben können. Diese Gesetzgebungskompetenz ist in den Ländern außerhalb der Stadtstaaten Berlin, Bremen und Hamburg ausschließlich den Gemeinden übertragen. Diese haben zugleich den Wohnungsbegriff erweitert. In München etwa unterliegen grundsätzlich auch Mobilheime, Wohnmobile, Wohn- und Campingwagen, die zu Zwecken des persönlichen Lebensbedarfes auf einem eigenen oder fremden Grundstück für einen nicht nur vorübergehenden Zeitraum abgestellt werden, der Zweitwohnsitzsteuer. Satzungen der Kommunen legen Ausnahmen von der Besteuerung fest, die etwa für Wohnungen in Alten- und Pflegewohnheimen, Wohnungen von gemeinnützigen Trägern mit therapeutischer Zwecksetzung oder Wohnungen, die zu Ausbildungszwecken genutzt werden.

In A wiederum ist keine Zweitwohnsitzsteuer, sondern eine Zweitwohnsitzabgabe in einigen Bundesländern fällig. Grundsätzlich ist die Anzahl der Zweitwohnsitze pro Person ist in A nicht beschränkt. Bürger:innen können so viele Wohnsitze haben, wie sie sich jeweils leisten können. Dabei wird zwischen Haupt- und Neben(zweit)wohnsitz unterschieden,[227] der nicht

---
[226] http://www.baden-baden.de/de/buergerservice/c/content/contentstadt/lebenslage/verfahren/00261/index.html&nav%3Dl14
[227] Als Zweitwohnsitz wird im MeldeG jener Wohnsitz definiert, der nicht Lebensmittelpunkt einer Person ist (Kriterien: Familie, Kontakte, Arbeit, Zeit).

als Hauptwohnsitz genutzt werden darf. Eine Zweitwohnsitzabgabe war 2023 nur in T, Vbg., Ktn., Sbg. und Stmk. (in unterschiedlicher Bezeichnung) in Kraft. In Wien, NÖ, Bgld. und OÖ bestand keine Zweitwohnsitzabgabe.[228] Dabei ist der Begriff der Zweitwohnung weit gefasst[229] und schließt in OÖ Wohnwagen, Wohnmobile sowie Mobilheime mit ein, die länger als zwei Monate auf Campingplätzen abgestellt sind.

Die gegenständliche Zweitwohnsitzabgabe schwankt zwischen 648 € (OÖ) und 2.200 € (T) p. a. Die Zweitwohnsitzabgabe wird entweder als (Freizeitwohnungs-)Pauschale (OÖ) oder an der Nutzfläche der Zweitwohnung (Ktn.) bemessen. Die Höhe pro Quadratmeter kann die Gemeinde bis zu einer festgesetzten Grenze selbst gestaffelt festlegen.

Pro Nebenwohnsitz sind je nach Größe des Wohnraumes 162 € bis 432 € an Tourismusabgaben zu zahlen. Während die Kosten für Hauptwohnsitze teils aus Grundsteuern, Infrastrukturabgaben, Gebühren und Ertragsanteilen des Bundes im Finanzausgleich rühren, werden Nebenwohnsitze über die Tourismusabgabe deutlich geringer belastet, obwohl die Gemeinden in gleicher Weise Wasser, Kanal oder Müllabfuhr bereitstellen müssen. Dieses Verteilungsproblem tritt vorwiegend in Tourismusregionen auf, während in nichttouristischen Regionen Studierende und Pendler:innen als Zweitwohnsitz-Nutzer:innen in Erscheinung treten. In T, wo Freizeitwohnsitze als Unterkategorie der Zweitwohnsitze bewilligungspflichtig sind, gilt daher seit 2016 eine Obergrenze an erlaubten Freizeitdomizilen. 16.000 Freizeit-

---

[228] In Wien ist ab 2025 eine Zweitwohnsitzabgabe in Höhe von 300 €– 500 € geplant; Statistik Austria zufolge existieren in Wien 250.000 Zweitwohnsitze; siehe hierzu: https://presse.wien.gv.at/presse/2023/12/14/fortschrittskoalition-schickt-zweitwohnungsabgabe-fuer-nicht-wiener-innen-in-begutachtung

[229] Hinsichtlich der Einhebung der Abgabe bestehen mehrere Ausnahmen (etwa in Ktn.: gewerbliche Vermietung, land-, forst- und fischereiwirtschaftliche Zwecke, Berufsausbildung und Berufsausübung, Dienstwohnungen, gesundheits- und altersbedingte Gründe, Kleingartenwohnungen).

2.3 Instrumente sozialer Wohnungspolitik

wohnsitze sind in Tirol gemeldet, während die Anzahl aller Zweitwohnsitze mit 109.000 deutlich höher liegt. Allerdings wird von 10.000 illegalen Freizeitwohnsitzen ausgegangen.

Erwerben Ausländer:innen Eigentum oder Miteigentum (Wohnungseigentum) an Immobilien, ein Baurecht oder eine persönliche Dienstbarkeit (Wohnungsgebrauchsrecht), so muss dies grundsätzlich – mit einer Fülle unterschiedlicher bundesländerbezogener Ausnahmeregelungen – behördlich genehmigt werden. Das Ausländergrunderwerbsgesetz sieht vor, dass der Kauf von Immobilien vornehmlich Inländer:innen und Angehörigen von EU- und EWR-Mitgliedstaaten ohne Genehmigung gestattet ist.

Ferienwohnsitze/Freizeitwohnsitze dürfen von Drittstaaten-Ausländer:innen nur an ausdrücklich gewidmeten Objekten begründet werden.[230] Personen aus sogenannten Drittstaaten müssen sich daher einem Genehmigungsverfahren unterziehen, das sich an den länderspezifischen Ausländergrunderwerbsgesetzen der einzelnen Bundesländer orientiert.[231] Gegenstand dieses Rechtskörpers ist der Erwerb von Immobilien aller Art, also auch von Baugründen, Häusern und Eigentumswohnungen, unerheblich, ob es sich um Hauptwohnsitze oder Ferienwohnsitze handelt. Teilweise sind auch Bestands- und Pachtverträge vom Grundverkehrsrecht mit umfasst. In einigen Bundesländern unterliegen Rechtsgeschäfte über den Erwerb von Grundstücken mit Einfamilienhäusern zwar den Grundverkehrsgesetzen, sie können aber durch die Erklärung, dass das vorliegende Rechtsgeschäft keiner Genehmigung der Grundverkehrsbehörden bedarf, ohne behördliche Genehmigung im Grundbuch eingetragen werden. In mehreren Bundesländern wiederum bedarf es einer Bestätigung der Grundverkehrsbehörde, dass ein Rechtsgeschäft nicht der Zustimmung der jeweiligen Grundverkehrs-

---

[230] Zum Beispiel § 14 T Grundverkehrsgesetz, LGBl 61/1996 idF 130/2013.
[231] Etwa im Wiener Ausländergrunderwerbsgesetz (W-AGWG), im Oö Grundverkehrsgesetz 1994 (Oö GVG 1994) oder im NÖ Grundverkehrsgesetz 2007 (NÖ GVG 2007).

behörde bedarf (Negativbestätigung). Ob das erklärte Ziel, jegliche Grundstücksspekulation sowie den Verkauf von Immobilien an Personen, welche diese dann nur als Ferienwohnungen bzw. zeitlich begrenzt nutzen, zu verhindern, darf füglich hinterfragt werden.

Im Ergebnis wird der Grundverkehr föderal im Rahmen von neun unterschiedlichen Grundverkehrsgesetzen geregelt. Genehmigungspflichten für Ausländergrundverkehr von Baugründen gelten in T, OÖ, Bgld. und Stmk. In Graz benötigen Angehörige von Drittstaaten keine Genehmigung; in Wien wiederum ist keine Genehmigung erforderlich, wenn Ehepaare ein Grundstück oder eine Wohnung erwerben, sofern ein Eheteil die österreichische Staatsbürgerschaft besitzt. Die Folgen des Fehlens probater Bestimmungen sind etwa in Sbg. zu sehen, wo es 84.500 Zweitwohnsitze gibt, 29.500 davon in der Stadt Salzburg. Zumindest 6.000 Wohnungen (also 20 %) stehen hier leer.[232]

Auch in der CH existiert eine Besteuerung von Zweitwohnungen in Form einer Zweitwohnungssteuer, während in einigen Kantonen die Errichtung/der Erwerb eines Zweitwohnsitzes überhaupt verboten ist. Als Zweitwohnung gilt eine nicht dauerhaft bewohnte Wohneinheit, die weder durch Personen mit Wohnsitz in der entsprechenden Gemeinde noch zu Berufs- oder Ausbildungszwecken genutzt wird. Eine Zweitwohnung ist nicht ident mit einem Zweitwohnort, der zu Ausbildungs- oder Arbeitszwecken dient und daher rechtlich nicht als Wohnsitz, sondern als Aufenthaltsort qualifiziert wird. Zweitwohnungen dienen idR Ferienzwecken und werden an Dritte vermietet. Grundsätzlich werden Feriendomizile und zweite Wohnungen steuerlich identisch behandelt. Die Zweitwohnungssteuer fällt für den bzw. die Eigentümer:in einer im Grundbuch eingetragenen Immobilie an. Grundlage der Besteuerung ist der Eigenmietwert, der nun als Einkommen zu versteuern ist. Wird die Zweitwohnung als

---

[232] http://www.salzburg.com/nachrichten/salzburg/politik/sn/artikel/immer-mehr-zweitwohnsitze-schon-ueber-84000-faelle-in-salzburg-128063/

Ferienimmobilie vermietet, sinkt zwar der Eigenmietwert, Mieteinnahmen müssen aber versteuert werden. Je nach Kanton gibt es unterschiedliche Regelungen beim Eigenmietwert für zweite Wohnungen. Mit der Annahme der Zweitwohnungsinitiative 2012 („Schluss mit dem uferlosen Bau von Zweitwohnungen") wurde der Zweitwohnungsbau in Gemeinden mit einem Zweitwohnungsanteil von mehr als 20 % beschränkt. Frei nutzbare Ferienwohnungen dürfen in den betroffenen Gemeinden nicht mehr gebaut werden. In Gemeinden wie Zermatt liegt der Anteil an sog. „kalten Betten" (Liegenschaften, die nur für wenige Tage pro Jahr bewohnt sind) bei 45 bis 50 %. Seit 2000, als 420.000 Zweitwohnungen erfasst wurden, was 12 % des Wohnungsbestandes entsprach, wird die dadurch ausgelöste Landschaftszersiedelung sowie die Verknappung von Wohnraum debattiert. 2012 stimmte der Souverän im Rahmen der sog. „Zweitwohnungsinitiative" gegen das Vorhaben des Bundesrates und des Parlamentes, den Maximalbestand von Zweitwohnungen pro Gemeinde auf 20 % zu beschränken (Zweitwohnungsgesetz/ZWG 2016).

Im Vergleich tritt hervor, dass die Verknüpfung von sektoralen Verboten, einer dem Infrastrukturaufwand entsprechenden Besteuerung bzw. Einhebung von Abgaben sowie die Beschränkung der höchstzulässigen Anzahl von Wohneinheiten gleichsam Königsweg des Umgangs mit Zweitwohnungen ist.

2.3.5 Mobilisierung von Wohnraum und Leerstandsabgaben

Ein an Bedeutung gewinnendes Instrument sozialer Wohnungspolitik ist die zwangsbewehrte Mobilisierung von Wohnraum (Wohnungszwangsbewirtschaftung, Zwangszu- bzw. „Zwangseinweisungen"[233] nicht nur bei Wohnungsleerstand). Nach bei-

---

[233] In der Tat sprach das Wohnungsbewirtschaftungsgesetz in D bis 1968 in seinem § 10 davon, das Wohnungsämter Wohnungssuchende in leerstehende Wohnungen „einweisen", die nach Einschätzung des Wohnungsamtes unterbelegt waren.

den Weltkriegen kamen in D und A derartige Instrumente staatlicher Intervention in den Wohnungsmarkt zum Einsatz (*Egner* 2014), um die Wohnversorgung vor allem von Einkommensschwachen und Nichtvermögenden sicherzustellen.

So hat etwa das Gesetz über die Vermietung freier Wohnungen 1956 in A[234] bestimmt, dass die Gemeinde Wohnungssuchende gegen den Willen der Eigentümerin bzw. des Eigentümers unter bestimmten Voraussetzungen in nicht vermietete, leerstehende Wohnungen zuweisen könne. In D schuf das Wohnraumbewirtschaftungsgesetz[235] 1953[236] die Grundlage für die Wohnungsämter, auf den gesamten leerstehenden bzw. unterbelegten Wohnraum (Ausnahme: öffentlich geförderte Wohnungen) der BRD zugreifen zu können, wobei Hausbesitzer:innen leerstehenden/freiwerdenden Wohnraum den Wohnungsämtern zu melden hatten (*Heinelt/Egner* 2006). Die Einweisung begründete einen privatrechtlichen Mietvertrag zwischen dem bzw. der Wohnungseigentümer:in und dem bzw. der Wohnungssuchenden. Wohnungsämter konnten gegen den Willen der jeweiligen Eigentümer:innen Wohnungen mit zeitgemäßen Sanitär- und Versorgungseinrichtungen ausstatten und wendeten hierzu Zwangsmittel an. Diese Wohnraumbewirtschaftung erweiterte den Kündigungsschutz des Mieterschutzgesetzes (MSChG; 1923[237]) um einen Vollstreckungsschutz, falls kein Ersatzwohnraum zur Verfügung stand (*Roquette* 1953). In der CH waren aufgrund marginaler Kriegsschäden derartige Eingriffe nicht erforderlich. In mehreren Etappen wurde die Wohnungszwangswirtschaft in D erst 1968 vollständig aufgehoben. Mit dem Wohngeldgesetz 1965 wurden hier einerseits der bis dahin gel-

---

[234] BGBl 225/1956.
[235] Ursprünglich lautete der Titel „Wohnraummangelgesetz".
[236] Inhaltlich wurden damit Bestimmungen aus dem Kontrollratsgesetz Nr. 18 über die Zwangsbewirtschaftung von Wohnraum auf Grundlage des Art 117 Abs 2 GG übergeführt. Das Gesetz beschränkte die Freizügigkeit, soweit dies durch die Bewältigung der Wohnungsnot erforderlich war.
[237] Seit 1949 weiter in Geltung befindlich.

tende Mietenstopp[238] sowie der erweiterte Kündigungsschutz aufgehoben, gegengleich wurde aber das Wohngeld als Sozialleistung eingeführt, um Wohnen leistbar zu gestalten.

Nach wie vor sind der öffentlichen Verwaltung in den DACH-Gesellschaften Instrumente der Wohnungszuweisung an die Hand gegeben. Allerdings erfolgt die Erfassung und Sanktionierung des Wohnungsleerstandes auf unterschiedliche Weise. Fraglos sind die Ursachen dieses Leerstands vielgestaltig. Für Spekulant:innen lassen sich jedenfalls bestandsfreie Objekte besser weiterveräußern als vermietete. Dass das betreffende Objekt leer steht und keine Einnahmen bringt, fällt bei steigenden Verkaufspreisen (abhängig von der Lage) wenig ins Gewicht. Private Wohnungseigentümer:innen nehmen einen Wohnungsleerstand in Kauf, wenn Aufwand und Risiken einer Vermietung (etwa im Hinblick auf die Anmeldung von Eigenbedarf oder die Sanierung von Bewohnungsschäden) verglichen mit dem erwarteten Ertrag zu hoch sind. Umgekehrt verursacht der Leerstand Kosten, die nicht durch Mieteinnahmen kompensiert werden. So führen Raumtemperaturen unter 15 Grad zu Bauschäden, die Kosten unbemerkter technischer Gebrechen sind hoch und auch das Einbruchsrisiko ist in ungenutztem Wohnraum überdurchschnittlich hoch.

In D, wo die Leerstandsquote 2006–2021 von 4,1 % auf 2,8 % zurückgegangen[239] ist, haben mehrere Bundesländer[240] Gesetze über das Verbot der Zweckentfremdung von Wohnraum erlassen, wonach die Nutzung von Wohnraum zu anderen als Wohnzwecken einer Genehmigung des zuständigen Bezirksamtes bedarf. Im Kern sind es größere Kommunen bzw. Städte, welche mittels Satzungen Eigentümer:innen vorschreiben, wie Wohnungen für Wohnzwecke genutzt werden müssen. Dies betrifft

---

[238] In Berlin blieben die Mieten noch bis 1973 eingefroren.
[239] https://de.statista.com/statistik/daten/studie/74463/umfrage/wohnungsleerstand-in-deutschland-seit-2001/
[240] Bayern, Baden-Württemberg, Nordrhein-Westfalen, Hamburg und Berlin.

auch das Verhältnis von gewerblicher und Wohnungsnutzung in einem Nutzungsflächenbestand. Grundsätzlich muss der bzw. die Eigentümer:in nachweisen, dass er oder sie alles Zumutbare unternommen hat, um einen bzw. eine Mieter:in zu finden, etwa durch Schaltung von Zeitungsannoncen oder Beauftragung einer Maklerin bzw. eines Maklers. Eine Verletzung des Zweckentfremdungsverbotes liegt vor, wenn eine Wohnung a) ohne gewerblichen Nutzungszusammenhang als Ferienwohnung oder für eine Fremdenbeherbergung verwendet wird, b) für gewerbliche/berufliche Zwecke verwendet wird, c) baulich derart verändert wird, dass sie für Wohnzwecke nicht mehr geeignet ist, d) länger als je nach Bundesland drei bis sechs Monate leer steht oder ohne behördliche Genehmigung beseitigt (abgerissen) wird. Seit 2014 sind Vermieter:innen und Wohnungsbaugesellschaften auf Grundlage des Wohnraumschutzgesetzes in den Bundesländern dazu verpflichtet, jede Wohnung zu melden, die länger als drei Monate leer steht.

Leerstehende Wohnungen müssen im Zweifelsfall befristet vermietet oder zwischenvermietet werden. Ungenutzte Wohnungen können durch vom Bezirksamt beauftragte Treuhänder:innen auch saniert und im Weiteren zwangsvermietet werden. Verweigern Vermieter:innen eine zumutbare Zwischenvermietung so kann die Kommune sie per Wohnnutzungsgebot dazu zwingen. Bei Verstößen sieht das Gesetz Strafen in Höhe von bis zu 100.000 € vor. Allerdings lassen sich dadurch professionelle Vermieter:innen als Grundrentenspekulant:innen nicht abschrecken, private Vermieter:innen, bei denen es nur um einzelne Wohnungen geht, hingegen schon. Darüber hinaus erlaubt das Hamburgische Wohnraumschutzgesetz (2013) eine zeitweise Enteignung und Zwangsvermietung von Wohnraum. Dies kann auch mehrere/sämtliche leerstehenden Wohnungen einer Eigentümerin bzw. eines Eigentümers betreffen. Wird eine Immobilie zügig saniert, so ist ein Leerstand für die Dauer von 12 Monaten zulässig. Ebenfalls gilt kein Vermietungszwang, wenn die Wohnung zu baufällig ist, um sie zu vermieten und der bzw. die Vermieter:in diesen Umstand nicht zu verantworten hat.

Eine Studie des Wissenschaftlichen Dienstes des Dt. Bundestags (2020) sieht die Besteuerung leerstehenden Wohnraums als zulässig an, da sich der Gesetzgeber in der Ausübung seines Steuerfindungsrechts von finanzpolitischen, volkswirtschaftlichen, sozialpolitischen und steuertechnischen Erwägungen leiten lassen kann. Entschließt sich der Gesetzgeber, leerstehenden Wohnraum als Steuerquelle zu erschließen, andere Steuerquellen aber nicht auszuschöpfen, so verletzt dies den allgemeinen Gleichheitssatz nicht.[241] Eine Leerstandssteuer wäre als örtliche Aufwandssteuer[242] umsetzbar.

In A gibt es keine insgesamt belastbaren Zahlen zur Leerstandsquote. In etwa jeder siebten Wohnung hält sich niemand auf. Das entspricht rund 653.000 Wohnungen ohne Wohnsitzmeldung. Überhaupt steigt die Zahl der Wohnungen schneller als die Zahl der Hauptwohnsitze.[243] Im Vergleich kann man davon ausgehen, dass der prozentuelle Leerstand am Gesamtwohnungsbestand in A drei Mal so hoch wie in D ist. Allein in Wien wird der Leerstand zwischen 30.000 und 100.000 Wohneinheiten geschätzt.[244] In Städten wie Innsbruck, Salzburg oder Graz wird die Quote erfasst.[245] Dies deshalb, weil bis 2023 in Sbg., der Stmk. und T Gesetze betreffend Leerstandsabgaben für Wohnungen in Kraft getreten sind.[246]

---

[241] BVerfGE 13, 203; 65, 354.
[242] Aufwandssteuern sind Steuern auf das Halten bzw. den Gebrauch von Gütern und Dienstleistungen.
[243] https://www.tt.com/artikel/30864977/leerstand-in-oesterreich-in-jeder-siebten-wohnung-ist-niemand-gemeldet
[244] https://kontrast.at/wien-leerstand-wohnungen/; dies entspräche etwa einem Leerstand von 10 %.
[245] In Innsbruck gelten als Leerstände Wohnungen, in denen in den letzten sechs Monaten niemand gemeldet war. Das Leerstandsmonitoring des Magistrates zeigte für 2021 eine Leerstandsquote von 8,6 %. In Salzburg betrug die Leerstandsquote 2022 nach Daten des Magistrates im Bereich privater Mietwohnungen 7,7 %. In Graz betrug die Quote nach Angaben des Magistrates 2022 7 %.
[246] 2022 forderten mehrere Bundesländer (einschließlich Wien) gemeinsam in einem offenen Brief den Bund auf, die Möglichkeit einer Leer-

Zuvor hatte es bereits in Wien eine Leerstandsabgabe gegeben, die vom VfGH 1985 als verfassungswidrig aufgehoben worden war, weil die geprüfte Vorschrift des Landes einen Eingriff in die Kompetenz des Bundes zur Wohnraumbewirtschaftung darstellte. Ob dem Landesgesetzgeber ein Abgabenerfindungsrecht hinsichtlich der Erhebung einer Leerstandsabgabe zusteht oder ein solches als Lenkungsmaßnahme in die Kompetenz des Bundes eingreift, ist strittig.[247] Jedenfalls bestehen enge Grenzen für die Einhebung und Höhe einer Leerstandsabgabe bzw. gesetzliche Regelungen der Bundesländer. Zulässig ist aber eine Abgabe zur Deckung von (Betriebs-)Kosten, welche einer Gemeinde durch den Leerstand entstehen (Infrastruktur wie Wasser/Abwasser, Energieanschluss, Straße). Anders als in D gelten Landesabgaben, welche Eigentümer:innen von Wohnungen zu deren Vermietung zu zwingen, der Judikatur des VfGH zufolge als verfassungswidrige Kompetenzüberschreitung. Dies geht auf die Differenz zwischen Art 14 Abs 2 (Dt) GG und der vergleichsweise antisozialen Verfassung des Rechtsinstitutes des Privateigentums in §§ 354, 363 ABGB i. V. m. Art 5 StGG zurück. Art 14 Abs 2 GG statuiert eine Sozialbindung des Eigentums, insofern Eigentum zu einem gesellschaftlichen Zwecksetzungen folgenden Gebrauch verpflichtet, sohin der individuelle Gebrauch gleichzeitig dem Wohl der Allgemeinheit dienen soll. Die Zurückstellung von Einzelinteressen gegenüber Gemeininteressen kann deshalb verlangt werden. Die Sozialbindung des Eigentums zeigt sich in D also nicht nur wie in A in der entschädigungsbasierten Enteignung, sondern in einer sozialen Lesart marktwirtschaftlicher Ordnung. Demgegenüber regiert in A ein umfassender, ausschließender, das Eigentümerinteresse absolut

---

standsabgabe zu schaffen. Die ÖVP hat dieses Vorhaben blockiert.

[247] Jedenfalls aber ist die Leerstandsabgabe einkommensteuerlich abzugsfähig und kann in Form von Werbungskosten in Bezug auf Einkünfte aus Vermietung und Verpachtung unter der Rubrik „Werbungskosten" geltend gemacht werden. Eine Absetzung als „Vorwerbungskosten" ist dann möglich, wenn zum Zeitpunkt des Anfalls der Leerstandsabgabe das Vorhaben verfolgt wird, die Wohnung zu vermieten.

setzender Eigentumsbegriff. § 354 ABGB besagt, dass Eigentum, *"als ein Recht betrachtet, (...) das Befugniß (ist), mit der Substanz und den Nutzungen einer Sache nach Willkühr zu schalten, und jeden Andern davon auszuschließen."* Korrespondierend bestimmt Art 5 StGG, dass das *"Eigenthum (...) unverletzlich (ist). Eine Enteignung gegen den Willen des Eigenthümers kann nur in den Fällen und in der Art eintreten, welche das Gesetz bestimmt."*

Die entsprechenden Landesgesetze in A sanktionieren Leerstände, sehen hierzu allerdings unterschiedliche Tatbestände, Sanktionen (Abgabenhöhen) und Ausnahmen vor. Sie sind teils als Ermächtigungsbestimmung (Stmk.), teils als Verpflichtung (T) konzipiert. In T ist die Abgabe mit „Leerstandsabgabe", in der Stmk. mit „Wohnungsleerstandsabgabe" und in Sbg. als „Kommunalabgabe Wohnungsleerstand" bezeichnet. In allen Fällen handelt es sich jeweils um Gemeindeabgaben. Der Abgabensatz ist in der Stmk. und in T durch Verordnung des Gemeinderats und in Sbg. durch die Verordnung der Gemeindevertretung festzulegen. Einheitlich muss der Leerstand 26 Wochen andauern. Die Höhe der Abgabe liegt bei 10 €/qm mit einer Obergrenze von 1.000 €/p.a. in der Stmk. und 215 €/Monat in T. Die Regelung in Sbg. ist komplexer: Für Wohnungen bis 40 Quadratmeter kann die Abgabe pro Jahr höchstens 400 € (bei Neubauwohnungen 800 €) betragen. Danach wird für jede Erhöhung der Wohnfläche um 30 Quadratmeter die Abgabe um 300 € (bei Neubauten um jeweils 600 €) erhöht. Das ergibt für die oberste Stufe der Abgabe (mehr als 220 Quadratmeter) eine Obergrenze von 2.500 € für Altbauwohnungen und 5.000 € für Neubauwohnungen.[248]

Auch in A sind Ausnahmen von der Vorschreibung einer Leerstandsabgabe vorgesehen. In der Stmk. gilt die Bestimmung nicht für Vorsorgewohnungen für Kinder, für Bauten mit nicht mehr als drei Wohnungen, von denen eine vom bzw. von der Eigentümer:in des Baus als Hauptwohnsitz bewohnt wird, für

---

[248] Wohnungen gelten bis zu einem Alter von fünf Jahren als Neubau.

Wohnungen, die aus gesundheitlichen oder altersbedingten Gründen nicht mehr als Wohnsitz verwendet werden, für denkmalgeschützte Bausubstanz, für Wohnungen, die dem Wohnbedürfnis diplomatischen Personals dienen sowie für im Sanierungsprozess befindliche Wohnungen über einen Zeitraum von 26 Wochen hinweg. In T gelten derlei Ausnahmen auch für nicht gebrauchstaugliche Wohnungen, für Wohnungen, die gewerblich, land- und forstwirtschaftlich oder beruflich genutzt werden (Ordinationen, Büros, Kanzleien, Privatzimmervermietung, Geschäftslokale), für Wohnungen, die über einen Zeitraum von mindestens sechs Monaten nicht zum ortsüblichen Mietzins vermietet werden können sowie für Wohnungen, an denen zeitnaher Eigenbedarf besteht. Sbg. ergänzte diesen Ausnahmekatalog noch um Wohnungen im Eigentum gemeinnütziger Bau-, Wohnungs- und Siedlungsvereinigungen sowie Gemeindewohnungen.

In der CH, wo 2019 1,66 %[249] und 2021 1,54 % des Bestandes von 71.365 Wohnungen leer standen,[250] ging die Leerstandsquote 2022 auf 1,3 %[251] zurück, sodass der Wohnungsmarkt aufgrund sinkender Bautätigkeit und zunehmender Immigration faktisch geräumt ist. Eine Leerstandsabgabe existiert nicht. Allerdings muss der bzw. die Eigentümer:in einer leerstehenden Wohnung gemäß § 7 der Verordnung über die Miete und Pacht von Wohn- und Geschäftsräumen (VMWG) einen Teil der Allgemeinbetriebskosten sowie einen Teil der Heizungskosten des Gebäudes übernehmen.

Der Vergleich zeigt, dass die Höhe der Abgabe die Preiselastizität jener Eigentümer:innengruppen, die sich Leerstand ‚leisten' können, nicht ausgeschöpft hat. Außerdem greift die Begründung

---

[249] https://www.bfs.admin.ch/bfs/de/home/statistiken/bau-wohnungswesen/wohnungen/leerwohnungen.html

[250] https://www.hev-schweiz.ch/vermieten/statistiken/leerwohnungsziffer

[251] https://www.nzz.ch/finanzen/immobilien-noch-weniger-leerstand-bei-wohnungen-in-der-schweiz-ld.1701023?reduced=true

der Leerstandsabgabe zu kurz, wenn sie bloß (Betriebs-)Kosten, welche einer Gemeinde durch den Leerstand entstehen (Infrastruktur wie Wasser/Abwasser, Energieanschluss, Straße), ins Treffen führt. Tatsächlich verursacht Leerstand Wohnungsknappheit, die vermittelt über Ausweichbewegungen in den privaten Wohnungsmarkt zu Wohnkosten führt, welche die Kommune in intergouvernementalen Transfers etwa durch Kostenbeteiligung an den Sozialhilfekosten (Sicherung des Lebensunterhaltes sowie Bedeckung des Wohnbedarfes) mitabzudecken hat.

2.3.6 Mietpreisbeschränkungen

Ein Regulativ zur Mietpreisbindung bzw. -beschränkung findet sich in 14 der 36 OECD-Länder, vielfach ergänzt durch Maßnahmen des sozialen Wohnbaus sowie zweckgebundene Transferleistungen. Im DACH-Vergleich lassen sich vier Typen von Mietzinsobergrenzen bzw. -beschränkungen identifizieren, nämlich Regelungen zum angemessenen Mietzins (A, CH), zum Kategoriemietzins (in A bei Substandardwohnungen der Kategorie D), zum Richtwertmietzins (A) sowie eine Mietpreisbremse zur Begrenzung der Wiedervermietungsmieten (D).

Instrumente zur Begrenzung von Mieten sind in D und A knapp ein Jahrhundert alt. So schufen das österreichische Mietengesetz (1922) sowie das deutsche Paket aus Wohnraummangelgesetz (1920), Reichsmietengesetz (1922)[252] und Mieterschutzgesetz (1923)[253] die Grundlage eines zumindest teilweise den Marktgesetzen entzogenen Wohnungswesens. Bereits 1917 war mit der Mieterschutzverordnung ein Mietzinsstopp (Friedenszins) verhängt und das Kündigungsrecht der Vermieter:innen drastisch beschränkt worden. Nur in der CH blieb die Verabschiedung eines dieser Zielsetzung auf gesetzlicher Ebene Rechnung tra-

---

[252] Festlegung der Miethöhe und Belegung der Wohnung wurden öffentlicher Kontrolle unterworfen.
[253] Mit dem Hauszinssteuergesetz (1924) wurde im Anschluss daran eine Finanzierungsquelle für den geförderten Wohnungsbau geschaffen.

genden Mietrechts aus. Daher ist das Mietrecht heute noch Teil des Schweizerischen Zivilgesetzbuches (ZGB), darin wiederum im Obligationenrecht (OR; Schuldrecht) geregelt.[254]

In D lassen sich hinsichtlich der Höhe des Mietzinses grundsätzlich ortsübliche Vergleichsmieten, Index- und Staffelmieten unterscheiden. Ortsübliche Vergleichsmieten bezeichnen die durchschnittliche Miete für vergleichbare Wohnungen[255] in einem bestimmten Gebiet und werden zur (gerichtlichen) Beurteilung der Angemessenheit der Miete herangezogen.[256] Bei einem Staffelmietvertrag wird bei Vertragsschluss festgelegt, wann und um welchen Betrag sich die Miete erhöht.[257] Die Ausgangsmiete indes muss ortsüblich sein. Es gilt zudem keine Kappungsgrenze wie bei anderen Mieterhöhungen. Das heißt, dass der bzw. die Vermieter:in die Miete innerhalb von drei Jahren um mehr als 20 % erhöhen darf. Staffelmieten dürfen im Mietverlauf daher über der ortsüblichen Vergleichsmiete liegen. Bei

---

[254] Nach Art 253 des Obligationenrechts (OR) ist die Miete in der CH als Überlassung einer Sache zum Gebrauch gegen Entgelt auf unbestimmte oder bestimmte Zeit definiert. Dies wird ergänzt durch eine Verordnung über Miete und Pacht von Wohn- und Geschäftsräumen (VMWG), eine Verordnung des Eidgenössischen Volkswirtschaftsdepartements (EVD) über die Erhebung des für die Mietzinse maßgebenden hypothekarischen Durchschnittszinssatzes (Zinsverordnung) sowie ein Bundesgesetz über Rahmenmietverträge und deren Allgemeinverbindlicherklärung. Art 271 OR regelt den Kündigungsschutz

[255] Hierzu erstellen Städte und Gemeinden seit 2022 verpflichtend Mietspiegel. Dem Berliner Mietspiegel zufolge sind die Mieten in Berlin 2023/23 um 5,4 % angestiegen.

[256] Rechtsgrundlage der Beurteilung ist § 558 BGB. Mieten dürfen vom bzw. von der Vermieter:in frühestens 15 Monate nach dem Einzug oder der letzten Mieterhöhung an die durchschnittliche Miete vergleichbarer Wohnungen in der gleichen Region angepasst werden. Eine Mieterhöhung von mehr als 20 % über der ortsüblichen Vergleichsmiete stellt laut Wirtschaftsstrafgesetz zudem eine Ordnungswidrigkeit dar. Es kann ein Bußgeld bis zu 50.000 € verhängt werden. Liegt die Miete 50 % über der ortsüblichen Vergleichsmiete, so handelt es sich um Mietwucher – eine Straftat.

[257] Die Mietpreisbremse gilt bei neuen Mietverträgen auch für Staffelmietverträge.

2.3 Instrumente sozialer Wohnungspolitik

einem Indexmietvertrag schließlich wird das Fortschreiben des Mietzinses indexiert. Eine Kombination mit einem Staffelmietvertrag ist untersagt. Eine Erhöhung der Miete bei einem Indexmietvertrag darf maximal alle zwölf Monate erfolgen. In Regionen mit starkem Mietpreisauftrieb wählen Vermieter:innen zumeist eine Indexmiete,[258] in Regionen mit schwachem Auftrieb hingegen die Indexierungsvariante (Gesamtinflation höher als Mietniveau).

Nun gilt in Gebieten mit angespanntem Wohnungsmarkt die Mietpreisbremse. Dort darf die Miete bei Neuvermietung nicht mehr als 10 % über der ortsüblichen Vergleichsmiete liegen.[259] 2015 wurde mit dem Mietrechtsnovellierungsgesetz aufgrund der Überbelastung durch Miet- und Energiekosten in Mieter:innenhaushalten eine Regelung über zulässige „Vereinbarungen über die Miethöhe bei Mietbeginn in Gebieten mit angespannten Wohnungsmärkten" eingeführt (*Bundestag* 2017). Damit wurde es möglich, die höchstzulässige Miete bei Neuvermietungen von Bestandswohnungen per Verordnung[260] zu begrenzen.[261] Durch diese Rechtsverordnung können Gebiete für maximal fünf Jahre[262] als Gebiete mit angespanntem Wohnungsmarkt ausgewiesen werden, in denen die ausreichende Versorgung der Bevölkerung mit Mietwohnungen zu angemessenem Mietzins besonders gefährdet[263] ist. Die verlangte Miete darf in einem sog. angespannten Wohnungsmarkt höchstens 10 % über der orts-

---

[258] Allerdings realisiert eine indexierte Miete, die 50 % und mehr über der Vergleichsmiete liegt, den Tatbestand des Mietwuchers.
[259] § 557a Abs 4 BGB.
[260] § 556d Abs 2 BGB ermächtigt die Bundesländer zum Erlass einer Rechtsverordnung.
[261] https://dip.bundestag.de/vorgang/.../62527
[262] Die zeitliche Begrenzung soll sicherstellen, dass die Mietpreisbremse nur ein temporäres Instrument ist und lediglich als Flankierung für wohnungspolitische Maßnahmen der Bundesländer dienen soll, um die Marktentwicklungen abzufangen, bis die Maßnahmen zum sozialen Wohnungsbau der Länder greifen.
[263] § 556d Abs 2 Satz 2 BGB.

üblichen Vergleichsmiete liegen,[264] wobei Verfahren zur Ermittlung der ortsüblichen Vergleichsmiete vorgegeben sind. Diese höchstzulässige Miete darf in drei Ausnahmefällen überschritten werden, nämlich wenn die Miete der Vormieterin bzw. des Vormieters nicht überschritten wird, wenn eine Modernisierung die Mieterhöhung rechtfertigt oder wenn die Wohnung nach dem 1. Oktober 2014 erstmals genutzt und vermietet wurde. Das *Gesetz zur Verlängerung und Verbesserung der Regelungen über die zulässige Miethöhe bei Mietbeginn* 2020 verschärfte diese Mietpreisbremse und verlängerte sie bis 2025. Ist etwa die Staffelmiete zu hoch, so wird die aktuelle Staffel auf 10 % über der ortsüblichen Vergleichsmiete gekappt, wenn der bzw. die Mieter:in dies beanstandet. Zugleich können Mieter:innen zu viel bezahlte Miete rückfordern. Indexmietverträge hingegen sind nicht an die Mietpreisbremse gebunden.[265]

Entsprechende Mietpreisbegrenzungsverordnungen (Mietpreisbremse) hat der Großteil der Landesregierungen für eine Vielzahl von Gemeinden erlassen. In Baden-Württemberg gilt sie für 68, in Bayern überhaupt für 203 Kommunen. In Stadtstaaten wie Bremen oder Hamburg, aber auch in Berlin[266] mit einem angespannten Wohnungsmarkt, in dem die ausreichende Versorgung der Bevölkerung mit Mietwohnungen zu angemessenen Bedingungen besonders gefährdet ist, ist das gesamte Gemeindegebiet dieser Mietpreisbremse unterworfen. Indes scheiterten Klagen von Mieter:innen, um wegen unwirksamer Mietpreisbremsen eine finanzielle Entschädigung durch die verantwortlichen Bundesländer zu erwirken, in mehreren Bundesländern.[267] Weitergehende Eingriffe wurden indes unterbunden. Das Berliner Abgeordnetenhaus beschloss 2020 eine Neuregelung der Mietenbegrenzung. Diese Begrenzung, umgangssprachlich als „Mie-

---

[264] § 556d Abs 1 BGB.
[265] AG Berlin-Mitte, Urteil v. 02.11.2022: Az. 123 C 77/22.
[266] § 1 der Mietenbegrenzungsverordnung mit Wirkung vom 1. Juni 2015.
[267] https://www.datev-magazin.de/nachrichten-steuern-recht/recht/schadensersatzklage-gegen-das-land-hessen-wegen-unwirksamer-mietpreisbremse-weiter-erfolglos-24065

tendeckel"[268] bezeichnet, sah eine öffentlich-rechtliche Begrenzung von Mieten[269] vor. Genauer betrachtet setzte sie sich aus Regelungen zum Mietenstopp, Mietobergrenzen, Mietabsenkungen und zur Begrenzung der Modernisierungsumlage zusammen, mit der Mieter:innen die Modernisierung von Wohnungen mitzufinanzieren haben. Doch erklärte das Bundesverfassungsgericht 2021[270] diesen „Mietendeckel" für verfassungswidrig, weil er den Rahmen der Gesetzgebungskompetenz des Landes Berlin überschritt.[271] Er war mit Art 74 Abs 1 Nr. 1 GG (Regeln zu konkurrierenden Gesetzgebung von Bund und Ländern) iVm Art 72 Abs 1 GG (Abweichungsgesetzgebungskompetenz der Bundesländer) unvereinbar und daher nichtig. Zur materiellen Verfassungsmäßigkeit von Mietobergrenzen führte das Gericht aus, der Gesetzgeber könne insbesondere mit entsprechender Ausgestaltung des bürgerlichen Rechts soziale und andere Ziele verfolgen, indem er für die Vertragsgestaltung Vorgaben macht und ihre Beachtung und Durchsetzung sichert. Dies ist allerdings seitens des Bundesgesetzgebers nicht erfolgt.

In A wiederum sind die Bestimmungen zur Mietzinsbildung ungleich komplexer. Indes zeigt die Indikation durch Wohnkostenüberlast, dass dieses Regelungsarrangement Mieter:innen besser schützt, als es die Rechtslage in D tut. Es lassen sich drei Typen von Mietverträgen unterscheiden, nämlich solche, die zur Gänze

---

[268] Gesetz zur Neuregelung gesetzlicher Vorschriften zur Mietenbegrenzung (MietenWoG Bln); die Regelung sollte für jeden vor dem 1.1.2014 errichteten Wohnraum gelten.

[269] Mieterhöhungen wegen vereinbarter Staffel- oder Indexmieten oder auch Mieterhöhungen bis zur ortsüblichen Vergleichsmiete nach § 558 BGB sind verboten.

[270] BVerfG, Beschluss des Zweiten Senats vom 25. März 2021 – 2 BvF 1/20, 2 BvL 4/20, 2 BvL 5/20.

[271] Über die materielle Verfassungsmäßigkeit von Mietobergrenzen urteilte das Gericht nicht, hielt aber fest, dass der Gesetzgeber in Ausgestaltung des bürgerlichen Rechts soziale und andere Ziele verfolgen kann, indem er Vorgaben der Vertragsgestaltung gesetzlich verankert; BVerfG: Beschluss vom 25. März 2021. Az.: 2 BvF 1/20.

(Vollanwendungsbereich[272]), die nur teilweise (Teilanwendungsbereich[273]) und die gar nicht (freie Mietverträge) unter das Mietrechtsgesetz (MRG) fallen. Im Vollanwendungsbereich des MRG lassen sich mehrere Arten der Berechnung des Mietzinses[274] unterscheiden, nämlich: frei vereinbarter Mietzins, angemessener Hauptmietzins, Richtwertmietzins, Kategoriemietzins (nur noch für Wohnungen der Kategorie D[275]), verminderter Hauptmietzins infolge Befristung und wertbeständiger Mietzins (Altmietzins, „Friedenskronzins", „Kategoriezins"). In sämtlichen Mietverhältnissen (geförderte Genossenschaftswohnung, Vollanwendungsbereich des MRG oder frei finanziert errichtete Wohnung) gelten Regeln über die Rückgabe der Wohnung nach Beendigung des Mietverhältnisses, die Verwendung der Kaution, das Recht von Mieter:innen auf Mietzinsminderung bei teilweiser oder gänzlicher Unbrauchbarkeit der Wohnung.

---

[272] Der Vollanwendungsbereich gilt für die Miete von Wohnungen und Teilen von Wohnungen, Geschäftsräume, mitgemietete Garagen und Nutzungsverträge von Genossenschaftswohnungen gemäß § 20 WGG.

[273] Der Teilanwendungsbereich gilt für Mietgegenstände in Gebäuden, die ohne Zuhilfenahme von Wohnbauförderungsmitteln aufgrund einer nach dem 30. Juni 1953 erteilten Baubewilligung neu errichtet wurden. Im Teilanwendungsbereich des Mietrechtsgesetzes gelten alle Regelungen über den Eintritt bei Todesfall, über Befristungen und Kündigungsschutz sowie über „Altmietzins" und Hauptmietzins bei Eintritt. Nicht angewendet werden hingegen die Bestimmungen über die Beschränkungen des Mietzinses sowie diejenigen über den Schutz des Mietobjektes selbst.

[274] Hauptmietzins, Betriebskosten (Abgaben), mitvermietete Einrichtungsgegenstände, Umsatzsteuer. Der Mietzins muss im Vollanwendungsbereich des MRG am 5. eines jeden Kalendermonats im Vorhinein bezahlt werden. Vereinbarungen zugunsten der Mieter:in bzw. des Mieters sind zulässig. Die Vereinbarung eines Pauschalmietzinses ist zulässig. Unterliegt ein Mietobjekt nur zum Teil oder gar nicht dem MRG, kann der Mietzins sowie seine Fälligkeit frei vereinbart werden.

[275] Substandard: WC oder Wasserentnahme nicht im Inneren der Wohnung.

Typ 1 schließt die Anwendung des Mietrechtsgesetzes (MRG) überhaupt aus. Betroffen sind vor allem Mietverträge über Ein- oder Zweifamilienhäuser (Gebäude mit höchstens zwei selbstständigen Wohnungen[276]). Die Nichtanwendbarkeit des MRG gilt auch für Vermietungen von Beherbergungsunternehmen, Ferien- und Dienstwohnungen, Heimplätze (stationäre Unterbringung, sozialpädagogisch betreutes Wohnen) sowie für Zweitwohnungen zu Erholungszwecken. Diese Mietverhältnisse fallen aus dem Schutzbereich des MRG heraus und sind daher von Vermieter:innen im Rahmen der Regelungen des ABGB frei gestaltbar. Eine gesetzliche Beschränkung des Mietzinses kommt nicht in Betracht. Sehr wohl aber gelten die Wucherbestimmungen des ABGB sowie die Regeln über die „Verkürzung über die Hälfte des wahren Wertes" (*laesio enormis*; Zins liegt bei mehr als dem Doppelten des ortsüblichen Mietzinses). Wucher liegt vor, wenn Vermieter:innen in Nutzung der Zwangslage, Unerfahrenheit oder Gemütserregung von Mieter:innen einen auffallend überhöhten Mietzins vereinbaren können.

In Typ 2 gelangen nur Teile des MRG zur Anwendung, während im Übrigen die Regeln des ABGB über den Bestandsvertrag anzuwenden sind. Im Wesentlichen gilt für diese Objekte keine Mietzinsbegrenzung. Wohl aber gelten auch hier die Wucherbestimmungen des ABGB sowie die Regeln über die „Verkürzung über die Hälfte des wahren Wertes". Diese Teilanwendung des MRG betrifft a) Mietwohnungen in Gebäuden, die nach dem 30. Juni 1953 ohne öffentliche Fördermittel errichtet wurden und mehr als zwei Mietgegenstände haben, b) vermietete Eigentumswohnungen in Gebäuden, die nach dem 8. Mai 1945 errichtet wurden und mehr als zwei Mietgegenstände haben, c) Dachgeschoßwohnungen, die in Altbauten mit mehr als drei Mietgegenständen nach dem 31. Dezember 2001 neu errichtet

---

[276] Räumlichkeiten, die nachträglich durch einen Dachbodenausbau geschaffen werden, zählen allerdings nicht dazu.

worden sind, und d) Mietobjekte, die durch Zubau nach dem 30. September 2006 neu errichtet worden sind.[277]

Erst in Objekten des Typ 3 kommt das MRG vollumfänglich zur Anwendung; hier gelten die gesetzlichen Mietzinsobergrenzen für den (Netto-)Hauptmietzins der Wohnung. Getrennt hiervon sind Betriebskosten, Umsatzsteuer sowie das Entgelt für mitvermietete Einrichtungsgegenstände zu begleichen. Gelangt eine Mietzinsobergrenze zur Anwendung, so gilt auch für die Untermiete eine Obergrenze für den Untermietmietzins. Es handelt sich dabei um Mietwohnungen in Gebäuden, die vor dem 1. Juli 1953 errichtet wurden und mehr als zwei Mietgegenstände haben, um vermietete Eigentumswohnungen in Gebäuden, die vor dem 9. Mai 1945 errichtet wurden und mehr als zwei Mietgegenstände haben, sowie um aus öffentlichen Mitteln geförderte Neubauten (Wohnungen in gefördert errichteten Mietwohnungshäusern mit mehr als zwei Mietgegenständen). Allerdings gilt das MRG in diesen Fällen nur dann, wenn sämtliche Wohnobjekte im Bestandsobjekt den Kriterien des Typ 3 entsprechen.

Im Vollanwendungsbereich des MRG können drei Arten von Mietzinsen zur Anwendung gelangen, nämlich ein angemessener (Netto)Hauptmietzins, ein Richtwert- oder ein Kategoriemietzins.

Ein angemessener Hauptmietzins kann bei Mietobjekten in a) nach dem 8. Mai 1945 neu errichteten Gebäuden einschließlich Um-, Auf-, Ein- oder Zubauten, b) denkmalgeschützten Gebäuden, zu deren Erhaltung der bzw. die Vermieter:in nach dem 8. Mai 1945 erhebliche Eigenmittel aufgewendet hat, c) gut aus-

---

[277] In Typ 1 und 2 gelten Legaldefinitionen des Mietzinses sowie der Betriebskosten nicht, weshalb die Vertragspartner:innen gehalten sind, Details wie den Umfang von Betriebskosten oder die Ausweisung der Umsatzsteuer gesondert zu vereinbaren.

2.3 Instrumente sozialer Wohnungspolitik

gestatteten Luxuswohnungen der Kategorie A[278] oder B[279] mit einer Nutzfläche von über 130 Quadratmeter, wenn die Wohnung innerhalb von sechs Monaten nach Auszug der Mieterin/des Mieters oder einer nicht eintrittsberechtigten Person wieder vermietet wird,[280] verlangt werden. Ein angemessener Mietzins (anstelle eines niedrigeren Richtwertmietzinses) kann nachträglich vereinbart werden, wenn ein unbefristetes Mietverhältnis vorliegt und seit der Übergabe der Wohnung mindestens zwölf Monate verstrichen sind. Eine Überschreitung des Richtwertmietzinses bis zum angemessenen Hauptmietzins kann zudem erfolgen, wenn zur Deckung der Kosten von Erhaltungsarbeiten oder nützlichen Verbesserungen eine befristete Erhöhung des Hauptmietzinses zwischen Mieter:in und Vermieter:in schriftlich vereinbart wird, wobei Ausmaß, Dauer und Zweck der Zinserhöhung ausdrücklich festzuhalten sind.

Die Regelungen zum angemessenem Hauptmietzins im Vollanwendungsbereich des MRG enthalten keine Angaben über die konkrete Höhe des angemessenen Hauptmietzinses. Die bisherige Judikatur erklärte faktisch den ortsüblichen Marktmietzins als angemessen. Der Regelung kommt also kaum mietzinsdämpfende Wirkung zu.

Liegen weder die Voraussetzungen für die Vereinbarung eines angemessenen Mietzinses noch eines Kategoriemietzinses vor, so richtet sich die Zulässigkeit einer Hauptmietzinsvereinbarung bei Typ-3-Wohnungen nach dem sog. Richtwert samt den für die jeweils zu vermietende Wohnung zulässigen Zuschlägen und Abstrichen. Der Richtwertmietzins ist als angemessener Haupt-

---

[278] Kriterien: Brauchbarer Zustand, mehr als 30 Quadratmeter groß, Vorraum, Zimmer, Küche oder Kochnische, WC, zeitgemäße Badegelegenheit, Wärmeversorgungsanlage/stationäre Heizung, Warmwasseraufbereitung.

[279] Kriterien: Brauchbarer Zustand, Zimmer, Küche oder Kochnische, Vorzimmer, WC, zeitgemäßem Standard entsprechende Badegelegenheit.

[280] Diese Frist beträgt 18 Monate, wenn der bzw. die Vermieter:in Verbesserungsarbeiten durchführt.

mietzins mit einem feststehenden Ausgangswert zu verstehen. Dieser Ausgangs- bzw. Richtwert wird pro Bundesland für eine mietrechtliche Normwohnung festgelegt. Diese Normwohnung entspricht einer Altbauwohnung der Ausstattungskategorie A, die in einem Gebäude mit ordnungsgemäßem Erhaltungszustand und in durchschnittlicher Lage (Wohnumgebung) liegt.[281] Zur Ermittlung des Richtwertmietzinses wird dieser Richtwert mit lage- und ausstattungsabhängigen[282] Zu- und Abschlägen versehen.[283] Da die Normwohnung eine Kategorie-A-Wohnung darstellt, werden Abschläge für Wohnungen der Kategorie B (– 25 %) und C (– 50 %) vorgenommen. Nach oben hin ist dieser Richtwertmietzins durch die Angemessenheit und nach unten hin durch den Kategoriemietzins begrenzt. Im Vollanwendungsbereich des MRG gilt ein Richtwertmietzins für Wohnungen der Kategorie A, B oder C in Gebäuden, die vor dem 9. Mai 1945 geschaffen wurden, in denen die Vereinbarung eines freien oder angemessenen Mietzinses also nicht zulässig ist. Ein Kategoriemietzins schließlich ist nur noch bei Wohnungen der Kategorie D im Vollanwendungsbereich des MRG zulässig.[284]

---

[281] Da diese mietrechtliche „Normwohnung" jedoch nicht real am Markt existiert, dient sie bloß als Orientierungsmarke, an welcher eine konkrete Wohnung zu bemessen ist, um den für diese Wohnung zulässigen Richtwertmietzins feststellen zu können.

[282] Lage (Infrastruktur), Umgebung (Lärm), Erhaltungszustand (Abnutzungsgrad), Lage der Wohnung (straßen- oder hofseitig), Lichteinfall (Stockwerk), Grundriss (Nutzbarkeit), Ausstattung (Haushaltsgeräte), Annexe (Balkon, Terrasse, Keller- oder Dachbodenräume, Hausgärten, Abstellplätze), Gemeinschaftsanlagen (Hobbyraum, Fahrrad- und Kinderwagenabstellplätze, Sauna, Waschküche), Hausinfrastruktur (Lift, Garage).

[283] Maßgeblich ist der Zustand zum Zeitpunkt der Vermietung.

[284] Dieser betrug für Kategorie D pro Quadratmeter Nutzfläche und Monat 2,23 € für Wohnungen in brauchbarem und 2,12 € für Wohnungen in unbrauchbarem Zustand (Stand: 1.7.2023). Brauchbar ist eine Wohnung, die sofort bewohnt werden kann. Gefährliche elektrische Leitungen hindern die Brauchbarkeit. Mängel, die ohne größeren Aufwand beseitigt werden können, machen eine Wohnung hingegen nicht unbrauchbar.

Wird ein Haupt- oder Untermietvertrag befristet abgeschlossen, muss im Vollanwendungsbereich[285] des MRG der Hauptmietzins immer um 25 % des höchstzulässigen Mietzinses verringert werden (Befristungsabschlag). Die Reduktion gilt nicht mehr, wenn der befristete Mietvertrag in einen unbefristeten umgewandelt wird.

Untermieter:innen sind im Vergleich zu Hauptmieter:innen eingeschränkt geschützt, da ihr Untermietzins 150 % des zulässigen Hauptmietzinses erreichen darf[286] und dem bzw. der Untermieter:in anteilige Betriebskosten und öffentliche Abgaben, anteilige besondere Aufwendungen bzw. Kosten von Gemeinschaftsanlagen, Entgelte für mitvermietete Einrichtungsgegenstände, Beträge zur Verbesserung durch den bzw. die Hauptmieter:in sowie die Umsatzsteuer überbunden werden dürfen. Im Fall eines befristeten Untermietvertrages vermindert sich der für ein unbefristetes Untermietverhältnis höchstzulässige Untermietzins um 25 %. Die Regelungen zur zulässigen Untermietzinshöhe gelten auch für die (teilweise) Untervermietung von Genossenschaftswohnungen.

Für Mieter:innen von Genossenschaftswohnungen gelten eigene Regelungen, nämlich die Mietzinsbeschränkungen des Wohnungsgemeinnützigkeitsgesetzes (WGG). Als Genossenschaftswohnungen gelten Wohnungen in Häusern, die von einer Gemeinnützigen Bauvereinigung (GBV) errichtet oder zum Zwecke einer Sanierung größeren Umfanges erworben wurden. Indes dupliziert das WGG die Regeln des MRG. Für Genossenschaftswohnungen gelten substanziell Regelungen des MRG mit der Folge, dass sie wie Wohnungen des Typs 3 zu behandeln sind. Allerdings unterliegt die Mietzinsgestaltung bei Genossen-

---

[285] Unterliegt ein Mietobjekt jedoch nur zum Teil oder gar nicht dem MRG, muss kein Abschlag bei einem befristeten Mietvertrag gewährt werden.
[286] Die gänzliche Untervermietung bedarf der Zustimmung der Vermieterin bzw. des Vermieters.

schaftswohnungen dem Prinzip des kostendeckenden Mietzinses.

Eine Mietzinsvereinbarung, die den nach dem MRG höchstens zulässigen Hauptmietzins oder Untermietzins übersteigt, ist in A unwirksam. Der Hauptmietzins kann über Entscheidung einer Schlichtungsstelle oder eines Gerichtes auf den zulässigen Betrag herabgesetzt werden. Überhöht bezahlte Beträge können inklusive 10 % Umsatzsteuer und 4 % (gesetzlicher) Zinsen zurückgefordert werden. Der in der Vergangenheit gesetzwidrig bezahlte Haupt- bzw. Untermietzins ist im Falle einer rechtzeitigen Mietzinsbestreitung (binnen drei Jahren ab Abschluss der Mietzinsvereinbarung) bei unbefristetem Vertrag für maximal drei Jahre ab Antragstellung rückwirkend, bei einem befristeten Vertrag für maximal zehn Jahre ab Antragstellung rückwirkend zu refundieren, wobei Zinsen nur für einen Zeitraum von drei Jahren rückgefordert werden können.

Die CH folgt einem gänzlich anderen Regelungsmuster, weil hier ausschließlich die Bestimmungen der §§ 253 ff. des Obligationenrechts (OR; eine Ergänzung des Zivilgesetzbuchs/ZGB) die Überlassung von Wohn- oder Geschäftsräumen gegen Entgelt sowie den Schutz vor missbräuchlichen Mietzinsen (Art 269 ff OR) regeln. Eine Deckelung oder ein Äquivalent zu einem Kategoriemietzins ist in der CH unbekannt. Zudem gilt der Schutz vor missbräuchlichen Mietzinsen nicht für die Miete von luxuriösen Wohnungen und Einfamilienhäusern mit sechs oder mehr Wohnräumen (ohne Anrechnung der Küche). Zugleich gelten die Bestimmungen des OR über die Anfechtung missbräuchlicher Mietzinse nicht für Wohnräume, deren Bereitstellung von der öffentlichen Hand gefördert wurde und deren Mietzinse durch eine Behörde kontrolliert werden.

Gemäß Art 269 OR sind Mietzinse missbräuchlich, wenn damit ein „übersetzter" (d. h. unverhältnismäßig hoher) Ertrag aus der Mietsache erzielt wird oder wenn sie auf einem offensichtlich übersetzten Kaufpreis beruhen. Gemäß Art 269a OR sind Mietzinse dann nicht als missbräuchlich zu erachten, wenn sie im Rahmen der orts- oder quartierüblichen Mietzinse liegen, durch Kostensteigerungen oder Mehrleistungen der Vermieterin bzw. des Vermieters begründet sind oder bei neueren Bauten im Rahmen der kostendeckenden Bruttorendite liegen. Sie sind ferner dann nicht missbräuchlich, wenn sie lediglich dem Ausgleich einer Mietzinsverbilligung dienen, die zuvor durch Umlagerung marktüblicher Finanzierungskosten gewährt wurde, und in einem dem/der Mieter:in im Voraus bekannt gegebenen Zahlungsplan festgelegt sind, die Teuerung auf dem risikotragenden Kapital ausgleichen oder den Empfehlungen der Vermieter- und Mieterverbände Rechnung tragen. Gemäß Art 269c OR sind gestaffelte Mietzinse, also Vereinbarungen, denen nach sich der Mietzins periodisch um einen bestimmten Betrag erhöht, dann gültig, wenn der Mietvertrag für mindestens drei Jahre abgeschlossen wird, der Mietzins höchstens einmal jährlich erhöht wird und der Betrag der Erhöhung in Franken festgelegt wird.

Die Anfechtung des „Anfangsmietzins" als „missbräuchlich" und das Begehren der Herabsetzung muss indes gemäß Art 270 OR innert 30 Tagen nach Übernahme der Sache bei der Schlichtungsbehörde erfolgen. Dies kann allerdings nur dann erfolgen, wenn der bzw. die Mieter:in sich wegen einer persönlichen oder familiären Notlage oder wegen der Verhältnisse auf dem örtlichen Wohnungsmarkt zum Vertragsabschluss gezwungen sah oder der bzw. die Vermieter:in den Anfangsmietzins gegenüber dem früheren Mietzins für dieselbe Sache erheblich erhöht hat.

Die Anfechtung eines laufenden Mietzinses als missbräuchlich wiederum ist zulässig, wenn der/die Mieter:in Grund zur Annahme hat, dass der/die Vermieter:in wegen einer wesentlichen Änderung der Berechnungsgrundlagen, vor allem wegen einer Kostensenkung, einen übersetzten Ertrag aus der Mietsache erzielt. Davon abgesehen ist jede Mietzinserhöhung formgebunden und begründungspflichtig. Zudem gilt sie als nichtig, wenn mit der Mitteilung die Kündigung androht oder ausgesprochen wird.

Der Vergleich zeigt, dass A mit dem MRG im Vergleich das spezifischste Mietenrecht aufweist, während in D und der CH die Miete wesentlich im BGB bzw. im OR geregelt ist. Allerdings wird auch im MRG zwischen einem Voll- und Teilanwendungsbereich unterschieden. Eine klare Regelung zur Beschränkung von Mieterhöhungen findet sich nur in D und A (Wertsicherungsklausel), wobei die Dt. Rechtslage gesetzliche Kappungsgrenzen und eine Mietpreisbremse (Einregelung bei 110 % der ortsüblichen Vergleichsmiete) in sog. „kritischen Regionen" kennt. In A sind die möglichen Kündigungsgründe in § 30 MRG taxativ aufgezählt, während in D der Vermieter ein berechtigtes Interesse nachweisen muss, um einen Mietvertrag zu kündigen. In der CH sind die Kündigungsgründe ähnlich unspezifisch aufgeführt.

2.3.7 Wohnbauförderung

Einen wesentlichen Stützpfeiler der Wohnungspolitik bildet(e) in allen DACH-Gesellschaften die föderalisierte Wohnbauförderung samt zugehöriger Wohnbeihilfen-Systeme. Grundsätzlich wird in Form der Objekt- und Subjektförderung gefördert/subventioniert. Bei einer Objektförderung erhält der Bauträger oder Eigentümer Fördermittel (Förderdarlehen), bei einer Subjektförderung hingegen werden Eigentümer:innen/Mieter:innen durch einkommensbezogene Zuschüsse oder Beihilfen zur Tragung der Wohnkosten unterstützt. Subjektförderungen bestehen regelhaft aus Eigenmittelersatzdarlehen, die etwa ein:e Mieter:in bei Bezug einer geförderten Wohnung an die Genossenschaft oder ein:e Eigentümer:in als Eigenmittel bei Erwerb einer Immobilie aufzubringen hat. Diese Darlehen haben einen sehr niedrigen Zinssatz und werden langfristig vergeben. Die Gewährung solcher Darlehen ist auf alle Fälle an das Familieneinkommen gebunden. Bei einer Objektförderung erfolgen Rückflüsse aus Zinsen und Tilgung, die finanzielle Spielräume für weitere

Wohnungsbauprojekte schaffen; bei einer Subjektförderung hingegen werden nur laufende Wohnkosten bezuschusst.[287]

In D ist die Wohnungsbauförderung der Bundesländer an Voraussetzungen und Bedingungen geknüpft, etwa Einkommensgrenzen, Familiengröße oder den einzubringenden Eigenkapitalanteil. Gefördert werden vor allem der Neubau oder der Kauf von selbst genutztem Wohneigentum, aber auch Maßnahmen zum Abbau von Barrieren in bestehenden Wohnungen oder der energieeffiziente Umbau von Wohnraum durch zinsgünstige Kredite, Darlehen, Zuschüsse oder auch Bürgschaften. Die Objektförderung (sozialer Wohnungsbau) erlaubte bis 1987 den Aufbau eines Sozialwohnungsbestandes im Umfang von 4 Mio. Wohneinheiten. Seit Ende der 1980er zog sich der Staat sukzessive aus der Objektförderung zurück und ersetzte diese durch Maßnahmen der Subjektförderung (Wohngeld). Bedingt durch das Herausfallen von Objekten aus der Miet- und Belegungsbindung bzw. die Verkäufe kommunaler Wohnungsbestände an private Investor:innen hat sich seither der Sozialwohnungsbestand massiv verringert, während der Anteil des geförderten Wohnungsneubaus an allen Neuerrichtungen deutlich gesunken ist. Mit der Föderalismusreform 2006 zog sich der Bund aus der aktiven Wohnraumförderung zurück und gab seine Kompetenz an die Bundesländer ab, welche Kompensationsmittel (2017: 1,5 Mrd. €; 2022: 1,7 Mrd. €) erhalten, aber seit Jahren keinen sozialen Wohnungsbau mehr betreiben. Während von 2013–2016 kumuliert 61.600 öffentlich geförderte Neubauwohnungen entstanden, reduzierte sich der Sozialwohnungsbestand im Vergleichszeitraum um 210.000 Einheiten auf 1,6 Mio. Wohneinheiten, sodass ein jährlicher Bedarf von 40.000 Wohneinheiten nur zur Hälfte abgedeckt wird.

Subjektförderung findet in D vorrangig in Form von Wohngeldzahlungen nach dem Wohngeldgesetz und der Übernahme der

---

[287] https://www.gdw.de/uploads/GdW_Argumente/GdW_Argumente_Sozialer_Wohnungsbau.pdf

angemessenen Kosten der Unterkunft (KdU) im Rahmen der Grundsicherung für Arbeitsuchende (SGB II) und im Alter bzw. bei Erwerbsminderung (SGB XII) statt. Unter dem Vorzeichen starker Mietpreissteigerungen verursacht die Subjektförderung immense Zusatzkosten, weil sie Preissteigerungen befeuert, während sie keinerlei Verbesserung beim Zugang zum Wohnungsmarkt bewirkt. Zudem sind die Länder seit dem Wegfall der Zweckbindung im Jahr 2014 frei in der Verwendung der Mittel. Obwohl die Bundesanstalt für Immobilienaufgaben Ländern und Kommunen zu Zwecken der sozialen Wohnraumförderung bundeseigene Grundstücke in beschleunigten Verfahren und zu vergünstigten Konditionen zur Verfügung stellt, haben einige Länder ihre eigenen ergänzenden Landesmittel reduziert, um Rücklagen zu bilden oder Haushaltsbereiche außerhalb des Wohnungswesens zu finanzieren (Thüringen). Daher werden im Kontext der Landeswohnungsbauprogramme (von Bund und Land finanziert) städtische Förderungen bedeutsamer. Die Städte setz(t)en nach 2016 Anreize und Maßnahmen, um private und öffentliche Investitionen in den Wohnungsbau zu verstärken und einen 30 %igen Anteil an Sozialwohnungen zu errichten. Eingegangene kommunale Bündnisse für bezahlbares Wohnen haben jedoch nur punktuell gegriffen. Überhaupt wurden mehr subjektgeförderte Wohneinheiten errichtet, vorwiegend für Mittelschicht-Haushalte mit entsprechendem Vermögensbestand und Einkommen (*JLL* 2018).

Positiv verwiesen sei hier auf das Beispiel Hamburgs, wo innerhalb des Förderzeitraums Belegungs- und Mietpreisbindungen gelten und zwei sozial gestaffelte ‚Förderwege' festgelegt sind. Bezugsberechtigt sind Haushalte mit Wohnberechtigungsbescheinigung oder solche, die als ‚vordringlich wohnungssuchend' anerkannt sind. Bei Förderprojekten, die mehr als 30 Wohneinheiten umfassen, müssen 20 % für Einpersonenhaushalte, 20 % für Dreipersonenhaushalte und mind. 10 % für Haushalte mit vier oder mehr Personen vorgesehen werden. Sofern Bauvorhaben im 2. Förderweg (für Besserverdienende) mehr als 30 Wohneinheiten umfassen, muss ein Drittel aller geförderten

Wohnungen im 1. Förderweg (für Schlechterverdienende) errichtet werden, um eine soziale Durchmischung zu gewährleisten. Die Förderung erfolgt durch zinsverbilligte Darlehen, wobei neben einem Grundmodul verschiedene Module frei wählbar sind. Neben einmaligen Zuschüssen (Aufzugsanlagen, Gemeinschaftsräume) werden für eine Förderlaufzeit von 15, 20 oder 30 Jahren laufende Zuschüsse in Abhängigkeit vom Grundstückswert und der Größe des Bauvorhabens gewährt. Ziel ist es, bei Bauvorhaben ab 30 Wohneinheiten ein Drittel im öffentlich geförderten Wohnungsbau zu errichten. Lageabhängig wird ein höherer Anteil festgesetzt. Dass geförderte Wohnungsanteile auch auf privaten Flächen hergestellt werden, regelt man über Bebauungsplanverfahren und städtebauliche Verträge. Damit bis 2030 der Bestand an Sozialwohnungen durch Investitionen in die Wohnraumförderung stabil gehalten wird, sind Budgetmittel reserviert, um p. a. 4.000 (Sozial-)Bindungen von Wohneinheiten zu erreichen.

Auch die Stadt München, wo der Sozialwohnungsbestand 2006–2016 um 20 % zurückgegangen ist, verfolgt das Ziel, bei Neubauvorhaben auf privaten Bauflächen, die einem Bebauungsplanverfahren unterliegen, einen Anteil von 30 % geförderten Wohnraums für niedrige und mittlere Einkommen sicherzustellen. Investoren haben sich durch städtebauliche Verträge an den Kosten für die soziale Infrastruktur (Kindertagesstätten, Grundschulen, Grünflächen) zu beteiligen. Deren Gewinn durch Bodenwertsteigerungen ist gedeckelt, ebenso wie der Mietpreis für Erstvermietungen, wobei eine Bindungsdauer von 30 Jahren vorgegeben ist. Auf städtischen Neubauflächen sind 50 % zum Zweck des geförderten Wohnungsbaus für Wohnungssuchende mit geringem Einkommen reserviert, aufgeteilt in Programme zur Eigentumsförderung (30 %)[288] sowie den Genossenschafts-

---

[288] Das Programm „München Modell-Eigentum" erfolgt auf privaten Flächen im Rahmen einer „sozialgerechten Bodennutzung", wobei der Erwerb zu gedeckelten, sozial gestaffelten Verkaufspreisen erfolgt. Eigenwohnraum darf nur noch an Selbstbezieher:innen mit einer Bindungsfrist von 40 Jahren verkauft werden.

bau (20 %).[289] Die restlichen Flächen sind für den „konzeptionellen Mietwohnungsbau" (40 %)[290] sowie für Baugemeinschaften (10 %) vorgesehen. Dazu stellt die Stadt verbilligte Grundstücke für 300 €/qm Geschoßfläche zur Verfügung. Das Neubauziel liegt bei 8.500 Wohnungen pro Jahr, 2.000 davon im geförderten und preisgedämpften Wohnungsbau. Bis 2030 wird mit Instrumenten der Nachverdichtung, Umstrukturierung und der Neuentwicklung ein Wohnbaupotenzial von 61.000 Wohneinheiten mobilisiert.[291]

Bis nach dem Zweiten Weltkrieg wurde in A die Wohnbauförderung vom Bundes-Wohn- und Siedlungsfonds, vom Wohnhauswiederaufbaufonds sowie vom Wohnbaufonds der Bundesländer implementiert. 1954 trat erstmalig ein Wohnbauförderungsgrundsatzgesetz des Bundes in Kraft, welches von den Bundesländern ausgeführt und vollzogen wurde. Auf dessen Grundlage wurden unverzinsliche Darlehen für die gesamten Baukosten mit 100-jähriger, dann mit 75-jähriger, später mit 47-jähriger Laufzeit gewährt. Hinzu kamen Annuitätenzuschüsse und Wohnbeihilfen für Bezieher:innen niedriger Einkommen und kinderreiche Familien. Gefördert wird also durch einmalig nicht

---

[289] Das Programm „München Modell-Miete und -Genossenschaften" unterstützt Haushalte mit mittlerem Einkommen. Zugangsberechtigt ist, wer mindestens drei Jahren in München gewohnt oder gearbeitet hat. Bei Haushalten mit Kindern verkürzt sich die Wartefrist auf ein Jahr. Kauf- bzw. Mietpreise werden festgesetzt und über Bindungsfristen fixiert. Grundstücke werden zu maximal 600 €/qm Geschoßfläche veräußert.

[290] Preisgedämpfte, freifinanzierte Mietwohnungen für Haushalte, deren Einkommen oberhalb der Grenzen der Wohnraumförderprogramme liegen. Die Vergabe der Flächen zum aktuellen Verkehrswert erfolgt nach dem Erbbaurecht und dient der langfristigen Sicherung städtischer Flächen. Die Grundstücke werden mit im Vertrag festgelegten Bindungen belegt. Mieten sind an den Mietspiegel gekoppelt. Mietwohnungen weisen eine 60-jährige Bindung auf. Da Einkommensgrenzen dynamisch angepasst werden, bleiben 50 bis 60 % der Münchner Haushalte förderfähig.

[291] https://www.jll.de/content/dam/jll-com/documents/pdf/research/emea/germany/de/Wohnungsbaufoerderung-Big7-JLL.pdf

rückzahlbare Zuschüsse, Zins- und Annuitätenzuschüsse, die Gewährung von Eigenmittelersatzdarlehen sowie die Übernahme von Bürgschaften. Föderal unterschiedlich sind hierbei Einkommensgrenzen, Förderungshöhe, Rückzahlung der Förderungsdarlehen und besondere Kündigungsmöglichkeiten geregelt. Die jährliche Rückzahlung (Annuität) betrug in der ursprünglichen Version in den ersten 20 Jahren 1 % und ab dem 21. Jahr 3,5 % des Darlehensbetrags. Seither wurden die Förderungsbestimmungen vielfach novelliert.

Auch in A basiert die Wohnbauförderung auf einer Kombination von Objekt- und Subjektförderung. Wohnbauförderungen samt Beihilfen werden in den Bundesländern unterschiedlich mit ständig wechselnden Durchführungsbestimmungen gewährt. Die Objektförderung dient der Förderung der Errichtung von Eigenheimen/Eigentumswohnungen sowie des Baus von Mietwohnungen. Objektförderungen werden sowohl von Eigentümer:innen („Häuslbauern"), privaten gewerblichen Bauträgern als auch Gemeinden und gemeinnützigen Bauträgern in Anspruch genommen. Ein Drittel der gesamten Objektförderung entfällt auf die gemeinnützigen Bauträger. Die Bundesländer gewähren als Träger der Wohnbauförderung hierzu unter dem Zinssatz von Bankkrediten liegende Landesdarlehen oder Annuitätenzuschüsse, wodurch die monatliche Rückzahlungsbelastung der Eigentümer:innen bzw. Mieter:innen gesenkt wird. Die Subjektförderung sieht direkte Förderungen an Familienhaushalte vor. Sie bestehen zumeist aus der Kofinanzierung von Eigenmitteln durch Eigenmittelersatzdarlehen sowohl bei Aufbringung des Eigenkapitals bei Wohnungskauf als auch bei Erlag eines Genossenschaftsanteils bei Bezug einer geförderten Mietwohnung. Die entsprechenden Darlehen weisen einen Zinssatz unterhalb des Kapitalmarktsatzes auf und sind langfristig rückzahlbar. Daneben werden für die Reduktion der laufenden monatlichen Belastungen (Miete, Kreditrückzahlungsraten) Wohnbeihilfen abhängig von Einkommenshöchstgrenzen, Familien- und Wohnungsgröße gewährt.

Der budgetäre Schwerpunkt liegt traditionell auf der Objektförderung (*Streissler/Friedrich* 2012),[292] mit der Folge, dass die Durchschnittsmiete gemeinnützig errichteter Mietwohnungen 2019 rund 20–30 % unter dem Niveau der Marktmieten lag. 2014 lag der Anteil der Objektförderung (Objektsanierung, Neubau, Infrastruktur) zugunsten mittlerer und höherer Einkommen bei 85 %, jener der Subjektförderung bei 15 %; der Umverteilungseffekt ist also schwach (*Geymüller/Christl* 2014). Indes hat seit 2001 der Anteil der Subjektförderung – mit erheblichen Unterschieden zwischen den Bundesländern – zugenommen (2008: 12 %) (*Streimelweger* 2010; *Mundt/Amann* 2009).[293]

Diese partielle Umstellung vom System der Objekt- auf jenes der Subjektförderung ist umstritten und wird mit der höheren Treffsicherheit von Wohnbeihilfen gegenüber Darlehen für Wohnbauvorhaben argumentiert (*Bauer* 2014b). Tatsächlich haben einkommensabhängige Wohnbeihilfen nachweislich hohe Verteilungswirkung zugunsten der unteren Einkommensschichten (*Knittler* 2009, 295), während die Objektförderung mittlere und höhere Einkommen favorisiert. Umgekehrt entsprechen die selektiven Anspruchsvoraussetzungen der Wohnbauförderung ebenso wie der Bedarfsorientierten Mindestsicherung/Sozialhilfe der tatsächlichen Bedarfslage sowie dem Nachfragepotenzial gerade armutsgefährdeter bzw. armutsbetroffener Wohnungssuchender nicht oder nur eingeschränkt, sodass diese Gruppen zur Deckung ihres Wohnbedürfnisses auf den unzureichend ausgestatteten Gemeindewohnungsbestand oder auf sozial riskante Weise dem privaten Mietwohnungsmarkt verwiesen sind.

---

[292] https://www.vwbf.at/wp-content/uploads/2018/08/wala_lechner.pdf
[293] Zu den Objektförderungen zählen Landesdarlehen oder Annuitätenzuschüsse zu Bankdarlehen, zu den Subjektförderungen Wohnbeihilfen, Annuitäten- und Zinszuschüsse für Eigenmittelersatzdarlehen, Mietzinsbeihilfen nach EStG sowie der 25 %-Wohnkostenanteil am Mindeststandard der Mindestsicherung (in den Bundesländern unterschiedlich durch weitergehende Pflicht- und Kann-Leistungen ergänzt).

2.3 Instrumente sozialer Wohnungspolitik

IIBW (2022) zufolge schwankten die Ausgaben der Wohnbauförderung 1995–2005 zwischen 2,4 und 3 Mrd. € und sind seither stark rückläufig. 2021 lagen die Ausgaben bei 1,9 Mrd. €, dem niedrigsten Wert seit dreißig Jahren. 2021 entfielen auf Objektförderungen im Neubau (Geschoßwohnbau) 49 % (940 Mio. €), auf Eigenheime 9 % (170 Mio. €) und auf die Sanierung 27 % (510 Mio. €). Subjektförderungen in Form von Wohnbeihilfen (objektgeförderter und privater Bereich) sowie Eigenmittelersatzdarlehen stellten 15 %[294] (290 Mio. €).[295] 2012 hatte sich die Objektförderung zu 58 % auf den Neubau (Geschoßwohnbau, Eigenheime), zu 28 % auf Sanierungsfälle und zu 14 % auf Subjektförderungen in Form von Wohnbeihilfen, Eigenmittelersatzdarlehen und allgemeiner Wohnbeihilfe verteilt. Als Anteil am BIP sind die Wohnbauförderungsausgaben langfristig stark rückläufig. 1990 wurden 1,3 %, 2021 0,4 % des BIP für wohnungspolitische Maßnahmen ausgegeben (*OECD* 2020). Bis 2009 waren 80 % der Wohnbauleistung in A (mit sinkender Tendenz) von der öffentlichen Hand durch Darlehen zu niedrigen Zinsen, Zuschüssen zu Kreditkosten, Beihilfen, Steuerverzicht-Regelungen und bedarfsgeprüfte Transferleistungen kofinanziert worden (*Czerny* 1987; *Kunnert/Baumgartner* 2012). Die rein private Wohnbautätigkeit in A spielte eine nachgeordnete Rolle. 1989–2008 waren die Zuweisungen im Rahmen des Wohnbauförderungs-Zweckzuschussgesetzes (1989) noch zweckgebunden (etwa 10 % der Lohn- und Einkommensteuer, Körperschafts- und Kapitalertragsteuer).[296] 2009 fiel dann die Mittelverwendung für die Wohnbauförderung ohne Zweckbindung in die autonome

---

[294] Im Bgld. (2 %), aber auch in NÖ war der Anteil der Subjektförderung deutlich unterdurchschnittlich, in OÖ, Sbg. und Vbg. hingegen überdurchschnittlich. Die bundesländerbezogenen Unterschiede liegen bei 1:2,3 (Wien:Vorarlberg).

[295] Den Subjektförderungen wurde hier auch die in der Stmk. gewährte „Wohnunterstützung" hinzugerechnet, welche dem Sozialbudget zugeordnet ist und seit 2018 die Wohnbeihilfe ersetzt (Land Steiermark 2022).

[296] Nach 1996 wurde die Wohnbauförderung vom Steueraufkommen entkoppelt den Ländern zugeteilt.

Gestion der Bundesländer; dies, obwohl 70 % der aufgebrachten Mittel vom Bund und 30 % über den Finanzausgleich von den Bundesländern rührten (*Streimelweger* 2010; *AK-NOE* 2012).

Gleiches gilt für die Wohnbeihilfen[297] (Stützung der laufenden monatlichen Mietbelastung und Kreditrückzahlungsrate, abhängig von Einkommenshöchstgrenzen, Familien- und Wohnungsgröße) im geförderten und privaten Wohnungsbestand, die 2009–2021 um ein Drittel auf unter 300 Mio. € gesunken sind. Dies spiegelt die restriktive Entwicklung der Bedarfsschwellen im Bereich der Sozialhilfe[298] wie auch der Wohnbauförderung (*Mundt/Amann* 2015), sodass bei steigenden Wohnkosten weniger Wohntransfers ausbezahlt werden. Folgerichtig sank auch die Zahl der Wohnbeihilfe beziehenden Haushalte 2008–2021 von 210.000, also 5,5 % der Haushalte (*Mundt/Amann* 2009), auf 144.000 (3,6 % der Haushalte). Ungeachtet des Vorliegens einer hohen Nichtinanspruchnahmequote (*Dimmel/Fuchs* 2014) adressiert und erreicht die Wohnbeihilfe weitaus überwiegend armutsgefährdete Haushalte: 37,9 % der Wohnbeihilfenbezieher:innen befanden sich 2000 im ersten Einkommensdezil (Äquivalenzeinkommen), 28,5 % im zweiten Dezil und weitere 13,3 % im dritten Dezil. Knapp 80 % flossen damit in die untersten drei Haushaltseinkommensdezile (*Knittler* 2009). Dies änderte an der Armutsbetroffenheit wenig. So stieg etwa 2008–2010 der Anteil der von sehr hohem Wohnaufwand betroffenen Armutsgefährdeten von 43,2 % auf 49,2 % (*BMASK* 2012). Das Leistbarkeitsproblem unter den Armuts- und Ausgrenzungsgefährdeten wurde also durch Subjektförderung bzw. Sozialhilfeleistungen nicht effektiv entschärft (*Schoibl/Stöger* 2014, 316).

---

[297] Einschließlich Eigenmittelersatzdarlehen in Wien und „Wohnunterstützung" in der Stmk.

[298] Die bedarfsgeprüften Sozialhilfeaufwendungen für Wohnen (geschätzt) sind 2011–2019 (Mindestsicherung) gestiegen, seit dem Sozialhilfegrundsatzgesetz 2019 (Deckelung der Leistung) deutlich gesunken.

Allerdings verringert die Wohnbeihilfe die durchschnittlichen monatlichen Bruttowohnkosten bei Marktmieten nur um durchschnittlich 2,7 %, bei reduzierten Mieten (GBV und Gemeinden) um 2,1 %. Den gleichwohl weitaus höchsten Effekt hat die Wohnbeihilfe in Alleinerziehendenhaushalten, in denen die Miete um 7,2 % reduziert wird (*Czasny* et al. 2008). Im untersten Dezil stellt die Wohnbeihilfe bereits durchschnittlich 21,1 % des Bruttohaushaltseinkommens (Äquivalenzeinkommen) (*Mundt/Amann* 2009). Zweifellos trägt der hohe Anteil der Objektförderung in Verbindung mit den verfügbaren Gemeindewohnungen dazu bei, Wohnkosten niedrig zu halten (*Knittler* 2009, 320). So machte der durchschnittliche Wohnaufwand vor knapp zehn Jahren 21,6 % des privaten Konsums aus (*Amann/Mundt* 2014, 765), während es 2018 nur mehr 18 % waren, wobei das unterste Quartil mehr als ein Drittel des verfügbaren Einkommens für Wohnen und Haushaltsenergie aufzuwenden hatte (*Amann/Struber* 2019).

Wohnbeihilfen werden zu 70 % im objektgeförderten Bereich, zu 20 % im ungeförderten Bereich (nicht in allen Bundesländern) und zu 10 % im Bereich der Wohnungssanierung gewährt (*Mundt/Amann* 2009),[299] ergänzt durch die Hilfe zur Sicherung des Wohnbedarfes (mit Rechtsanspruch) im Rahmen der Sozialhilfe. Hinzu kommen Mietzinsbeihilfen nach dem EStG. Indes rahmen die Liberalisierung der Wohnpolitik (ÖGPP 2008), die Lockerung der Sozialbindung von gefördertem Wohnraum (*Schoibl* 2007)[300] sowie der Verkauf von bundeseigenen Mietwohnungen (*AK-NOE* 2012; *Schoibl/Stöger* 2014) den fortlaufenden Rückgang des Volumens der Wohnbauförderung von 1,3 %

---

[299] Während die Wohnbeihilfen in OÖ etwa 25 % aller Wohnbauförderungsausgaben stellen, ist deren Anteil in T, Sbg. und Bgld. gering.

[300] Nach 10-jähriger Frist kann in den meisten Bundesländern gefördertes Wohnungseigentum frei vermietet oder zu Spekulationszwecken leergehalten werden. Zugleich wird flächig auf die Entwicklung von Eingriffen in Wohnungsleerbestand oder Spekulationsflächen verzichtet.

(1999) auf 1 % (2014) und weiter auf 0,9 % (2023) (*Schoibl/Stöger* 2014) ein.

In der CH stellt sich die Förderungslage indes anders dar. Von 1975 bis 2001 hatte der Bund auf der Grundlage des Wohnbau- und Eigentumsförderungsgesetzes (WEG) den Wohnungsbau und den Eigentumserwerb gefördert. Seit 2003 werden Bundeshilfen nach dem Wohnraumförderungsgesetz (WFG) gewährt. Direkte Hilfen (Darlehen) wurden sistiert. Die Förderung beschränkt sich seither auf indirekte Hilfen für Wohnbaugenossenschaften und andere gemeinnützige Wohnbauträger. Einige Kantone führen gesonderte Förderprogramme. Gestützt auf das WFG kann der Bund den Bau oder die Erneuerung von Mietwohnungen für Haushalte mit geringem Einkommen, den Zugang zu Wohneigentum, die Tätigkeiten der Organisationen des gemeinnützigen Wohnungsbaus sowie die Forschung im Wohnbereich fördern. Es beruht auf Art 108 der Verfassung der CH, welcher auf die Senkung der Mietkosten für wirtschaftlich schwache Bevölkerungsschichten abzielt (*IPSO* 1996). Das Gesetz kennt zwei Instrumente, nämlich „*Grundverbilligungen*" (rückzahlbare Vorschüsse an Errichter) unabhängig vom Einkommen und Vermögen des Mieters bzw. der Mieterin und „*Zusatzverbilligungen*", welche die Miete für gefährdete Bevölkerungsgruppen senken.

Zwei gesamtschweizerisch tätige Dachorganisationen des gemeinnützigen Wohnungsbaus offerieren ihren Mitgliedern Finanzierungshilfen. Diese fördert der Bund, indem er für Anleihen der Emissionszentrale für gemeinnützige Wohnbauträger (EWG) am Kapitalmarkt bürgt. Die EWG wiederum gewährt ihren Mitgliedern treuhänderisch aus einem „Fonds de roulement" zinsgünstige Darlehen zur Erstellung, Erneuerung und zum Erwerb von preisgünstigen Mietobjekten.[301] Nur in besonderen Fällen können für den Erwerb von Bauland zur Erstellung

---

[301] https://www.bwo.admin.ch/bwo/de/home/wohnraumfoerderung/wfg/indirekte-foerderung-des-gemeinnuetzigen-wohnungsbaus.html

2.3 Instrumente sozialer Wohnungspolitik

von preisgünstigem Wohnraum oder für den Bau von Eigentumsobjekten Mittel ausgerichtet werden. Daneben unterstützt im ländlichen Raum eine Stiftung zur Förderung von Wohneigentum (SFWE) mit zinslosen oder zinsgünstigen Darlehen die Erneuerung, den Bau und Erwerb von preisgünstigem Wohnraum, wobei Wohnkosten von selbst genutztem Wohneigentum für einkommensschwache Haushalte reduziert werden. Daneben bestehen in 9 von 26 Kantonen Instrumente der Wohn- und Eigentumsförderung zum Erwerb von selbst genutztem Wohneigentum mittels Bausparprämien, ergänzt durch die Bereitstellung von Bauparzellen zugunsten gemeinnütziger Wohnbauträger (Basel). Dies erfolgt mittels Bürgschaften, Darlehen und steuerlichen Erleichterungen zugunsten gemeinnütziger Wohnbaugenossenschaften bzw. Bauträger (Genf, Waadt, Zug, Nidwalden). Der Kanton Zürich etwa fördert preisgünstigen Wohnungsbau mit zinslosen Darlehen unter der Voraussetzung einer gleichwertigen Gemeindeleistung. Diese kann auch in anderer Form erbracht oder durch die Leistung Dritter ersetzt werden. In Zusammenarbeit mit gemeinnützigen Bauträgern werden preisgünstige Wohnungen für Personen mit geringem Einkommen und Vermögen zur Verfügung gestellt. Das kantonale Wohnbauförderungsrecht gibt zulässige Baukosten, Wohnungsgrößen und Wohnqualität (Barrierefreiheit) vor. Zugleich sind Förderungen von Einkommen, Vermögen und Familiengröße abhängig.

Daneben bestehen kantonale Wohnbeihilfen für Personen mit geringem Einkommen (*BFS* 2007), die als „*Subjekthilfen*" (Eigentumsbegründung) oder „*Objekthilfen*" (Subventionierung der Errichtung von Sozialwohnungen mit dem Ziel der Sicherung leistbarer Mietzinsen) (*Cuennet/Favarger/Thalmann* 2002, 23) ausgestaltet sind. Bei Objekthilfen kann man zwischen individuellen, indirekten Hilfen, die zusätzlich zu den Bundeshilfen als „*objektorientierte Subjekthilfe*" an den bzw. die Vermieter:in fließen, „*objektorientierten Subjekthilfen*" ohne Beihilfeleistung des Bundes und individuellen Wohnbeihilfen, welche direkt an den bzw. die Mieter:in fließen, unterscheiden. Vor allem gemeinnützige Wohnbauträger werden von den Kantonen mittels Darlehen, Bürgschaften, Beiträgen/Subventionen, Beteiligung am Anteilskapital, steuerlicher Maßnahmen und raumordnungsrechtlicher Maßnahmen (Zonierungen mit einem Mindestanteil an preisgünstigen Wohnungen) unterstützt (*WBG* 2022).

Diese Leistungen werden auf kantonaler Ebene vielfach in Kooperation mit den Gemeinden oder Bezirken finanziert. Etwa hat die Stadt Lausanne eine „Allocation communale d'aide au logement" (Subjekthilfe als kommunale Wohnbeihilfen-Entschädigung) eingerichtet, während die Stadt Genf eine personenbezogene Finanzhilfe eingeführt hat.

Der DACH-Vergleich zeigt ähnliche Instrumente und Modi der Wohnbauförderung. Im Vergleich weist die CH einen starken Fokus der Wohnbauförderung auf gemeinnützige Wohnbauträger, die Objektförderung sowie die Sicherstellung leistbaren Mietwohnraums auf, während in D die Subjektförderung, allerdings eingebettet in eine (noch) relativ starke wohnungspolitische Positionierung der Städte, im Vordergrund steht. Instrumente der Wohnbauförderung sind hier sehr stark nach Zielgruppen ausdifferenziert. In der CH spielt die Förderung der Begründung von Wohneigentum nur eine marginale Rolle. In A steht nach wie vor die Objektförderung im Vordergrund, allerdings bei einem insgesamt drastisch sinkenden Niveau des zugehörigen budgetären Aufwands.

2.3.8 Wohnbezogene Transferleistungen

Ergänzend zu den Leistungen der Wohnbeihilfe aus der Wohnbauförderung können in allen DACH-Gesellschaften weitere bedarfsgeprüfte Leistungen in Anspruch genommen werden.

In D kann zum einen gemäß § 3 WohngeldG Wohngeld beantragt werden, wenn ein Haushalt kein hinreichendes Einkommen erwirtschaftet, um neben dem Mindesteinkommen[302] für die

---

[302] Existenzminimum 2024: 11.440 €.

eigene Lebenshaltung angemessene[303] Wohnkosten zu decken. Diese Wohnkosten sind regional gestaffelt.[304] Dabei haben Mieter:innen, Untermieter:innen, Eigentümer:innen und Inhaber:innen einer Genossenschafts-, Stiftswohnung oder eines mietähnlichen Dauerwohnrechts einen Wohngeld-Anspruch. Für den bzw. die Antragsteller:in liegt die Grenze bei 60.000 €/p. a., für jedes weitere Haushaltsmitglied bei 30.000 €.[305] Die Höhe des Wohngelds richtet sich nach dem Einkommen, der Anzahl der Haushaltsmitglieder und der Miete.[306] Zum anderen besteht ein Sozialhilfeanspruch auf Leistungen für Unterkunft und Heizung.[307] Die Kosten für eine Unterkunft werden in Höhe der tatsächlichen Mietkosten übernommen. Werden die Mietkosten als ‚unangemessen hoch' angesehen, sind sie so lange zu erbringen, wie ein Wechsel in eine günstigere Wohnung nicht möglich oder zumutbar ist, maximal aber nur für sechs Monate. Heizkosten werden in Höhe der tatsächlichen angemessenen Aufwendungen[308] übernommen. Leistungen für die zentrale Warmwassererzeugung werden ebenfalls in tatsächlicher Höhe erbracht. Soweit Warmwasser durch in die Unterkunft installierte Vorrichtungen erzeugt wird (dezentrale Warmwassererzeugung), wird ein Mehrbedarf anerkannt.[309] Zur Vermeidung von Wohnungslosigkeit können darüber hinaus zur Sicherung der Unterkunft oder zur Behebung einer vergleichbaren Notlage Schulden übernommen werden.[310] Seit 2023 haben Rentner:innen mit niedriger Rente, Erwerbstätige mit Unterhaltspflichten, Alleinerziehende, Paare mit niedrigem Einkommen sowie Niedriglöhner:innen Anspruch auf ‚Wohngeld PLUS', was einer Verdopplung des Anspruchs gleichkam.

---

[303] Eine maximale Wohnungsgröße ist nicht definiert.
[304] Je höher die Mietenstufe, desto höher ist auch der Höchstbetrag, der zur Berechnung des Wohngeldes berücksichtigt wird.
[305] Neben dem Wohngeld kann ein Kinderzuschlag bezogen werden.
[306] 2023 bezogen Haushalte durchschnittlich 370 €/Monat.
[307] Gemäß § 27a SGB XII.
[308] Gemäß § 29 SGB XII.
[309] Gemäß § 30 Abs. 7 SGB XII.
[310] Gemäß § 36 SGB XII.

2. Soziale Wohnungspolitik

Alternativ dazu sieht das Bürgergeld (bis 2023: Hartz IV) die Übernahme der Wohnkosten bis zu einer angemessenen Höhe (Bruttokaltmiete inkl. Betriebskosten) vor. Wohngeld ist gegenüber dem Bürgergeld vorrangig in Anspruch zu nehmen Die Kommunen sehen hierzu unterschiedliche Richtwerte vor (München: für eine alleinstehende Person mit einer Wohnungsgröße von maximal 50 Quadratmetern liegt die Angemessenheitsgrenze bei 781 €).

Ausgeschlossen ist der gleichzeitige Bezug von Wohngeld und Grundsicherungsbezug (alters- oder behinderungsbedingt) sowie bei Bezug von Hilfe zum Lebensunterhalt nach dem SGB XII, wenn bei Berechnung der SGB-XII-Leistungen die Kosten der Unterkunft berücksichtigt werden.[311] Allerdings ist die Sozialhilfe dem Wohngeld nachrangig (subsidiär), sodass bei faktischer Nichtdeckung des Wohnbedarfes ein Sozialhilfeanspruch entsteht,[312] umgekehrt aber ein Wohngeldbezug nach dem Wohngeldgesetz (WoGG) anspruchsmindernd zu berücksichtigen ist, da grundsätzlich alle tatsächlichen Einkünfte in Geld und Geldeswert zum Einkommen gehören.[313] Neben dem pauschalen monatlichen Regelbedarf-Geld deckt die Sozialhilfe auch die Miete in angemessener[314] Höhe, auch im Hinblick auf die Haushaltsgröße, die Nebenkosten und die Heizkosten. Strom muss von dem Geld aus dem Regelbedarf beglichen werden. Daneben können Sozialämter (wie auch in A und CH) Mietrückstände aus Mitteln der Privatwirtschaftsverwaltung im Falle einer Räumungsklage übernehmen. Föderal unterschiedlich ausgestaltete Voraussetzungen zur Erteilung eines Wohnberechtigungsscheines erlauben im Wesentlichen Niedrigverdiener:innen, Empfänger:innen von Bürgergeld, Grundsicherung und

---

[311] § 7 Abs 1 Satz 1 WoGG.
[312] Bundessozialgericht, Urteil vom 23.03.2021, B 8 SO 2/20 R.
[313] BSG vom 11.12.2007 – B 8/9b SO 23/06 R – BSGE 99, 262 = SozR 4-3500 § 82 Nr. 3, RdNr. 15.
[314] Unangemessene Miethöhen werden für die Dauer von sechs Monaten übernommen.

Hilfe zum Lebensunterhalt den Zugang zu geförderten Wohnungen.

Auch in A besteht neben der Wohnbeihilfe der Wohnbauförderung ein Anspruch auf Leistungen der Sozialhilfe. Mit Wohnbeihilfen soll Wohnen für einkommensschwache Haushalte leistbarer gemacht werden. Anspruch haben Mieter:innen oder Eigentümer:innen von Wohnungen, die mit öffentlichen Mitteln[315] gefördert oder saniert wurden und bei denen die Belastung durch die Darlehensrückzahlung den zumutbaren Wohnungsaufwand übersteigt. Die Gewährung dieser Hilfen zur Bewältigung der laufenden monatlichen Belastungen hängt vom Errichtungszeitpunkt, der öffentlichen Förderung zur Errichtung der betroffenen Wohngebäude, von Einkommenshöchstgrenzen, Haushalts- bzw. Familien- und Wohnungsgröße ab.[316] Beihilfen sind absolut oder prozentuell beschränkt. Der Leistungszugang wird qua Wohnsitz, Mindestaufenthaltsdauer und Staatsbürgerschaftsstatus bestimmt.

Der Schwerpunkt der Wohnbauförderung liegt in A herkömmlich auf der Objektförderung (*Streissler/Friedrich* 2012), wenngleich seit 2001 der Anteil der Subjektförderung (mit erheblichen Unterschieden zwischen den Bundesländern) dynamisch zunimmt (*Streimelweger* 2010; *Mundt/Amann* 2009), während der gesamte wohnpolitische Budgetaufwand der öffentlichen Hand schrumpft.

Neben der Wohnbeihilfe kann in (größeren) Städten vielfach eine Mietzinsbeihilfe oder eine Mietzinszuzahlung beantragt werden. In Graz etwa können Mieter:innen, die von Wohnen Graz eine Gemeindewohnung zugewiesen bekommen haben,

---

[315] Die betroffenen Rechtslagen schließen die Wohnbauförderungsgesetze 1954, 1984 und 1986, den Bundesfonds, Wohnfonds und Siedlungsbaufonds, die Bundessonderwohnbaugesetze 1982 und 1983, das Wohnhauswiederaufbaugesetz, das Wohnungsverbesserungsgesetz 1969 und das Wohnhaussanierungsgesetz mit ein.
[316] https://www.wohnnet.at/finanzieren/wohnbeihilfe-oesterreich-49741791

um Mietzinszuzahlung ansuchen, wobei es sich um eine Leistung der Stadt ohne Rechtsanspruch handelt. In Innsbruck wiederum kann für jegliches Mietverhältnis eine Mietzinsbeihilfe beantragt werden.

Eine erhaltungsbedingte Mietzinsbeihilfe gewährt das zuständige Wohnsitzfinanzamt in A Mieter:innen in Wohnungen, deren Hauptmietzins durch Einhebung eines Erhaltungsbeitrages (nach § 18 MRG; Altbau, erhöhter Mietzins aufgrund von Sanierung) oder im Zuge einer notwendigen Reparatur am Haus deutlich erhöht wird, wenn das Jahreseinkommen des Hauptmieters bzw. der Hauptmieterin eine bestimmte Grenze nicht übersteigt.[317]

Gemäß § 3 Abs 3 Sozialhilfe-Grundsatzgesetz[318] umfasst der Wohnbedarf den für die Gewährleistung einer angemessenen Wohnsituation erforderlichen regelmäßig wiederkehrenden Aufwand für Miete, Hausrat, Heizung und Strom, sonstige allgemeine Betriebskosten und Abgaben. 40 % (Wohngrundbetrag) des Richtsatzes entfallen auf den Wohnbedarf. Gewährte Wohnbeihilfen sind i. S. d Subsidiaritätsgrundsatzes anzurechnen. Insofern unter Berücksichtigung von Mietzinsbeihilfe bzw. Wohnbeihilfe der Wohnkostenanteil (Miete, Betriebskosten) nicht aus eigenen Mitteln gedeckt werden kann, besteht ein Rechtsanspruch auf die Leistung.

Besteht kein oder ein geringerer Wohnbedarf oder ist dieser anderweitig gedeckt, so ist der Richtsatzanteil entsprechend zu reduzieren, höchstens jedoch um 40 % des zustehenden (Gesamt-)Richtsatzes. Die hilfebedürftige Person erhält also keine oder eine geringere Wohnleistung. Kann mit dem Wohngrundbetrag

---

[317] Zumeist wird eine bedarfsgeprüfte Mitzinsbeihilfe beantragt, wenn eine wesentliche Erhöhung des Hauptmietzinses durch eine Entscheidung der Schlichtungsstelle nach Sanierungsarbeiten am Haus oder durch Einhebung eines Anhebungs-, Erhaltungs- oder Verbesserungsbeitrages seitens der Hauseigentümer bedingt ist
[318] BGBl 41/2019 idF 108/2019.

der tatsächliche Wohnbedarf nicht abgedeckt werden, so sind bis zu 70 % der Bemessungsgrundlage als Hilfeleistung für den Wohnbedarf zu gewähren (erweiterter Wohngrundbetrag) und ist dieser Anteil pauschal mit 40 % zu bewerten. Wohnt eine Hilfe suchende Person in einer Eigentumswohnung oder in einem Eigenheim, wird die Leistung nur im halben Ausmaß (20 %) gewährt.

Wird eine bedarfsdeckende Leistung von dritter Seite (Wohnbeihilfe) erbracht, so ist diese im Rahmen der Sozialhilfebedarfsberechnung auf den Wohnbedarf anzurechnen und die Leistung entsprechend zu reduzieren. Die Bundesländer W, Vbg., T oder Sbg. gewähren allerdings zusätzliche Wohnleistungen aus Mitteln der Sozialhilfe/Mindestsicherung, sodass hier die für die Bedeckung des Wohnbedarfes gewährte Transferleistung über der richtsatzgemäß gewährten Leistung liegt. Zudem werden auch Sonderbedarfe bzw. Zusatzbedarfe — allerdings ohne Rechtsanspruch — gewährt (Übernahme von Mietzinsrückständen, Betriebskostennachzahlungen). Allerdings sind auch unter Berücksichtigung dieser zusätzlich gewährten Leistungen die insgesamt gewährten Beihilfen nicht bedarfsdeckend ausgestaltet. Zwar ist es verfasssungswidrig, den Wohnbedarf generell als Sachleistung zu gewähren,[319] sodass eine zwingende Auszahlung der Miete an Vermieter:innen nur dann zulässig ist, wenn dies im Einzelfall als zweckmäßig erachtet werden kann. Doch ändert dies nichts daran, dass das Wohnkostenrisiko auch durch die Kombination aus Sozialhilfe- und Mietbeihilfe-Leistungen nicht auf dem Niveau der Mietpreise des freien Marktes abgefedert werden kann.

Für die CH haben *Marti/Iseli/Mattmann* (2020) gezeigt, dass 2018 25 % des gesamten Sozialhilfeaufwandes in die Abdeckung von Wohnkosten geflossen sind, weil bei vier von fünf armutsbetroffenen Haushalten die Wohnkosten mehr als 30 % des Bruttoeinkommens ausmachen (*SKOS/FHNW* 2015, 60). Etwa

---

[319] VfGH G 270-275/2022-15, V 223-228/2022-15 vom 15. März 2023.

55 % der Bevölkerung leben in Mietwohnungen, während dies bei Sozialhilfebeziehenden mehr als 97 % sind. Grundsätzlich werden Mietkosten von der Sozialhilfe gedeckt, wobei den Kantonen gemäß Art 115 der BV die Regelungszuständigkeit zukommt. Wohnen ist als elementares Grundbedürfnis in Art 41e BV als Sozialziel verankert: „*Bund und Kantone setzen sich in Ergänzung zu persönlicher Verantwortung und privater Initiative dafür ein, dass (…) Wohnungssuchende für sich und ihre Familie eine angemessene Wohnung zu tragbaren Bedingungen finden können.*" Ein Grundsatzgesetz wie in A existiert jedoch nicht. Zuständigkeitsabgrenzungen zwischen den Kantonen regelt das Bundesgesetz über die Zuständigkeit für die Unterstützung Bedürftiger. Die kantonalen Sozialhilfegesetze unterscheiden sich stark voneinander (*Hänzi* 2011), und zwar sowohl in der Ausgestaltung der Sozialhilfe als auch in der jeweiligen Kompetenzaufteilung zwischen Kanton und Gemeinden. Einzelne Kantone haben die Sozialhilfe vollständig kantonalisiert, während andere sie weitestgehend in die umfassende Gemeindeautonomie eingebettet haben. Gleichwohl haben die Kantone Art 12 BV Rechnung zu tragen, welcher einen Rechtsanspruch auf Hilfe in Notlagen einräumt. Zugleich orientieren sich alle Kantone an den Richtlinien der Schweizerischen Konferenz für Sozialhilfe (SKOS)[320] zu den Wohnkosten. In den meisten Kantonen ist die Sozialhilfebedarfsberechnung darauf festgelegt, dass die Miete höchstens ein Drittel des Haushaltseinkommens betragen soll, anderseits darauf, den Mietzins zu deckeln.[321] Dabei gelten für junge Erwachsene (18 bis 25 Jahre) spezielle Regeln, da von diesen erwartet wird, eine günstige Wohnform (Wohngemeinschaft) zu wählen. In den Kantonen werden die Sozialhilfesyste-

---

[320] Privatrechtlicher Verein bzw. Fachverband, in dessen Vorstand die kantonalen Sozialämter, Städte, Gemeinden und Regionen sowie Organisationen der privaten Sozialhilfe vertreten sind. Mitglieder der SKOS sind die Kantone, Bundesämter, Städte, Gemeinden sowie private Organisationen.
[321] Durchschnittlich 15 % der Hilfeempfänger:innen werden deshalb zum Wohnungswechsel angehalten, in einigen Kantonen sind es bis zu 40 % (*SKOS* 2020, 3).

me mit der Wohnbauförderung (Objekt- und Subjektförderung) verschränkt. So werden reduzierte Anteilsscheine für den Beitritt zu Genossenschaften aus Mitteln der Sozialhilfe finanziert (*Streckeisen* 2019, 10 ff.). Sogenannte „Mietzinslimiten" in der Sozialhilfe sind dynamisch festgelegt, referenzieren auf die tatsächliche Überschreitungsquote (Selbstbehalte), die Liquidität des Wohnungsmarktes (Wohnungsbestand) und Zuweisungsmöglichkeiten in gemeindeeigenen Wohnraum. Regelhaft werden Mietzinsgarantien gegenüber Vermieter:innen abgegeben (*ETH* 2017). Auftrag der Sozialhilfe ist es auch, Notunterkünfte und Notwohnungen bei Obdachlosigkeit bereitzustellen, indem die öffentliche Hand als Zwischenmieterin auftritt und Wohnraum i. S. d. „Housing First"-Modelles bereitstellt (*Drilling/Dittmann/Bischoff* 2019, 55; *SKOS* 2020).

3. Krise der sozialen Wohnungspolitik

Im Lichte obiger Befunde ist es nicht überzogen zu attestieren, dass sich Politik und Instrumente sozialer Wohnversorgung in allen DACH-Gesellschaften in einer Krise befinden, was die Leistbarkeit des Wohnens in den untersten Einkommensdezilen anbelangt. Die meisten Interventionsinstrumente stoßen hier an Grenzen des verfassungsrechtlichen Eigentumsschutzes, während die Eingriffstiefe regulativer Politik auf dem Wohnungsmarkt reduziert wurde.

2015 etwa wurde in D knapp ein Sechstel der fertiggestellten Wohnungen als Mietwohnungen errichtet (*Nuss* 2019, 116). Zugleich stagniert der Anteil genossenschaftlich errichteter bzw. vermieteter Wohnungen. Auch der öffentliche Wohnungsbestand ist rückläufig (mit regionalen/örtlichen Ausnahmen). Seit den 1990er-Jahren wurden 2 Mio. Wohnungen privatisiert, während die Mietpreis- und Belegungsbindung im sozialen Wohnbau 1992–2012 von 3,6 Mio. auf 1,5 Mio. Wohneinheiten reduziert (*Holm* 2018) wurde. Miet-, aber auch Kaufpreise liegen weit über der kaufkraftfähigen Nachfrage der unteren Dezile der Arbeitnehmer:innen-Haushalte. Zugleich halten (bedarfsgeprüfte) Transfers mit den steigenden Wohn- und Betriebskosten nicht Schritt. Auf der anderen Seite sind die Immobilieneigentümer:innen in D 2011–2020 um 3 Bill. € reicher geworden (*Bonfig/Heilmann* 2021).

Etwas anders gestaltet sich die Situation in A, wo zwar keine eklatante Versorgungslücke besteht, indes der Mangel an leistbarem Wohnraum die entscheidende Schwachstelle des Wohnungswesens bleibt. Da A (im EU-Vergleich an 16. Stelle) nur 0,16 % des BIP in den sozialen Wohnungsbau investiert, ist ein massives Unterangebot im unteren Preissegment entstanden.[322]

---

[322] https://www.planradar.com/at/wohnungsbau/

Im Hochpreissegment wird genügend Wohnraum errichtet. Dadurch werden Raum und Ressourcen für leistbaren Wohnraum absorbiert. Flächen werden gehortet, um sie gewinnmaximierend zu veräußern. Daraus resultiert eine Knappheit an leistbarem Wohnraum und gleichzeitig Überversorgung/Leerstand. Dass Eigentümer:innen trotz Leerstandsabgabe Wohnungen absichtlich ungenutzt lassen, verknappt das Marktangebot noch weiter (indes sich ein erheblicher Teil der leerstehenden Wohnungen in peripheren Gebieten befindet).

Angesichts von Leerstand, Zweitwohnungen und Vorsorgewohnungen kann man von einer Überproduktion von Wohnraum sprechen. Langjährig liegt die Anzahl der neu fertiggestellten Wohngebäude in A seit 2005 zwischen 17.000 und 19.000 Einheiten pro Jahr. Zwar nimmt seit 2012 die Zahl aller Wohnungsbewilligungen zu, das Volumen des geförderten Wohnbaus am gesamten jährlich neu errichteten Wohnungsbestand allerdings hat von 34 % auf 30 % abgenommen (*BM Wirtschaftsstandort 2022*). Im Bauboom 2021 wurden schließlich 77.000 Wohnungen neu errichtet.[323] Etwa die Hälfte davon entfiel auf Gebäude mit mehreren Geschoßen (30 % Eigentum, 20 % Miete), ein Viertel auf Ein- und Zweifamilienhäuser.[324]

Wie auch in D mündete die Krise 2022/23 in A in einem Einbruch der Bautätigkeit, verursacht durch einen 22 %igen Anstieg des Baukostenindex 2020–2023, eine Verengung des Zugangs zu Baukrediten (20 % Eigenmittel; Schuldendienst maximal 40 % des Haushalts-Nettoeinkommens lt. KIM-Verordnung[325]) und langwieriger werdende Bauverfahren. Überhaupt ging die Ge-

---

[323] Das waren die höchsten Errichtungszahlen in einem Vergleichszeitraum von 40 Jahren.
[324] https://www.vienna.at/initiative-warnt-vor-wohnkosten-explosion/8196883
[325] Verordnung der Finanzmarktaufsichtsbehörde (FMA) über Maßnahmen zur Begrenzung systemischer Risiken aus der Immobilienfinanzierung bei Kreditinstituten (Kreditinstitute-Immobilienfinanzierungsmaßnahmen-Verordnung – KIM-V)

samtzahl der Baugenehmigungen von 60.000 auf 50.000 zurück. Davon war insbesondere die Anzahl der Baugenehmigungen für Wohneinheiten im mehrgeschoßigen Segment betroffen, die von 45.000 auf 15.000 schrumpfte. Den bewilligten Einheiten im Umfang von 7.500 stand ein Bedarf von 17.500 Sozialwohnungen gegenüber.[326] Sogar in Wien werden 2025 nur mehr 7.500 Wohneinheiten statt 16.000 Wohneinheiten wie 2022 und 2023 fertiggestellt.

Der dahinter liegende Preisanstieg schlägt auf die Nachfrage nach und die Verwertung von Eigentumswohnungen[327] durch und bewirkt einen langanhaltenden Anstieg der Mietkosten am Markt oberhalb der Inflationsrate (*Grabner* 2023).[328] Dass die Erwägung preisregulierender Eingriffe in den Markt (Mietendeckel) mit dem Ziel einer Beschränkung des Mietenanstiegs seitens der Regierungsparteien zurückgewiesen[329] wurde, hat die Dynamik verschärft, erstaunt aber wenig im Lichte des Umstands, dass 80 % der Mieteinnahmen am freien Markt in das reichste Zehntel der Haushalte fließen.[330] Der letztlich doch noch zustande gekommene Deckel nahm pointierterweise das Segment der freien Mietzinsbildung aus. Er regulierte stattdes-

---

[326] https://www.derstandard.at/story/3000000187468/wohnbau-im-rueckwaertsgang-warum-schon-bald-wohnungen-fehlen-koennten
[327] 2023 ist die Nachfrage nach Eigentumswohnungen innerhalb von acht Monaten um 80 % gefallen.
[328] 2023 wurden bei Erstbezug im ersten Bezirk 22.000 €/qm, im 19. Bezirk 8.300 €/qm, im 8. Bezirk 7.700 €/qm, in Floridsdorf 5.250 €/qm und in Simmering 5.150 €/qm von Errichtern lukriert. Innerhalb von fünf Jahren sind die durchschnittlichen Quadratmeterpreise in Salzburg um 50 % angestiegen.
[329] Der 2023 beschlossene Mietendeckel erfasste Richtwertmietzinse, Kategoriemieten und Mieten von Genossenschaftswohnungen, nicht aber den eigentlichen Inflationstreiber, nämlich die Mieten auf dem freien Mietwohnungsmarkt. Auch das deutet darauf hin, dass die Wohnungsfrage eine eben ökonomisch wie politisch erzeugte ist.
[330] https://www.vienna.at/preisanstieg-um-28-prozent-bis-2025-bei-richtwertmieten/8104999

sen die Richtwertmieten, Kategoriemieten und Mietzinse im öffentlichen sowie gemeinnützig errichteten Wohnbau.[331]

Aufgrund der verzögerten Reaktion, in die Mietenentwicklung regulierend einzugreifen, sind die Kategoriemieten[332] in A binnen 15 Monaten drei Mal um insgesamt 17,5 % und die Richtwertmieten[333] um 5,85 % gestiegen. Im Juli 2023 sind die Kategoriemieten neuerlich um 5,5 % gestiegen; dies war die vierte Mieterhöhung im Bezugszeitraum mit einem Gesamtanstieg von 23 %. In A stiegen die Richtwertmieten im Zeitraum 1.Q./2021–1.Q./2023 um 9,6 %, die Neubaumieten um 14,4 %.[334] Anders in D, wo der Index zur Entwicklung der Wohnungsmieten 08/2023 bei einem Wert von 105,5 Punkten lag, was einem Anstieg von 5,5 % gegenüber 2020 entsprach. Auch in der CH stieg der Mietindex 12/2020–01/2024 nur um 5,3 Indexpunkte (2020 = 100).[335]

---

[331] Dieser Teil der Mieten darf bis 2025 nicht mehr als 5 % p. a. angehoben werden, auch wenn die Inflationsrate über dem Niveau von 5 % liegen sollte, berechnet auf Grundlage der durchschnittlichen Inflation der vergangenen drei Jahre.

[332] Der Kategoriemietzins gilt nur für Altbauwohnungen, deren Mietvertrag zwischen 1. Jänner 1982 und 28. Februar 1994 unterzeichnet wurde.

[333] Der Richtwertmietzins legt jenen Betrag (Mietzins) fest, der maximal für einen Quadratmeter Wohnung verlangt werden darf. Der Hauptmietzins setzt sich aus dem Mietzins (nach dem Richtwert), Betriebskosten und Umsatzsteuer zusammen. Voraussetzung für die Anwendung des Richtwertes ist, dass die Wohnung in den Vollanwendungsbereich des Mietrechtsgesetzes fällt (Altbaumietwohnungen, die vor dem 9. Mai 1945 errichtet und ab dem 1. März 1994 angemietet wurden). Dieser Richtwert wird vom Bundesministerium für Justiz (BMJ) in zweijährlichem Rhythmus per Verordnung gemäß § 1 ff Richtwertgesetz pro Bundesland für eine mietrechtliche Normwohnung festgelegt. Zur Ermittlung des Richtwertmietzinses wird dieser Richtwert mit Zu- und Abschlägen versehen.

[334] https://www.momentum-institut.at/news/mietkosten-rekordanstieg

[335] https://de.statista.com/statistik/daten/studie/965813/umfrage/mietpreisindex-fuer-die-schweiz-monatswerte/

Noch einmal anders stellt sich die Situation in der CH dar, wo der Leerstand 2023 zwar nur bei 1,15 % lag,[336] die Wohnkostenlast im DACH-Vergleich indes am höchsten war. Während die CH seit 2015 jährlich um rund 55.000 Haushalte anwächst, ist die Zahl der Baugesuche 2023 auf ein 25-Jahres-Tief gefallen, weshalb 2026 rund 51.000 Wohnungen fehlen werden.[337] Auch hier sind hohe Baulandpreise und Baukosten, ein steigendes Zinsniveau und bürokratische Hürden[338] ursächlich.

Wie auch in D oder A waren in der CH drei Faktoren für die gegenwärtige Wohnungskrise mit ausschlaggebend, nämlich die Veränderung des Wohnverhaltens (die Zahl der Einzelhaushalte hat sich seit 1960 mehr als vervierfacht, während in immer weniger Wohnungen/Häusern drei oder mehr Menschen leben), die Zunahme der Immigration sowie die Erweiterung der Wohnfläche/Person (Schweizer Bürger:innen bewohnen 2021 im Schnitt 44,5 Quadratmeter, Ausländer:innen hingegen 31,1 Quadratmeter) (*Laubacher* 2023).

Während im DACH-Vergleich also in A eine ‚Mietpreisexplosion' zu verzeichnen war, da die Mieten an die im DACH-Vergleich überdurchschnittliche Inflation (Oktober 2023 – D: 3 %, A: 5 %, CH: 2 %; EU-Durchschnitt: 3,6 %)[339] gekoppelt sind, haben Mietpreise in D und der CH eine eher moderate Entwicklung durchlaufen. Hinsichtlich der Baulandreserven verhält es sich umgekehrt. In A waren 2021 322.000 Hektar bzw. 359,6 Quadratmeter

---

[336] https://www.srf.ch/news/schweiz/tiefe-leerwohnungsziffer-diese-ideen-sollen-die-wohnungsnot-in-schweizer-staedten-lindern

[337] Ist der Mietwohnungsleerstand hoch, sinkt der Anreiz, neue Wohnungen zu bauen. In Regionen der CH, die 2018 einen Wohnungsleerstand von über 2 % hatten, sank die Anzahl der Baugesuche bis 2022 um 40 %.

[338] Der Bewilligungsprozess für eine neue Wohnung dauerte 2022 230 Tage; das waren 20 Tage mehr als 2019 und 40 Tage mehr als 2015; https://www.20min.ch/story/das-sind-die-gruende-fuer-die-wohnungskrise-in-der-schweiz-507447435115

[339] https://de.statista.com/statistik/daten/studie/217052/umfrage/inflationsraten-in-den-laendern-der-eu-monatswerte/

je Einwohner:in als Bauland gewidmet, in der CH waren es hingegen nur 291 Quadratmeter je Einwohner:in (*Zech* 2021). In D wiederum wird zwischen Innenentwicklungspotenzialen und baureifen Baulandreserven unterschieden. Innenentwicklungspotenziale (40 % Brachflächen, 60 % Baulücken) umfassten 2019 84.000 Hektar (2012: 120.000 Hektar) bzw. 10 qm/EW. Das Volumen weiterer Baulandreserven liegt (geschätzt) bei 99.000 bis 132.000 Hektar, 35 % davon für Wohnzwecke direkt nutzbar oder kurzfristig mobilisierbar. Den daraus zu entwickelnden 2 Mio. Wohneinheiten steht allein bis 2025 ein Wohnraumbedarf von 1,5 Mio. Wohneinheiten gegenüber.[340] Ein dritter Aspekt betrifft Bestand und Kapazität des öffentlichen/gemeinnützigen Wohnbaus, der in A vergleichsweise am besten ausgebaut ist, aber auch hier mit erheblichen Herausforderungen hinsichtlich der Errichtung leistbarer Wohneinheiten konfrontiert ist. Allen DACH-Gesellschaften gemein ist der Umstand, dass Baulandreserven nur eingeschränkt mobilisierbar sind, Grundkosten weithin unreguliert bleiben, Baukosten nicht preislich reguliert sind und der öffentlichen Hand Mittel fehlen, um öffentlichen Wohnraum bedarfsgerecht und relativ kurzfristig zu errichten.

3.1 Vom Markt zum Staat

Verstehen wir Wohnungspolitik als politischen Lernprozess, so hat sich bereits Ende des 19. Jahrhunderts mit dem Advent der ‚sozialen Frage' die Auffassung durchgesetzt, dass ein ‚freier Wohnungsmarkt' nicht imstande ist, den Wohnbedarf abzudecken. Deshalb kamen Ende des 19./Anfang des 20. Jahrhunderts Unternehmen, Staat und gemeinnützige Wohnbaugenossenschaften ins Spiel. *Brie* (2021) hat dargetan, dass leistbares Wohnen eine der Kernforderungen der Arbeiter:innenbewegung sowie des sozial-liberalen Bürgertums war (und ist). Unzählig waren am Ende des 19. Jahrhunderts die Appelle von (dem Bür-

---

[340] https://www.bbsr.bund.de/BBSR/DE/forschung/programme/exwost/Studien/2019/baulandumfrage/01-start.html?pos=2

gertum zuzurechnenden) Ökonomen an die „Besitzenden", gemeinnützige Wohnbau-Aktiengesellschaften oder Wohnbau-Stiftungen zu gründen, um dem spekulativen Privatwohnungsbau Konkurrenz zu machen. Dies trug dem Gedanken Rechnung, dass die Versorgung mit angemessenem Wohnraum dem Zweck der Reproduktion von Arbeitskräften dient, daher im Grunde genommen auch eine Maßnahme zur Bereitstellung Mehrwert erzeugender Arbeitskräfte ist.

Holm (2021) hat hierzu nachgezeichnet, dass und wie die sozialistische Arbeiter:innenbewegung fortwährend versucht hat, die Wohnversorgung dem Markt zu entziehen, um durch eine demokratische Verwaltung und Verteilung von Wohnraum allen Menschen Wohnbedingungen zu sichern, welche dem Niveau gesellschaftlichen Reichtums, einer allgemein akzeptierten Lebensführung entsprechen. Demgegenüber trachteten Apologeten der Marktökonomie seit jeher danach, die Herstellung und Verteilung von Wohnraum der Gewinnwirtschaft zu unterwerfen, ohne auf soziale oder ökologische Aspekte Bedacht zu nehmen. In diesem Konflikt verkörpert, folgt man *Madden/Marcuse* (2016), eine Wohnung immer zugleich individuelles Zuhause und profitables ‚Asset' des Immobilienmarktes.

Durchaus folgerichtig fokussierten die wohnungspolitischen Reformstrategien der Arbeiter:innenbewegung des späten 19. Jahrhunderts auf die Einschränkung der Verfügungsmacht der Immobilieneigentümer:innen und zugleich auf die Errichtung von Wohnraum durch gemeinnützige Wohnbaugenossenschaften. Ersteres drückte sich in Bemühungen aus, die der allgemeinen Vertragsfreiheit und damit faktisch dem Preisdiktat der Eigentümer:innen unterliegenden Mietverhältnisse im Hinblick auf Mietpreis, Mietdauer und Kündigungsgründe zu regulieren. Aus der Selbstverteidigung gegen Vermieter:innenwillkür entstanden Mieterschutzorganisationen, etwa der 1888 gegründete Verein der „Wohnungsmiether", der seine Mitglieder rechtlich beriet.

3. Krise in der sozialen Wohnungspolitik

Im vergangenen Jahrhundert haben sich Systeme der Wohnungspolitik (*Housing Policy*) entwickelt, die Wohnversorgung und Wohnen als Querschnittsmaterie fassen, in welcher Infrastruktur-, Geld-, Sach- und Dienstleistungen im Rahmen der öffentlichen Daseinsvorsorge mit Marktregulativen verknüpft werden (*Lund* 2017; *Balchin* 2013; *Balchin/Rhoden* 2017; *Schmid* 2018). Dabei waren Fragen der Verkehrs-, Familien-, Bildungs-, Umwelt- oder Sicherheitspolitik mit jenen der Sozial-, Miet- und genuinen Wohnbaupolitik verknüpft. Vulnerable gesellschaftliche Gruppen standen seit jeher im Fokus der Wohnungspolitik (*Council of Europe* 2008).

Daher wurde das System der Wohnversorgung grundrechtlich und einfachgesetzlich gerahmt, schloss Wohnungseigentums-, Wohnungsgemeinnützigkeits- und Mietrecht, Wohnbauförderungs- und Sozialhilfe- bzw. Mindestsicherungsrecht, zugleich aber auch Raumordnungs-, Bautechnik- und Baupolizeirecht mit ein. Alle Verfassungsordnungen der DACH-Gesellschaften schützen (analog zu Art 8 EMRK) das Grundrecht auf die Unverletzlichkeit der Wohnung (Art 13 GG; Art 9 StGG; Art 13 Bundesverfassung der Schweizerischen Eidgenossenschaften). Zugleich aber weisen alle Verfassungsordnungen der DACH-Gesellschaften zwar kein Recht auf Wohnen aus, wie dies noch Art 155 der Weimarer Verfassung (1919), der das staatliche Ziel etablierte, „jedem Deutschen eine gesunde Wohnung" zu sichern, oder Art 37 der Verfassung der DDR (1974) getan haben. Hier hieß es: „Jeder Bürger der Deutschen Demokratischen Republik hat das Recht auf Wohnraum für sich und seine Familie entsprechend den volkswirtschaftlichen Möglichkeiten und örtlichen Bedingungen. Der Staat ist verpflichtet, dieses Recht durch die Förderung des Wohnungsbaus, die Werterhaltung vorhanden Wohnraums und die öffentliche Kontrolle über die gerechte Verteilung des Wohnraums zu verwirklichen". Indes aber beinhalten alle DACH-Verfassungen Kompetenzzuordnungen, denen nach Zentralstaat, föderale Einheiten (Bundesländer, Kantone) oder Gemeinden zu Fragen der Regelung des Wohnungswesens berufen sind. Die Verfassung der CH formuliert die Bereitstellung leistbaren Wohnraums als Staatsziel. Umgekehrt kennt die Rechtsordnung aller DACH-Gesellschaften kein subjektiv einklagbares Recht auf Wohnen. Den Verfassungsordnungen aller DACH-Gesellschaften sind justitiable, individuell durchsetzbare soziale Grundrechte unbekannt.

In D gehörte die Kompetenz für das Wohnungswesen bis 2006 als Bestandteil von Art 74 Abs 1 Nr. 18 GG zur konkurrierenden Gesetzgebung.[341] 2023 umfasste die konkurrierende Gesetzgebung nur mehr den städtebaulichen Grundstücksverkehr, das Bodenrecht (ohne das Recht der Erschließungsbeiträge) und das Wohngeldrecht, das Altschuldenhilferecht, das Wohnungsbauprämienrecht, das Bergarbeiterwohnungsbaurecht und das Bergmannssiedlungsrecht. Grundsätzlich gilt hier das Mietpreisrecht als Teil des sog. „sozialen Mietrechts"[342] und damit als Materie des bürgerlichen Rechts.[343] Das Mietrecht selbst ressoriert nach wie vor zum Bund. Vorschriften des sozialen Mietrechts fallen allerdings seit 2006 nicht mehr unter den Kompetenztitel des Art 74 Abs 1 Nr. 1 GG,[344] sondern gemäß Art 70 GG in den Zuständigkeitsbereich der Länder, die seither für das Wohnungswesen zuständig sind. Gemäß Art 143c GG stehen den Ländern seither für den durch die Abschaffung der sozialen Wohnraumförderung bedingten Wegfall der Finanzierungsanteile des Bundes jährlich Beträge aus dem Haushalt des Bundes zu. Verfassungsrechtlich umfasst das Wohnungswesen 2023 öffentlich-rechtliche Maßnahmen zur Wohnraumbeschaffung sowie zur Wohnraumnutzung. Zum Kompetenztitel gehören fer-

---

[341] Im Bereich der konkurrierenden Gesetzgebung haben die Länder die Gesetzgebungsbefugnis, solange und soweit der Bund von seiner Gesetzgebungszuständigkeit nicht durch Gesetz Gebrauch gemacht hat. Es handelt sich also um eine Subsidiaritätsklausel.
[342] *Zehelein*; in: Bamberger/Roth/Hau/Poseck (Hg.), BeckOK BGB, 48. Edition, Stand: 1. November 2018, § 535 BGB Rn. 182.
[343] *Oeter*; in: v. Mangoldt/Klein/Starck, GG, 7. Aufl. 2018, Art 74 Rn. 10.
[344] *Degenhart*; in: Sachs (Hg.), GG, 8. Aufl. 2018, Art 74 Rn. 81; *Sannwald*; in: Schmidt-Bleibtreu/Hofmann/Henneke, GG, 14. Aufl. 2018, Art 74 Rn. 232.

ner auch Regelungen über die Bewirtschaftung des Wohnraums, die soziale Wohnraumförderung, der Abbau von Fehlsubventionierungen im Wohnungswesen, das Wohnungsbindungsrecht, das Zweckentfremdungsverbot und das Wohnungsgenossenschaftsrecht. Mietpreisbindungen auf dem Gebiet des Wohnungswesens gab es 2023 nur für den öffentlich geförderten Wohnraum. Gemäß Art 104d GG kann der Bund den Ländern Finanzhilfen für gesamtstaatlich bedeutsame Investitionen der Länder und Gemeinden (Gemeindeverbände) im Bereich des sozialen Wohnungsbaus gewähren.

In A ist die Wohnagenda in Art 11 B-VG kompetenziell insofern geordnet, als die Gesetzgebung des Volkswohnungswesens (Mietrecht, Wohnungsgemeinnützigkeitsgesetz, Wohnungseigentumsgesetz usf.) Bundessache, die Vollziehung mit Ausnahme der Förderung des Wohnbaus und der Wohnhaussanierung hingegen Landessache ist. Das Wohnbauförderungswesen fällt also in die Kompetenz der Bundesländer. Die Bodenreform wiederum ist in der Grundsatzgesetzgebung Bundessache, in Ausführungsgesetzgebung und Vollziehung hingegen Landessache. Nachdem die Kompetenz zur Regelung des Armenwesens in Art 12 B-VG 2019 in Fragen der Grundsatzgesetzgebung dem Bund und in Fragen der Ausführungsgesetzgebung dem Land zufällt, ist der Bund in Fragen der Regelung der Übernahme von Wohnkosten in Form von bedarfsgeprüften Leistungen (Sozialhilfe) zuständig.

In der CH, welche über eine weitaus inklusivere Verfassung verfügt, fordern die sog. „Sozialziele" des Art 41 der Bundesverfassung der Schweizerischen Eidgenossenschaft von Bund und Kantonen, dass Wohnungssuchende für sich und ihre Familie eine angemessene Wohnung zu tragbaren Bedingungen finden können. Gemäß Art 108 leg cit (Wohnbau- und Wohnungseigentumsförderung) fördert der Bund den Wohnungsbau, den Erwerb von Wohnungs- und Hauseigentum, welches dem Eigenbedarf Privater dient, sowie die Tätigkeit von Trägern und Organisationen des gemeinnützigen Wohnungsbaus. Der Bund fördert insbesondere die Beschaffung und Erschließung von Land für den Wohnungsbau, die Rationalisierung und die Verbilligung des Wohnungsbaus sowie die Verbilligung der Wohnkosten. Er kann Vorschriften über die Erschließung von Land für den Wohnungsbau und die Baurationalisierung erlassen und muss bei seiner legistischen Tätigkeit namentlich die Interessen von Familien, Betagten, Bedürftigen und Behinderten berücksichtigen. Gemäß Art 109 (Mietwesen) erlässt der Bund Vorschriften gegen Missbräuche im Mietwesen, namentlich gegen missbräuchliche Mietzinse, sowie über die Anfechtbarkeit missbräuchlicher Kündigungen und die befristete Erstreckung von Mietverhältnissen. Er kann ferner Vorschriften über die Allgemeinverbindlicherklärung von Rahmenmietverträgen erlassen. Solche dürfen nur allgemeinverbindlich erklärt werden, wenn sie begründeten Minderheitsinteressen sowie regionalen Verschiedenheiten angemessen Rechnung tragen und die Rechtsgleichheit nicht beeinträchtigen. Art 75b leg cit schließlich bestimmt, dass der Anteil von Zweitwohnungen am Gesamtbestand der Wohneinheiten und der für Wohnzwecke genutzten Bruttogeschoßfläche einer Gemeinde auf höchstens 20 % beschränkt ist. Der Vergleich zeigt, dass die Wohnungspolitik der CH auf einer Verfassungsordnung beruht, welche deutlich besser als in D und A Interessen von Wohnungssuchenden und Mieter:innen berücksichtigt.

Wohnen ist im Ergebnis dieser Spielanordnung Teil der öffentlichen Daseinsvorsorge (*Heinze* 2009, 43; *Holm* 2011). Deren Instrumentarium zielt auf die Dekommodifizierung des Wohnens ab, etwa durch kommunales bzw. gemeinnütziges Eigentum oder durch Mietzinsbeschränkungen, die auch in Teilen des privaten Mietwohnungsmarktes gelten. Die aktuelle Leistbarkeitskrise geht auf die neoliberale Re-Kommodifizierung (Liberalisierung) des Wohnungswesens zurück, die auf spekulativer Verwendung, Privateigentum und Marktwettbewerbspreis basiert. Dies drückt sich in der Entkopplung von Wohnungsgebrauchs- und Tauschwert sowie Marktmechanismen aus, die eine Befriedigung von Wohnbedürfnissen blockieren. Dem gegenüber steht der Staat, der durch wohnpolitische Maßnahmen den spekulativen Gebrauch von Immobilien, Privateigentum und Marktwettbewerbspreise zurückdrängen kann. Dies geschieht durch die Vergesellschaftung der Wohnversorgung, öffentliches Wohneigentum, die Priorisierung gemeinnütziger Träger, Maßnahmen der Objektförderung qua Subvention, gesetzliche Vorgaben hinsichtlich der Qualität und Sozialökologie des Bauens, die Regulierung von Bodenpreisen oder auch den Eingriff in private Eigentums- und Verwertungsrechte.

Die öffentlichen Ausgaben für Wohnzwecke sind auf verschiedene Budgetposten aufgegliedert (Vermögensbildung der Gemeinden, Subventionen, Sozialhilfe, Wohnbauförderung, Mietbeihilfen). In D lag der Anteil des Aufwandes für die Wohnversorgung 2021 bei 1,7 % des Sozialbudgets (19,4 Mrd. €).[345] In A lagen die Ausgaben für Wohnen und die Bekämpfung sozialer Ausgrenzung 2021 bei 1,9 %[346] bzw. 2,5 Mrd. € bei Gesamtausgaben in Höhe von 133,7 Mrd. €. Die Ausgaben für die Wohnbauförderung erreichten 2021 1,9 Mrd. € (2015: 3 Mrd. €) (*IIBW* 2022). Jene für Wohnen in der Sozialhilfe lassen sich nicht herauslösen; gemeinsam mit den Leistungen zur Sicherung des Lebensunterhaltes waren es 2021 brutto (vor Abzug intergouvernementaler Leistungen bzw. der Refundierung der Umsatzsteuer bei Mietübernahmen als Sachleistung) 911 Mio. €.[347] Man kann also annehmen, dass etwa 500 Mio. € aus Mitteln der Sozialhilfe und 1,9 Mrd. € an Wohnbauförderungsmitteln (Objekt- und Subjektförderung)[348] zur Abdeckung des Wohnaufwandes gewährt wurden. In der CH wurden 2021 1,1 % des Sozialleistungsbudgets für

---

[345] https://www.bpb.de/kurz-knapp/zahlen-und-fakten/soziale-situation-in-deutschland/61890/sozialbudget/
[346] https://www.statistik.at/fileadmin/announcement/2022/08/20220812SozialquoteSozialausgaben2021.pdf
[347] https://www.statistik.at/fileadmin/pages/348/Mindestsicherung_und_Sozialhilfe_der_Bundeslaender_im_Jahr_2021.pdf
[348] https://www.sozialleistungen.at/b/Sozialleistungen-fuer-das-Wohnen

Wohnen aufgewendet.[349] Dort lagen die öffentlichen Aufwendungen für die Abdeckung des Wohnaufwandes also deutlich niedriger als in D und A.

3.2 Vom Staat zum Markt

Nach einem Jahrhundert der Vergesellschaftung von Wohnungsrisiken und deren Einbettung in die staatliche Daseinsvorsorge drehte sich das politische Arrangement ab den 1980er Jahren. Der Wohnungsmarkt wurde liberalisiert, das Wohnen zum Gegenstand einer fortgesetzten kapitalistischen Landnahme, die Wohnkosten zu einem eigenständigen sozialen Risiko. Allerdings ist das seither etablierte Spannungsverhältnis zwischen Daseinsvorsorge und Liberalisierung dadurch geprägt, dass sich die Akteur:innen der regierenden politischen Dienstklasse mit der Steuerung eines Wohnungsmarktes, der über 40 Jahre hinweg sukzessive liberalisiert wurde, als überfordert erweisen. Denn diese Spielanordnung kann gar keinen leistbaren Wohnraum für Haushalte mit unterdurchschnittlichen Einkommen hervorbringen.

Im Kern irren jene Teile der politischen Dienstklasse, welche meinen, der Aufbau und das Platzen von Immobilienblasen samt korrespondierend steigenden (nicht aber wieder sinkenden) Mieten sei das „New Normal" (*Borchert* 2019). Zum einen sind Boden und Wohnraum nicht nur nicht beliebig vermehrbar, sondern der Umgang mit Wohnraum in einer an ihre ökologischen Grenzen stoßenden Ökonomie bedarf eines Paradigmenwechsels in Richtung Nachhaltigkeit. Die Herausforderung besteht in der Schaffung einer sozial-inklusiven Wohnversorgung bei gleichzeitigem (relativem) Rückgang von Ressourcen und verfügbarem Bauland. Zum zweiten lässt sich destruktive Vermögenskonzentration (*Rehm/Schnetzer* 2015) in einer globalisierten

---

[349] https://www.bfs.admin.ch/bfs/de/home/statistiken/querschnittsthemen/wohlfahrtsmessung/alle-indikatoren/gesellschaft/sozialleistungen.html

Spielanordnung der Vermögensverteidigungsindustrie nicht umstandslos beseitigen. Ebenso lässt sich die Konzentration von Immobilien durch Maßnahmen der Enteignung oder Sozialpflichtigkeit des Eigentumsgebrauches nicht umstandslos rückabwickeln. Zum dritten lässt sich der mit Produktion und Beschaffung von Wohnraum verbundene Schuldenberg, den Privathaushalte im Modus eines privatisierten Keynesianismus und die öffentliche Hand durch die wiederholte Rettung der Investoren/Vermögenden in einer Kaskade von Krisen (als multiple Krise oder Vielfachkrise etikettiert) aufgebaut haben, weder mittels Entschuldung noch Inflation ‚abtragen'. Darauf deutet allein schon der Umstand hin, dass die Hälfte der Erbmasse im Längsschnitt an die obersten 10 % fließt (*Baresel* et al. 2021).

Schubert (2011) hat daher berechtigt festgehalten, dass die Spielanordnung eines liberalen Wohnungsmarktes, der Wohnraum in Ware verwandelt, Eigentümer:innen von Boden zur Abschöpfung einer Rente berechtigt und Immobilien als Pfeiler des fiktiven Kapitals nutzt, in der Gleichzeitigkeit von Überversorgung (Abundanz, Leerstand, Mehrfachwohnsitze, Wohnluxus) und Unterversorgung (Wohnkostenüberlast, Wohnungsknappheit, Wohnungslosigkeit, Obdachlosigkeit) mündet. Erwerbseinkommen halten dem Renditedruck der Eigentümer:innen nicht stand, während dem Interventionsstaat fiskalische Grenzen gesetzt sind. Zugleich müssen soziale Kosten der Unterversorgung getragen werden: *Van Treeck* (2018) zufolge sind Ungleichheiten der Ressourcenverteilung und Verteilung von Wohnchancen nicht bloß miteinander verschränkt, sondern zeitigen negative Effekte für die Bildungsbeteiligung, das „Humankapital" (Arbeitsvermögen), die politische Stabilität oder die ‚Accountability' im politischen System (Korruption); so etwa *Ostry/Berg/Tsangarides* (2014), *Cingano* (2014) oder *Dabla-Norris* et al. (2015).

3.3 Folgen der Kapitalisierung von Wohnraum

Jede staatliche Versorgung mit Wohnraum sowie korrespondierende wohnbezogene Transfereinkommen haben indirekt positive Effekte auf das Wirtschaftswachstum. Dies deshalb, weil sie nachteilige Folgen für die Individualentwicklung abschwächen, die Ungleichheit der Nettoeinkommen reduzieren sowie die gesamtwirtschaftliche Nachfrage steigern. Fließt indes das nachfragefähige Einkommen mittels eines ‚Kamineffekts' in obere Strata, so hat dies den gegenteiligen Effekt. Dies befördert die Überakkumulation von Kapital, einen privatisierten Keynesianismus mittels Verschuldung von Privathaushalten sowie spekulative Immobilieninvestments, allesamt Ingredienzien einer ‚Immobilienspekulationsblase' (*Kumhof* et al. 2012; *Kumhof/Rancière/Winant* 2015). Es trägt auch zu einer Zementierung sozialer Probleme bei, die ihrerseits politisch behandelt werden müssen (*Gronemeyer/Hohage/Ratzka* 2012). Wir haben es also mit einer *Luhmann*'schen „Social Engineering"-Schleife zu tun, in der eine als ‚Reform' etikettierte Politik soziale Probleme erzeugt, welche einer Politik der Reform bedürfen.

Dass der Staat – repräsentiert durch das politische Führungspersonal – dies als ideeller Gesamtkapitalist ausblendet ist umso erstaunlicher, als die Geschichte der Immobilienspekulation (*Führer* 2015; *Grotegut* 2022) lehrt, dass Überakkumulation (von Kapital), Marktliberalisierung und legislative Deregulierung wiederkehrend einen Zyklus von sich aufbauenden und platzenden Immobilienblasen (Überbewertung, ansteigende Immobilienpreise, Wohnungsknappheit und Wohnungsnot, riskante Verbilligung des Kreditangebotes, Anstieg der Kreditaufnahme, Angebotsüberhang, Nachfrageeinbruch, Entwertung) speisen (hierzu *Zeise* 2008). Hiervon überrascht zu sein ist fehl am Platz: 2002–2023 traten derartige Blasen in Spanien (2006), den USA (Subprime Crisis 2007, 2014), Irland (2008), Kanada (2017) und China (2023) auf. Dieses sich wiederholende Muster von Blasen tritt auch in den DACH-Gesellschaften auf (1990: CH; 1991: D; 2023: A).

Gleiches gilt für die Vermarktlichung des Wohnens. Wenn die öffentliche Hand auf das Anbieten von Wohnraum verzichtet, den Zugang zur Finanzierung von Wohneigentum sozial selektiv verengt und stattdessen Mieter:innen durch Transferleistungen fördert, ändert dies weder etwas an der Umwandlung von Wohnraum in Kapitalanlage und damit an der Instabilität des Immobilienmarktes noch etwas am daraus resultierenden Höhenflug der Mieten. Wie die Entwicklung der Leistungen nach dem Wohngeldgesetz in D oder die Wohnbeihilfenregime bzw. die Entwicklung der Sozialhilfe in A zeigen, wird damit nur ein Teil der realiter stattgefundenen Mietpreiserhöhungen abgefedert. Man kann dies als Transformation der Wohnungspolitik in eine Wohnungsmarktpolitik verstehen.

Daher rückte seit der Weltwirtschaftskrise 2007 die Frage der Leistbarkeit in das Zentrum der politischen Auseinandersetzung. In D etwa forderte das Bündnis für bezahlbares Wohnen 2013 eine Mietpreisbremse, eine Ausweitung des sozialen Wohnungsbaues, eine Erhöhung des Wohngeldes, eine degressive Abschreibung für neugebaute Wohnungen und eine Überwälzung der Maklerkosten nach dem Verursacherprinzp. Seit 2015 begrenzt die Mietpreisbremse den Mietzins mit 110 % der ortsüblichen Vergleichsmiete, gefolgt von der Reduktion der Überwälzung von Modernisierungskosten durch Vermieter:innen auf Mieter:innen von 11 % auf 8 % im Jahr 2018. Wesentlich mehr Mittel aber flossen in das reformierte Baukindergeld,[350] eine staatliche Förderung für den Ersterwerb von selbstgenutztem Wohneigentum für Familien mit Kindern, funktional kongruent mit den österreichischen Regelungen der Wohnbauförderung.

Ungeachtet der Forderung nach leistbaren Mieten fielen in D 2010–2020 jährlich 90.000 Sozialwohnungen aus der Mietpreisbindung heraus. Mit geförderten Neubauten ließ sich nicht einmal ein Drittel der Abgänge ausgleichen (*Dullien/Krebs* 2020). Zugleich deckte das Wohngeld im Umfang von 1,1 Mrd. € (2017), das 600.000 Haushalte begünstigte, mit etwa 150 €/Monat pro Haushalt die Mietpreissteigerungen nicht ab. Auch die Miet-

---

[350] Dies ersetzte die Ende 2005 abgeschaffte Eigenheimzulage zur Eigentumsbildung für Familien mit Kindern.

preisbremse entlastete Haushalte mit geringem Einkommen nicht, weil insgesamt das Niveau ortsüblicher Mieten angehoben wurde.

In diesem Prozess der ‚Gentrifizierung' kommt es einerseits zu einer Umverteilung des nachfragefähigen Einkommens der Haushalte zwischen unterschiedlichen Branchen und Kapitalfraktionen hin zum Wohnbau-, Wohnungs- und Bankenkapital. Zugleich führt er zu einer Verdichtung sozialer Probleme in sozialen Brennpunkten mit geringer Wohnqualität. Beobachtbar ist eine Polarisierung von Wohnbedingungen zwischen den Milieus. Dies geht mit erheblichen ökologischen und sozialen Kosten einher, etwa bedingt durch erzwungene Pendelbewegungen zwischen Wohn- und Arbeitsort.

Krapp/Vache (2020) haben dargetan, dass Ursachen, Effekte und Konsequenzen der Spekulationskrise 2008 in den EU-Mitgliedstaaten in den DACH-Gesellschaften relativ ähnlich ausgestaltet waren. Wir sahen überall eine Überhitzung des Immobiliensektors, ausgelöst durch eine Liberalisierung und Deregulierung des Wohnungssektors bzw. die regulatorische Untätigkeit des Gesetzgebers angesichts der Flucht des Finanzkapitals in das Immobilienkapital. Vor dem Hintergrund dieser mittelfristigen Verschiebungen, in deren Rahmen überakkumuliertes, steuerlich entlastetes Kapital in den Immobiliensektor geleitet wird und dort die Wohnkostenbelastung für einen erheblichen Teil der Arbeitnehmer:innen und Vermögenslosen zu einer veritablen sozialpolitischen Herausforderung umgestaltet, kommt es zu kurzfristigen Spekulationsbewegungen, mit ausgelöst durch eine Verflechtung zwischen politischen ‚Rackets', Grundeigentümer:innen, Immobilienentwickler:innen und Bauunternehmen.

Je stärker Immobilien als Renditeobjekte gehandelt werden, desto kleiner wird der Spielraum der öffentlichen Hand am Liegenschaftsmarkt (*Heeg* 2013b). Die Abkehr von umlagefinanzierten Pensionen und der Hype um eine private Pensionsvorsorge haben dies mitgetragen. Pensionsfonds investieren in Immobilien, deren Mietsteigerungen Rendite und Renten refinanzieren sollen, während individuell in Vorsorgewohnungen investiert wird. Dass Bezieher:innen von Niedrigeinkommen und ‚Working Poor' die Verlierer:innen der Kapitalisierung von Wohnraum sind, ist hinlänglich debattiert. Bereits *Dietrich* (1973, 252 ff.) schrieb vom Auseinanderklaffen der Zahlungsfähigkeit der nachfragenden Mieter:innen einerseits sowie der Anzahl und des Preises der zur Verfügung stehenden Wohnungen andererseits. Bereits in den 1960er- und 1970er-Jahren stiegen die Preisindizes in D für Mieten doppelt so schnell wie jene für die allgemeine Lebenshaltung. Die bereits damals beobachtbaren Gentrifizierungsprozesse, also Vertreibungsprozesse einkommensschwacher Haushalte aus den Zonen profitabler Immobilienentwicklung, haben über die Jahre bloß ihre Richtung gewechselt. So wanderten in den meisten urbanen Agglomerationen in den 1960er- bis 1980er-Jahren Mittelschichten in die Speckgürtel ab, während finanziell schwache Haushalte in den Stadtzentren verblieben.

Ab den 1990er-Jahren kehrte sich das Bild grosso modo um. Innerstädtische Wohnviertel wurden von ‚Bourgeois Bohemien' aufgewertet, Unterschichten abgesiedelt und in sozialen Brennpunkten konzentriert. Damit entstanden neuartige Zonen repressiver Exklusion, geprägt durch Arbeitslosigkeit, Armut, fundamentalistische Religiosität und Gewalt (*Hohm* 2003). Derlei urbane Segregationsprozesse mündeten also in räumlich segregierten, als Milieu(s) relativ geschlossenen, ethnisierten Parallelgesellschaften (*Ceylan* 2006). *Häußermann/Siebel* (1987) haben gezeigt, dass soziale Brennpunkte entstanden, weil sich die Bevölkerung nach sozioökonomischen Merkmalen und Ressourcen entmischte. In den daraus hervorgehenden Armutsinseln (*Reißlandt/Nollmann* 2006) fanden sich verdichtet Sozialhilfeempfänger:innen, Haushalte mit Mietrückständen, Stromabschaltungen, Räumungsklagen, Delogierungen, aber auch die mit hoher Belagsdichte einhergehenden sozialen Probleme (häusliche Gewalt, Drogenkriminalität).

Seither wird Eigentum für obere Mittelschichten und Oberschichten produziert. In D waren von den 295.000 im Jahr 2022 neu gebauten Wohnungen nur mehr 30 % Mietwohnungen und nur 9 % bezahlbare Sozialwohnungen.[351] Da den solcherart gebauten Wohnraum kaum noch jemand bezahlen kann, gingen die erteilten Baugenehmigungen im ersten Halbjahr 2023 um 27,2 % zurück (*Löhr* 2023).[352] Augenfällig sind hier mehrere Faktoren am Werk: Zum ersten werden Wohnungen am Bedarf vorbei produziert, es wird also zu wenig leistbarer Wohnraum her- bzw. bereitgestellt; zum zweiten sind die (unregulierten) Grund- und Baukosten zu hoch; zum dritten sind die Finanzierungskosten zu hoch; zum vierten verursachen Hortung und Spekulation Knappheit am Wohnungsmarkt; zum fünften bleiben spekulative Preissteigerungen bei Kauf und Vermietung unreguliert und zum sechsten fehlen den Kommunen Mittel, eigene Wohnungen zu errichten.[353] Hinzu kommen demografische Verschiebungen und wachsender Immigrationsdruck. Dem Wohnungsbau droht ohne direktive Eingriffe in seine Rahmenbedingungen eine jahr(zehnt)elange Krise.[354]

Bedingt durch die Kumulation von Krisen standen 2022/23 viele Mieter:innen vor dem Problem, ihre Miete nicht mehr zahlen zu können, während selbstnutzende Eigenheimbesitzer:innen als Hypothekarkreditnehmer:innen ihre Kreditlinien nicht mehr decken konnten. 11 Mio. Mieter:innenhaushalte hätten Anspruch auf eine Sozialwohnung, doch reicht der Bestand nur für 10 % der abstrakt Leistungsberechtigten. Die im Bereich bezahlbarer Wohnungen entstandene Versorgungslücke erweitert sich,

---

[351] https://www.handelsblatt.com/politik/deutschland/immobilien-wohnungsbau-in-der-krise-viel-zu-wenig-viel-zu-spaet/29282130.html
[352] https://www.tagesschau.de/inland/innenpolitik/wohnungsbau-kritik-100.html
[353] https://www.sueddeutsche.de/muenchen/starnberg/muenchen-baukrise-wohnraum-diskussion-starnberg-utting-planungsverband-1.6312868
[354] https://www.deutschlandfunk.de/sozialwohnungen-wohnungsbau-krise-100.html#z1

denn die Zahl der Sozialwohnungen sank 2010–2020 von 1,66 Mio. auf 1,13 Mio. und weiter bis 2022 auf 1,08 Mio. Während im Vergleichszeitraum in den Ländern p. a. nur mehr 22.545 Sozialwohnungen bewilligt wurden, fielen 36.500 Wohnungen aus der staatlichen Preisbindung[355] heraus. 2022 fehlten daher insgesamt 700.000 Sozialwohnungen bzw. 50 Mrd. € für den Bau entsprechenden Wohnraums (2023–2026 sind kumuliert nur 14,5 Mrd. € budgetiert).[356] 2025 werden 750.000 leistbare Wohnungen fehlen; bis 2027 werden es 830.000 Wohneinheiten sein, so der Zentrale Immobilien Ausschuss (ZIA).[357]

3.4 Staatsversagen

Leistbares Wohnen ist ein Element der öffentlichen Daseinsvorsorge. So wie in A 17,5 % Armuts- und Ausgrenzungsgefährdete, 22 % von ihnen Kinder und Jugendliche (Daten vor der Inflationskrise),[358] Ergebnis politischer (ökonomisch irrationaler) Entscheidungen sind, so sind auch die sozietalen Folgekosten der Wohnungsfrage betreffend Gesundheit, Bildungsbeteiligung oder häusliche Gewalt als ‚costs of non social policy' (*Fouarge* 2003) zu verstehen. Der selektive Rückbau des Sozial- und Wohlfahrtsstaates (*Lennartz* 2017; *Reisenbichler* 2021) hat im Bereich der Wohnversorgung bloß dazu geführt, dass die öffentliche Hand direkt und indirekt Gewinne der Vermieter:innen durch Kostenübernahmen alimentiert.

---

[355] Mieten in Sozialwohnungen sind reguliert. Wohnberechtigt sind Personen mit nachgewiesenem Bedarf. Sozialwohnungen werden staatlich gefördert und dürfen befristet zu günstigen Konditionen vermietet werden. Ist dieser Zeitraum abgelaufen, können sie am freien Markt angeboten werden.
[356] https://www.dgb.de/presse/++co++3ad4add2-9360-11ee-8b71-001a4a160123
[357] https://zia-deutschland.de/project/neue-zia-zahlen-fehlende-auswege-aus-der-krise-lassen-wohnungsnot-weiter-wachsen/
[358] https://www.armutskonferenz.at/armut-in-oesterreich/aktuelle-armuts-und-verteilungszahlen.html

3.4 Staatsversagen

Bisherige Entlastungsmaßnahmen haben in D nicht nachhaltig gegriffen. Zeitlich befristete Maßnahmen im Mietrecht (Beschränkung des Kündigungsrechts der Vermieterseite), im Darlehensrecht (Stundungen, Tilgungsaussetzungen, Tilgungssatzwechsel) sowie im Sozialrecht (Absicherung der angemessenen Wohnkosten in der Grundsicherung und der tatsächlichen Wohnkosten in der Sozialhilfe für die ersten sechs Monate) reich(t)en nicht hin (*Cischinsky* et al. 2020). Auch der befristete Entfall der Vermögensprüfung änderte kein Jota am (spekulationsbedingten) Wohnkostenanstieg. Im Ergebnis beschränkte sich die transferleistungszentrierte wohnungsbezogene Sozialpolitik auf Maßnahmen der Subjektförderung, orientiert am individuellen Unterstützungsbedarf, verzichtete zugleich aber auf notwendige Markteingriffe. Auch die Wohngeldreform 2023, welche die Zahl der Anspruchsberechtigten auf 2 Mio. Haushalte verdreifachte,[359] sowie die Neuorganisation des „Wohngeld Plus" (kinderreiche Familien, Alleinerziehende und Senior:innen erhalten Zuschüsse, falls deren Einkommen knapp oberhalb der Grundsicherungsgrenze – vergleichbar der österreichischen Ausgleichszulage – liegt) ändern am Szenario zu knappen und zu teuren Wohnraums wenig. Ohnehin werden im Rahmen der Grundsicherung nach SGB II (Grundsicherung für Arbeitsuchende) und SGB XII (Hilfe zum Lebensunterhalt) die Kosten der Unterkunft nicht vollständig übernommen, zumal diese auch angemessen sein müssen. Ohnehin ist Voraussetzung, dass der/die Grundsicherungsempfänger:in subsidiär mit dem eigenen Einkommen[360] und Vermögen den Lebensunterhalt nicht bestreiten kann.[361]

---

[359] Mit dem Effekt, dass diese nicht mehr auf Bürgergeld (welches das Arbeitslosengeld II abgelöst hat), eine der österreichischen Notstandshilfe vergleichbare Leistung, oder Sozialhilfe angewiesen sind.
[360] Als Einkommen anzurechnen ist das Wohngeld als Zuschuss zu den (kalten) Unterkunftskosten, der an Haushaltsgröße und Unterkunftskosten (gedeckelt durch lokale Höchstbeträge) gekoppelt ist.
[361] Bei überhöhten, also über den lokal ermittelten Angemessenheitsgrenzen liegenden Unterkunftskosten wurden diese bisher bis zu sechs

3. Krise in der sozialen Wohnungspolitik

Die Anhebung von bedarfsgeprüften Transferleistungen ändert nichts daran, dass gestiegene Grund- und Baukosten den Wohnungsbau für viele Bauträger unrentabel erscheinen lassen bzw. es nur erlauben, Wohnungen für die obersten Einkommensdezile zu errichten. Seit 2000 haben sich die Rohbaukosten in D verdoppelt, die Liegenschaftspreise verdreifacht und die staatlich verordneten Kosten einer normgerechten technischen Bauausführung vervierfacht. Die durchschnittlichen Baukosten stiegen 2020–2023 um 36 %. Der Kieler Arbeitsgemeinschaft für zeitgemäßes Bauen zufolge lag der bundesweite Medianwert für den Bau eines Quadratmeters Wohnfläche im 1. Q/2023 bei etwa 5.200 €, was im Vermietungsfalle eine Kostendeckungsmiete von 18 €/qm bedeutet. Während der Bau von Sozialwohnungen aufgrund hoher Grundkosten stagniert oder rückläufig ist, rechnen sich frei finanzierte Bauprojekte nicht mehr. Folgerichtig trägt der Rückgang beim Bau von Eigentumswohnungen zu steigenden Mieten bei. Zugleich besteht kein politischer Konsens darüber, das öffentliche Subventionsvolumen von bestehenden 7 Mrd. € auf die erforderlichen 23 Mrd. €, Voraussetzung für eine durchschnittliche Kaltmiete in Höhe von 12,50 €/qm, anzuheben.[362]

Dieses Staatsversagen (Politik- und Institutionenversagen) ist ‚by the same token' ein ordnungspolitisches, welches nicht nur darin deutlich wird, dass Wohnungsknappheit, Wohnungsnot und Wohnraumüberangebot nebeneinander bestehen, sondern auch darin, dass diese Verzerrungen am Wohnungsmarkt erhebliche negative soziale und ökologische Folgekosten nach sich ziehen. Weil angebotene Wohnungen in urbanen Agglomerationen zu teuer sind (daher leer stehen) und sich damit das Angebot von der Nachfrage entkoppelt, sind Haushalte gezwungen, auf räumlich entfernte Segmente des Wohnungsmarktes auszuweichen,

---

Monate in vollem Umfang übernommen, danach aber nur anteilig anerkannt.
[362] https://www.zeit.de/wirtschaft/2023-08/wohnungsbau-arge-analyse-wohnungsbau-krise

was erhöhte Pendelkosten, Umweltbelastungen und Infrastrukturkosten nach sich zieht.

Derartige Fehlwidmungen sind das Ergebnis verschiedener konkurrierender Interessen an Nutzungsarten des Raums (Landwirtschaft, Wohnen, Gewerbebetriebe oder Verkehrsfläche) und tragen entscheidend zur

Verknappung leistbaren Wohnraums bei. Vereinfacht formuliert könnte man sagen, dass der Wohnungsmarkt als ‚Markt' in unteren sozialen Strata nicht funktioniert, weil sich Angebot und Nachfrage nicht ‚matchen', da die Leistbarkeit für die untersten sozialen Strata der Klassengesellschaft nicht oder nur eingeschränkt gesichert ist. Dadurch muss Wohnen überhaupt erst durch bedarfsgeprüfte Transfers, aber auch Einmalleistungen wie Heizkostenzuschüsse ermöglicht werden.

Hierbei geht es indes nicht nur um die Differenz zwischen Einkommen und Mietpreisen. Weitere Faktoren der Entwicklungsdynamik finden sich in der Liberalisierung des Mietrechts (*Voigtländer/Depenheuer* 2014, 166 f), der unzureichenden Handhabung politischer Instrumente der Sozialraumordnung, dem Ausbleiben von Eingriffen in die Spekulation mit Baugründen, der mangelnden Mobilisierung des Leerstands durch Pönalen, Steuern und Abgaben, dem faktisch blockierten Ausbau des öffentlichen Wohnungsbestandes sowie der Beschränkung des operativen Spielraums gemeinnütziger Wohnbauträger (in D wurde die Gemeinnützigkeit für Wohnbauunternehmen 1990 überhaupt abgeschafft).

Dieses Staatsversagen spiegelt sich in der unregulierten Eigendynamik der privatwirtschaftlichen Erschließung, Nutzungswidmung und Verwertung von Räumen. Wurden Liegenschaften einmal dem Zugriff der öffentlichen Hand entzogen, um dort nicht gemeinnützigen, sondern privat-gewinnwirtschaftlichen Wohnbau zu errichten, so lässt sich eine neuerliche Rückführung hin zu einer Funktion der öffentlichen Daseinsvorsorge kaum noch bewerkstelligen.

Ohnehin wurden Instrumente einer Sozialraumordnung in den DACH-Gesellschaften nur ansatzweise entwickelt. Die Handlungsspielräume der Kommunen, bedarfsdeckend leistbaren Wohnraum bereitzustellen, sind gering. Wenngleich in den DACH-Gesellschaften unterschiedlich gewichtet, kann die politische Dienstklasse sowohl der Dringlichkeit der Nachfrage nach leistbarem Wohnraum als auch der Komplexität des Gegenstandes also nicht (mehr) gerecht werden. Ursächlich hierfür ist eine Gemengelage von Faktoren, zu denen knappes und teures Bauland, stetig steigende Baupreise und eine sinkende bereinigte Nettolohnquote zu zählen sind, begleitet von gänzlich unzureichend entwickelten Instrumenten zur Beschränkung der Bodenspekulation und der spekulativen Zurückhaltung von Wohnraum am Mietwohnungsmarkt.

Vereinfacht gesagt haben regierende politische Eliten Sachentscheidungen der Wohnversorgung durch das Walten von Lobbymacht und empirisch fundierte Debatten über die Wohnungsfrage durch eine Rhetorik ideologischer Affirmation und Postulate nach Eigenvorsorge und Eigentumsbildung ersetzt anstatt direkt regulierend in die Produktions- und Verteilungsverhältnisse am Wohnungsmarkt einzugreifen. Zur scheinbaren Selbstverständlichkeit und Akzeptanz von derlei marktaffirmativen Auslassungen haben mediale „Blödmaschinen" (*Metz/Seeßlen* 2012), ideologische Staatsapparate (Universitäten) und Moralagenturen zweifellos das ihre beigetragen. Im Ergebnis hat sich ein geteiltes Vorverständnis darüber, dass die Bereitstellung von Wohnraum Teil der öffentlichen Daseinsvorsorge und Gewährleistungsverantwortung ist, verflüchtigt. Wohnen gilt im Ergebnis gegenwärtig auf nahezu hermetische Weise als Markt, als Feld der Konkurrenz, und die Verfügung über Wohnraum als Statussymbol. Auf einem nichtregulierten Wohnungsmarkt, jedenfalls was Boden-, Bau-, Eigentums- und einen relevanten Teil der Mietpreise anbelangt, konkurrieren jeweilige Einkommensgruppen entlang von Präferenzen und Kapitalien (ökonomisch, sozial, kulturell) um Gunstlagen (demonstrative Zurschaustellung von Wohlstand; Leistbarkeit von je geeignetem Wohnraum). Damit kann Wohnen nicht mehr als Aufgabe der staatlichen Daseinsvorsorge wahrgenommen und abgearbeitet werden.

Je unfähiger die politische Dienstklasse wird, den Wohnbedarf einkommensschwacher Haushalte zu decken, desto stärker ist die Neigung, das Wohnungsproblem in die Eigenverantwortung der Wohnungssuchenden zurückzuverlagern. Erinnerlich sind Verhöhnungen der von Wohnungsnot Betroffenen, wie jene durch den österreichischen Bundeskanzler *Kurz*, der vorgeschlagen hat, dass sich jene, die sich die Miete nicht mehr leisten können, doch kurzerhand eine Wohnung kaufen sollten.

Zugleich aber mehren sich die Anzeichen, vor allem auf kommunaler Ebene[363] (*Krummacher* 2011; *Lenz* 2007, 2022), dass auch die politische Dienstklasse realisiert, dass ein Wohnungsmarkt, der bei der Deckung der Wohnbedarfe der Vermögenslosen versagt, zum Treiber sozialer Probleme wird (*Reis* 1993). Zugleich wird deutlich, dass dieses Versagen des ideellen Gesamtkapitalisten zur Folge hat, dass die Reproduktion der Arbeitskräfte, aber auch der sozialen Ordnung, deren Teil die Wohnverhältnisse sind, nicht mehr friktionsfrei sichergestellt werden kann. Die Wohnprofite der Eigentümer:innen, Errichter:innen, Verwerter:innen und Vermieter:innen sind nicht nur die Lasten der Vermögenslosen, die irgendwo wohnen müssen, sondern auch die

---

[363] Auf kommunaler Ebene gibt es fraglos auch Gegenbewegungen. So hat die Stadt Innsbruck einen Wohnungsnotstand ausgerufen, um das Bodenbeschaffungsgesetz zu reaktivieren, welches Gemeinden ein Vorkaufsrecht auf große, unbebaute Grundstücke verleiht, wofür es allerdings eines Landtagsbeschlusses bedarf. In der Stadt Salzburg wiederum, wo die Wohnkosten einer Studie des Salzburger Instituts für Raumordnung (SIR) aus 2022 zufolge durchschnittlich 44 % des Haushaltseinkommens (2018: 36 %; 2015: 29 %) ausmachen, hat eine Koalition der Vermögensverteidigungsindustrie – zusammengesetzt aus ÖVP, FPÖ und NEOS – dem Vorhaben die Zustimmung verweigert. Auch Vorschläge zur Nachverdichtung und unterirdischen Dislozierung von Parkplätzen im Ausmaß von 2,7 Hektar wurden abgelehnt; siehe https://www.derstandard.at/story/2000145180728/der-notstand-beim-wohnen-ist-in-salzburg-laengst-real.

3. Krise in der sozialen Wohnungspolitik

Folgekosten der öffentlichen Hand, welche die direkten und indirekten Konsequenzen der Wohnungsfrage in Sozial- und Jugendämtern, in Schulen und im Gesundheitswesen mit Mitteln der Polizei und sozialer Dienste bewältigen muss (*Oberwittler* 2003; *Rogge* 2018, 109 f). *Robert Castels* Arbeit über die Rebellion in den Vorstädten (2009) hat dies mehr als deutlich gemacht. Ebenso griffig hat *Leendertz* (2022) diese Analyse angesichts der zunehmenden Komplexität und Unregierbarkeitsblockaden auf den jeweiligen Ebenen staatlicher (Wohnungs-)Politiken im Bild des „*erschöpften Staates*" verdichtet, dessen wohnungspolitische Instrumente angesichts einer Politik der Privatisierung und Vermarktlichung der Daseinsvorsorge stumpf geworden sind.

Die Bedeutung dieses Politik- und Staatsversagens erschließt sich vor allem aber auch daraus, dass der Staat als ideeller Gesamtkapitalist die Wohnversorgung deshalb sicherstellen muss, weil seine primäre Aufgabe in der Aufrechterhaltung der allgemeinen äußeren Bedingungen der kapitalistischen Produktionsweise (*Kemper* 2015; *Röhrich* 2018) liegt. Er muss dies dezidiert auch gegen Übergriffe einzelner Kapitalist:innen oder Kapitalfraktionen wie dem Immobilienkapital (*MEW* 19, 222) tun, will er Akkumulationsregime und Regulationsweise des Kapitalismus auf nachhaltige Weise sicherstellen. Denn hohe Boden- und Immobilienpreise sowie Mieten belasten ja nicht nur Unternehmen und Haushalte, sondern verkörpern einen Abzug von der Revenue der Kapitalfraktionen jenseits des Finanz- und Immobiliensektors. Die Sozial- und Institutionengeschichte der Herausbildung des Sozialstaates macht zudem deutlich, dass die Wohnungsnot nicht nur Gesundheit und Einkommen von Arbeitnehmer:innen oder die Profiterwartungen von Kapitalfraktionen außerhalb des Immobiliensektors belastet, sondern Springquelle einer ganzen Reihe sozialer Probleme ist, welche nicht nur öffentliche Budgets sondern vielmehr noch die Verwertung von Arbeitsvermögen im Produktionsprozess belasten (*Könen* 1990). Dies würde zwar ein aufgefächertes Set staatlich-administrativer Interventionsformen erfordern, um leistbaren und annehmbaren Wohnraum zu schaffen, zu finden oder zuzuweisen (*Mair* 1993) – regierende politische Eliten haben dies jedoch verhindert.

Die Krise der Wohnversorgung unterer sozialer Strata zeigt, dass der Staat samt seinen Apparaten kein kollektiv vernünftiger Akteur ist. Eine Ursache hierfür liegt in der Korruptivität bzw. Korruptionsanfälligkeit der Auslagerung staatlicher Aufgaben der Daseinsvorsorge an private Akteure. Fraglos drückt sich in der politischen Unfähigkeit bzw. dem Unwillen, Wohnkostenlasten zu reduzieren, selbst wenn sie knapp die Hälfte eines verfügbaren Haushaltsnettoeinkommens erreichen, nicht nur ein deplorabler Rationalitätshorizont aus, der vor allem der ‚negativen Selektion' politischer Eliten oder deren Anbindung an jeweilige Fraktionen des Kapitals geschuldet ist. Dies ist auch den Widersprüchen zwischen jeweiligen Fraktionen des Kapitals mit je unterschiedlichen Verwertungsinteressen geschuldet.

Ein weiterer Aspekt liegt in der institutionellen Verfasstheit des politischen Systems, in dem langfristige, mit komplexen Handlungsfolgen und multiplen Rückkopplungen verknüpfte Entscheidungen nur in eingeschränktem Maße getroffen werden können. Diese konzeptionelle Pfadabhängigkeit des politischen Systems, seine in ‚Frames', also Denkweisen ausgedrückte Kultur, erklärt zugleich auch, warum bestimmte Reformvorhaben über Jahrzehnte ‚herumgeschoben', aber nicht angegangen werden, und absehbar kontraproduktive Folgewirkungen politischer Entscheidungen nicht ‚internalisiert' werden können.

Die Verlierer:innen der Liberalisierung und Vermarktlichung des Wohnens spielten für die Legitimation des politisch-administrativen Systems über Jahrzehnte hinweg kaum eine Rolle. Daher ist der Transmissionsmechanismus zwischen dem politischen Willen des Souveräns und der Arbeit der Regulation an der Wohnungsfrage brüchig geworden. Ob nun jene politischen Parteien, welche die Wohnungsfrage zumindest programmatisch auf die Tagesordnung gesetzt haben, zu einem Paradigmenwechsel beitragen steht dahin.

Die oben skizzierten Mechanismen lassen sich in allen DACH-Gesellschaften nachzeichnen. So ging nach der Abschaffung der gemeinnützigen Wohnungswirtschaft 1989[364] in D die Zahl der neu errichteten (Genossenschafts-)Wohnungen wie zu erwarten war deutlich zurück, während die von politischen Eliten geäußerte Erwartung, dass mit diesem Liberalisierungsschritt eine Erhöhung der Bautätigkeit einhergehen würde, nicht eingetreten ist (*Holm/Horlitz/Jensen* 2017). Auch das in D eingeführte Shareholder-Modell, das mit der Privatisierung der BUWOG-Wohnungen in A vergleichbar ist, blieb wie *ab initio* absehbar erfolglos. Die Marktmieten stiegen weiter, der soziale Wohnungsbestand nahm ab. Forderungen nach Mietzinsbeschränkungen (Mietzinsdeckel; Mietpreisbremse), einer Ausweitung des Sozialwohnungsbestands sowie der Enteignung großer Immobilienkonzerne verhallten ungehört. Dessen ungeachtet wurde der Pfad einer Liberalisierung des Wohnungswesens nicht verlassen.

In A blieben zwar die Institutionen des gemeinnützigen Wohnbaus (gleichwohl 60.000 [Bundes-]Wohnungen privatisiert wurden; *Obinger* 2019) wie auch der Gemeindebau erhalten. Zudem steht nach wie vor die Objektförderung im Rahmen der Wohnbauförderung im Vordergrund, weshalb die Wohnkostenbelastung in A im DACH-Vergleich noch moderat geblieben ist. Gleichwohl stiegen aber aufgrund der Ineffektivität verfügbarer Instrumente der Bodenbewirtschaftung sowie der Unfähigkeit politischer Eliten, adäquat und zeitgerecht auf die Spekulationsdynamik am Immobilienmarkt zu reagieren, die Bodenpreise 2007–2020 unverhältnismäßig stark an (*Kunnert* 2016), sodass

---

[364] Bis zur Aufhebung der Wohnungsgemeinnützigkeit 1989 waren alle Genossenschaften nach dem Wohnungsgemeinnützigkeitsgesetz als gemeinnützig anerkannt. Danach blieb nur noch die Begünstigung nach dem Körperschaftssteuergesetz erhalten, sofern der Tätigkeitsschwerpunkt der Genossenschaft die Vermietung von Wohnraum an ihre Mitglieder ist (*Kuhnert/Leps* 2017). An die Stelle der Gemeinnützigkeit trat im Modell der bzw. die Investor:in (investierendes Mitglied), welche:r anstelle der öffentlichen Hand einen relevanten Teil der Kapitalausstattung beistellen soll.

die Leistbarkeit des Wohnens jedenfalls für die untersten vier Dezile der Einkommensverteilung nicht mehr gewährleistet ist (*Eurostat* 2020). Umgekehrt muss das als Wohnraum überakkumulierte Kapital (Vermögen) nicht verwertet werden, wird folglich spekulativ oder auch nur aus Gründen der „conspicuous consumtion" (demonstrativer Statuskonsum) im Leerstand gehalten. Während also „die da unten" leistbar wohnen wollen aber nicht können, können „die da oben" leistbar vermieten, wollen aber nicht (ihre Renditeerwartungen reduzieren). Schätzungen der Zahl der in Wien leerstehenden Wohnungen variieren zwischen 30.000 und 100.000;[365] in Graz lag der Leerstand 2021 bei 38.000[366] Wohnungen, in Innsbruck bei 8,6 %,[367] in Salzburg bei 2,2 % aller Wohnungen – im Innenstadtbereich indes bei 6,1 %.[368] Als Reaktion auf diese politisch orchestrierte Knappheit sind zwischen 2005 und 2017 die Immobilien-Kaufpreise nominell um 78 %, die Mieten um 43 % (*Kadi/Babanak/Plank* 2020) und damit deutlich stärker als die Erwerbseinkommen gestiegen, die im Vergleichszeitraum nur um 25 % zugenommen haben. Forderungen nach einer sozialen Vertragsraumordnung, der Schaffung von Vorbehaltsflächen oder auch der Verdichtung von Bauten, vor allem aber nach einer stärkeren Kontrolle von Marktmietzinsen verhallten ungehört.

Auch in der CH ist kostengünstiger Wohnraum zwischenzeitig Mangelware. Der Anteil des sozialen Wohnbaus lag 2020 bei nur 7,7 % (mit erheblichen regionalen Unterschieden; er lag etwa in Zürich bei 25 %) – im Gegensatz zu 15,9 % in A. Anders als in D und A wird der Wohnungsmarkt indes weitgehend geräumt. So betrug die Leerstandsrate in Zürich 2022 gerade einmal 0,07 %; das entsprach 120 am Markt verfügbaren Wohnungen. Schweizweit lassen vor allem gewerbliche Vermieter Wohnungen leer

---

[365] https://kontrast.at/wien-leerstand-wohnungen/
[366] https://neuezeit.at/leerstaende-graz/
[367] https://www.meinbezirk.at/innsbruck/c-lokales/leerstandsquote-liegt-seit-nov-2021-bei-86_a5459512
[368] https://www.salzburg.gv.at/bauenwohnen_/Documents/endbericht_wohnungsleerstand_final.pdf

stehen (*Bartal* 2022). Gegengleich finden Armutsbetroffene vielfach keine für sie aus eigenen Mitteln bezahlbare Wohnung (*Hochuli* 2019); sog. ‚Tieflohnarbeiter' (Niedriglöhner) werden damit aus Städten de facto vertrieben (*Kuster/Borger* 2019).

Die Entwicklung des Wohnungswesens verkörperte bereits vor der COVID-19-Pandemie und dem Ukraine-Krieg samt Teuerungskrise eine Zerreißprobe der gesellschaftlichen Kohärenz. *Hentschel/Lohauß* (2019) haben in Anlehnung an *Karl Polanyi*s historischen Institutionen-Ansatz einer schrittweisen Vermarktlichung des Bodens gezeigt, dass sich nicht nur Immobilienpreise von der (regionalen) Einkommensentwicklung abkoppeln, sondern sich eine unüberbrückbare Schere zwischen Nachfrage und Angebot auftut. Obwohl die neoklassische Ökonomie kein geeigneter Orientierungsrahmen für die Wohnversorgung der Daseinsvorsorge ist, bleibt die Wohnungspolitik weiterhin daran orientiert. Indes deutet vieles darauf, dass dies zugleich auch eine Komponente der Aufkündigung des fordistischen Klassenkompromisses (*Marchart* 2014, 60) verkörpert, welcher ein Mindestmaß an Integration und Inklusion verbürgen sollte.

4. Perspektiven

Wo also endet all das? Was blieb vom hehren Versprechen des Völker-, Gemeinschafts-, Verfassungs- (CH), Zivil- und Sozialrechts, das Grundbedürfnis und Menschenrecht auf leistbares, dem gesellschaftlichen Reichtum entsprechendes Wohnen für alle zu decken? *Häußermann/Kronauer/Siebel* haben vor 20 Jahren (2004) eine dystopische Perspektive räumlicher Segregation skizziert. Darin wurde der Vorstellung einer sich epidemisch ausbreitenden ‚Unbehaustheit' der Vermögenslosen, prekär Beschäftigten, Armen und Marginalisierten Raum gegeben. Nun ist das nicht mehr bloß Dystopie, wie man bereits in *Bourdieu*'s „Elend der Welt" (1997) oder in *Davis*' „Planet of Slums" (2011) nachlesen konnte. Im Detail haben *Nagel* (2013), *Bremer* (2013) oder *Alisch* (2015) wie viele andere auch die Mechanismen der sozialen Ausgrenzung und Diskriminierung am Wohnungsmarkt nachgezeichnet. Ursächlich für diese Prekarisierung der Wohnverhältnisse der Vermögenslosen ist eine Politik der Deregulierung, Liberalisierung und Finanzialisierung des Wohnens.

Die Zahlen sprechen für sich: 2023 war beinahe jeder dritte Mieter:innenhaushalt in D mit seinen Wohnkosten überlastet. Ähnlich hoch liegen die Werte in der CH, deutlich niedriger in A. In A stellten Wohnkosten 2023 für 21 % aller Haushalte eine schwere Belastung dar.[369] In Vbg. etwa mussten 2023 aber 37 % aller Haushalte mehr als 40 % ihres Nettoeinkommens für Wohnzwecke aufwenden.[370] Jeder zehnte Mieter:innenhaushalt hatte in A 2022 mehr als 50 % aufzuwenden. Die Entwicklung der Belastungswerte weist nach oben. 2017 waren es in D noch 14,5 % aller Personen gewesen, die mehr als 40 % ihres verfügbaren

---

[369] https://www.statistik.at/fileadmin/announcement/2023/12/20231220sozialeKrisenfolgen2023Q3.pdf
[370] https://immo-timeline.at/a/enorme-wohnkosten-belasten-vorarlberger

Äquivalenzeinkommens für Wohnraum auszugeben hatten (in A lag dieser Wert 2017 bei 7,1 % und in der CH bei 12,7 %). Ende 2023 standen wir in A beim Dreifachen und in D beim Zweifachen des Wertes von 2017. Zugleich führt die Annahme, Leben in Gemeindewohnungen oder Genossenschaftswohnungen schütze vor derartige Belastungen, in die Irre. Zwar gilt, dass Haushalte, die zu Marktpreisen mieteten, 2017 in D zu 20,5 %, in A zu 15,5 % und in der CH zu 19,6 % überlastet waren. Doch auch in öffentlichen, gemeinnützig errichteten oder direkt preisregulierten Mietverhältnissen waren noch immer 19,3 % der Mieter:innen in D, 8,8 % in A und 13,4 % in der CH überlastet.[371]

Diese Entwicklung mündet in Prekarität, Wohnungs- und Obdachlosigkeit, also in ungesicherten Wohn- und Reproduktionsverhältnissen. 2022 waren (zumindest) 0,9 Mio. Menschen in der EU obdachlos.[372] Reliable Daten zur Obdach- und Wohnungslosigkeit bzw. prekären Wohnverhältnissen[373] existieren freilich nicht. Man wird indes von etwa dem Fünffachen dieser Zahl ausgehen können. In D waren 2022 50.000, in A 21.000, in der CH 2.000 Personen obdachlos, während in D 2022 weitere 550.000 wohnungslos waren.[374] Rückt man die Wohnkostenüberlastungsproblematik, Wohnungsüberbelag und gesundheitsschädliche Wohnbedingungen in das Bild, so wird für die untersten drei Dezile der Gesellschaft Wohnen nicht nur zu einer sozialen und räumlichen Ausgrenzungserfahrung sowie einem finanziellen Armutsgefährdungsrisiko, sondern bedeutet das Herausfallen aus gesellschaftlichen Bezügen. *Mohamed* (2022)

---

[371] https://ec.europa.eu/eurostat/statistics-explained/index.php?title=File:Quote_der_Überbelastung_durch_Wohnkosten_nach_Wohnbesitzverhältnissen,_2017_(in_%_der_angegebenen_Bevölkerung)_FP20-DE.png

[372] https://de.euronews.com/my-europe/2023/09/05/bericht-fast-900000-menschen-in-europa-obdachlos#

[373] Im Falle der Wohnungslosigkeit ist die Nutzung von Wohnraum nicht vertraglich gesichert.

[374] https://www.bagw.de/fileadmin/bagw/media/Doc/PRM/PRM_PM_BAG_W_Pressemappe_Hochrechnung_Zahl_der_wohnungslosen_Menschen.pdf

hat das als Unterschied zwischen Leben (Wohnen) und Überleben (vorläufiges Dach über dem Kopf) beschrieben. *Stein* (2019) hat in *Capital City* nachgezeichnet, welche Wohnverhältnisse eine refeudalisierte Klassengesellschaft den als „unverwertbar" Etikettierten (Überflüssige, Marginalisierte), aber auch den Modernisierungsverlierer:innen (Geringqualifizierte, Geringverdienende, eingeschränkt Leistungsfähige) zudenkt, nämlich eine Verbannung an Ränder, in Notunterkünfte oder überhaupt ungeschützt in den depravierten Teil des öffentlichen Raums.

Eine ganze Lawine soziologischer Befunde hat zwischenzeitig die Wohnbedingungen dieser „Überflüssigen" analysiert (*Böhnke* 2005; *Willisch/Bude* 2006; *Bude* 2008), während sich Wohnungsknappheit und Wohnkostenüberlast durch die Unterschicht hindurch in die untere Mittelschicht hinaufarbeiten (*Harth/Scheller/ Tessin* 2013, 125 ff.). Die Kapitalisierung des Raums sowie die Verschmelzung von Risikokapital und ‚Real Estate' haben eine neue Geografie sozialer Ungleichheit geschaffen. *Atkinson* (2020) hat dies als Herausbildung der „*Alpha City*" charakterisiert, geprägt durch die Entbettung und Vertreibung der Vermögenslosen. Übrig bleiben in den prosperierenden urbanen Zonen Vertreter:innen von Finanzadel, Plutokratie, Symbolagenten (Rechts- und Wirtschaftsdienste) und politischer Dienstklasse, während der etikettierte „Pöbel" zusehen muss, wo er bleibt. 2023 waren etwa in England 300.000 Haushalte (ein Drittel davon mit Kindern) obdachlos.[375] Was sich hier abzeichnet, ist eine Rückkehr in den Manchesterkapitalismus, eine Kapitalisierung und Privatisierung des öffentlichen und gebauten Raums, letztendlich eine Entdemokratisierung des Wohnungswesens (*Kemper* 2022).

Andererseits eignet sich das Wohnungskapital im „*Real Estate State*" einen immer größeren Anteil der Wertschöpfung an. Die Folgen der Wohnungsmarktliberalisierung sind gesamtwirt-

---

[375] https://de.euronews.com/2023/10/23/obdachlosigkeit-in-england-traurige-rekordanzahl-von-notunterkunften

schaftliche Ungleichgewichte, schwaches Wachstum, Arbeitslosigkeitsrisiken und Armutsgefährdung. Der ständige Verweis auf die Konjunkturschwäche der Bauwirtschaft greift zu kurz. Denn gerade die Erfolge dieser Bauwirtschaft, die Wohnraum herstellt, den sich nur die ‚Better Off' ohne Einschränkungen (wenn überhaupt) leisten können, spiegeln sich in Nachfrageeinbrüchen anderer Branchen.

Während die Wohnungspolitik in den OECD-Gesellschaften ihren Versorgungsauftrag nur mehr auf sozial-selektive Weise wahrnimmt, so *Madden/Marcuse* (2016, 119 ff.), erweist sich das herkömmliche, oben skizzierte Instrumentarium der sozialen Wohnungspolitik und Wohnversorgung als stumpf und unzureichend. Von unterschiedlichen Ausgangsniveaus her, mit unterschiedlicher Rechtskultur (Wohnen als Verfassungsauftrag in der CH; Eliminierung der Gemeinnützigkeit in D) und mit unterschiedlichen Institutionen (hoher Anteil von Gemeinde- und Genossenschaftswohnungen in A) sehen sich alle DACH-Gesellschaften mit einer fundamentalen Krise des Bauens, der Wohnversorgung, der Zugänglichkeit, Verfügbarkeit und Leistbarkeit (Prekarität, Wohnkostenüberlast) des Wohnens konfrontiert. Der Anteil von Wohnraum in öffentlichem Eigentum ist langfristig rückläufig oder stagniert. Gemeinnützige Wohnbaugenossenschaften finden sich in einer Defensive wieder und setzen allenfalls auf Baurechtsmodelle, solange die öffentliche Hand noch über eigene Baugründe oder Vorbehaltsflächen verfügt. Gleichwohl die Instrumente der Boden- bzw. Baulandbeschaffung geschärft wurden hinkt der Wohnbau dem Bedarf und erst recht dem Bedarf an leistbarem Wohnraum hinterher. Auch die Instrumente der Preisregulierung am Mietwohnungsmarkt sind zu schwach, da sie den freien Wohnungsmarkt kaum berühren, während der soziale Wohnungsmarkt die Nachfrage nicht zu decken vermag.

Dies liegt im Wesentlichen darin begründet, dass sich die staatliche Wohnungspolitik substanziell darauf beschränkt, Transaktionen mittels Transferleistungen (Subventionen, Zuschüsse,

Beihilfen, bedarfsgeprüfte Leistungen) oder inhaltlichen Vorgaben (höchstzulässige Mietzinse) zu moderieren, ohne unmittelbar in den Markt und seine Eigentumsverhältnisse einzugreifen. Doch das Niveau der Transferleistungen eines „Wohnschirms" kann niemals so hoch werden wie die unregulierten Renditeerwartungen der institutionellen Investoren und ihrer ‚Share-Holder'. Was sich gegengleich kaum oder gar nicht ereignet, sind Eingriffe in die Reichtumsverhältnisse, also etwa im Hinblick auf langfristig angelegte Schaffung eines Wohnungsbestandes im öffentlichen Eigentum. Ganz im Gegenteil wurden in allen DACH-Gesellschaften in den letzten Jahrzehnten öffentliche Wohnungsbestände (auch Sozialbindungen) massiv abgebaut, also öffentlicher Reichtum preisgegeben. Gleiches gilt auch für Baugründe im öffentlichen Eigentum, die regelrecht abverkauft wurden.

Erörtert wurde, dass die Triebfeder dieser Entwicklung in der Umwandlung von Wohnraum in Wertanlage und Spekulationsmasse zu finden ist. Dabei ist die Wohnkapitalanlage der einen die Wohnungsnot der anderen. Obdachlosigkeit, Wohnungslosigkeit und Wohnkostenüberlast sind also gleichsam der Fußabdruck der Reichen als historischem Subjekt der Plutokratie. Die politisch inszenierte Logik dieser Kapitalakkumulation in Form von Wohnungskapital zieht eine verheerende Polarisierung der Wohnbedingungen nach sich. Gezeigt wurde, dass sich in den untersten Dezilen hohe Wohnkosten in einen Auslöser der Armutsgefährdung (*Einem* 2016) verwandeln, weil zu wenig leistbarer und zugänglicher Wohnraum für armutsgefährdete und marginalisierte Populationen (*Keicher/Gillich* 2017) existiert. Sind diese Gruppen auf für sie zu teure Segmente des Mietwohnungsmarktes verwiesen, reproduzieren und verschärfen sich in prekären Wohnungssituationen Armutslebenslagen bis hin zu Wohnungslosigkeit und Obdachlosigkeit. Massive gesellschaftliche Folgekosten treten im Sog dieser Entwicklung zu Tage. Eine Stufe darüber, in den abrutschenden Mittelschichtenhaushalten, verstärkt die steigende Wohnkostenlast bestehende Erosionsdynamiken (*Keller* 1999). Auch hier sind soziale Stagnation oder Abstieg mit Deprivations-, Stigmatisierungs- und Diskriminierungserfahrungen verbunden (*Desmond* 2017). Zugleich absorbieren hohe Wohnkosten Teile der Kaufkraft der Haushalte, die in anderen Konsumsegmenten fehlen (Kleidung, Bildung, Teilhabe, Nahrung). Die herrschenden Aneignungsmechanismen des Wohnungskapitals sind also gesamtwirtschaftlich destruktiv.

Wohnrisiken werden solcherart ubiquitär. Selbst in den Mittelschichten schützt Wohnungseigentum nicht mehr vor Armutsrisiken. So gilt eine wachsende Zahl von Personen als armutsgefährdet, die (als Eigner) in Eigentumswohnungen oder Einfamilienhäusern leben. Langfristig betrachtet lebt etwa ein Drittel der Armutsgefährdeten und materiell Deprivierten im Eigentum, ist also Haus-/Wohnungseigentümer. Vom Sozialleistungsbezug (Wohnbeihilfe; Mindestsicherung bzw. Sozialhilfe) her betrachtet leben in A immerhin etwa 7 % der Armen im Hauseigentum und 10 % in Wohnungseigentum, während 31 % in Gemeindewohnungen, 13 % in Genossenschaftswohnungen, 27 % zur Hauptmiete und 26 % mietfrei in einer Wohnung oder einem Haus[376] wohnen. Die Verfügbarkeit von direkt oder indirekt gefördertem Wohnraum schützt also vor Armutsgefährdung nicht.

Wer materiell erheblich depraviert oder armutsbedroht ist und nicht bereits im Wohnungseigentum oder Hauseigentum wohnt, ist am Wohnungsmarkt auf leistbaren Wohnraum im Gemeindebau oder im Segment der gemeinnützigen Wohnungswirtschaft angewiesen. Deren Angebot aber deckt die Nachfrage nicht. Armutsgefährdete/Armutsbetroffene haben vielfach aufgrund fehlender Eigenmittel keinen Zugang zu gefördertem Wohnraum, finden zugleich aufgrund von Niedrigeinkommen, sozialer Stigmatisierung oder hoher Zugangshürden keinen Zugang zu privatem Wohnraum, stehen teils jahrelang auf Warte-

---

[376] http://www.statistik.at/web_de/statistiken/soziales/armut_und_soziale_eingliederung/

listen beim Zugang zum Gemeindewohnungsbestand. Armutshaushalte leben daher häufig in teuren, überbelegten, schlecht ausgestatteten, privat vermieteten Wohnungen (*Friedrich/Kempen* 2004; *Dangschat* 2014). Die Folgen sind vielfach segregativer Natur, das zeigt sich etwa in der prekären Wohnversorgung von Migrant:innen (*Kohlbacher/Reeger* 2007).

Die Debatte um Alternativen ist breit gefächert, wobei etwa in D auf kommunaler Ebene bereits weitreichende Einschnitte in die Raumordnung (Bebauungs- und Bewohnungsvorgaben) vorgenommen wurden. In der CH, wo der Rahmen der Wohnungspolitik direkt-demokratisch verfasst ist, fordert eine „Wohnschutz-Initiative" direktive Eingriffe in den Markt, etwa dass Investor:innen nach Sanierungen oder Ersatzneubauten nur noch beschränkten Gewinn machen dürfen oder dass die öffentliche Hand (Kantone, Gemeinden) die Mietzinse kategorial deckelt. Korrespondierend fordert eine „Abbruchschutzinitiative", den Abriss von Häusern zu verbieten. Eine Initiative „Für faire Mieten und bezahlbares Wohnen" fordert, dass bei Mieterwechseln die Vormiete offengelegt werden muss. Andere Initiativen urgieren, dass die Eigentümer:innen leerstehender Häuser/Wohnungen enteignet werden sollen (Luzern). Vielfach ist die Forderung zu vernehmen, dass Stiftungen, Vereine oder nicht gewinnorientierte Genossenschaften bis 2025 mindestens 15 % aller Wohnungen in ihr Eigentum überführt haben sollen. Soziale Bewegungen verweisen darauf, dass die Baudichte erhöht, der Lärmschutz reduziert, Einsprachemöglichkeiten von Nachbarn bei Neubauten reduziert[377] werden können. Eingefordert wird das Recht auf Wohnungstausch ohne Mietzinserhöhung, die Vorgabe einer Mindestbelegung in urbanen Neubauten sowie ein öffentliches Vorkaufsrecht bei Baugründen und Einfamilienhäusern. Von NGO's ist zu vernehmen, dass Wohnungen in be-

---

[377] Eine Schätzung besagt, dass allein in der Stadt Zürich auf einen Schlag etwa 2000 Wohnungen gebaut werden könnten, wenn die entsprechenden Projekte nicht durch Lärmschutzvorschriften oder Einsprachen blockiert wären.

darfsdeckendem Ausmaß verpflichtend von Gemeinden errichtet werden sollen. Der Gemeinderat der Stadt Zug etwa hat beschlossen, dass bis 2040 insgesamt 20 % aller Wohnungen auf dem Stadtgebiet als leistbare Sozialwohnung ausgewiesen sein sollen. Vielfach wird die Umwidmung leerstehenden Büroraums oder auch die Umwandlung von Parkhäusern in Wohnraum eingefordert, während in Zürich die Möglichkeit erörtert wurde, für die gesamte Stadt die Baufluchtlinie um ein Stockwerk bzw. drei Meter anzuheben.

Es geht in diesen Debatten darum, die Wohnversorgung sukzessive zu vergesellschaften, das Wohnen dem (freien) Markt zu entziehen und gemeinnützigen Trägern zu überantworten (*Gütter* 2019), also Marktmechanismen auszuhebeln. Dass Wohnen unter den herrschenden Spielbedingungen der Kapitalisierung von Wohnraum eine Maschine für die Verteilung von unten nach oben, eine Praxis der Enteignung und Verdrängung ist liegt auf der Hand und ist verteilungs- wie demokratiepolitisch inakzeptabel.

Was nunmehr erforderlich ist, sind Eingriffe in die Eigentums- und Marktordnung selbst: Immobilienfonds und Anleger:innen dürfen keinen Zugang zum Wohnungsmarkt haben. Gehortete gewidmete Bauflächen sind in Grünland rückzuwidmen oder gemeinnützigen Zwecken zuzuführen (*Schowalter* 2021). Leerstand ist durch Fehlbelegungsabgaben zu sanktionieren oder zwangsweise zu bewirtschaften (öffentliche Hand als Zwischenmieterin) oder zu enteignen. Baulandpreise und Vorkaufsrechte der öffentlichen Hand oder von gemeinnützigen Wohnbaugenossenschaften sind gesetzlich festzuschreiben. Bestehende Bausubstanz ist zu verdichten, überproduzierter Büroraum (Ursachen: Spekulation, Corona, Homeoffice) umzuwidmen, die Ruinen der fossilistischen Individualmobilität (Parkhäuser) sind in Wohnraum umzuwandeln, Supermärkte, Baumärkte und Tankstellen sind zu überbauen. In D etwa lassen sich leerstehende Büroflächen in 200.000 Wohneinheiten zu einem Drittel der Neubaukosten umwidmen (*Brokow-Loga* 2023).

Mietpreise sind direktiv durch Obergrenzen zu regeln und Mietwucher wie in der CH ins Strafrecht zu überführen. Die Gemeinden sind zu verpflichten, quotiert (abhängig von ihrer Einwohner:innenzahl) und langfristig einen eigenen verdichteten Wohnungsbestand aufzubauen und den Zersiedelungsprozess (Bodenverbrauch) der letzten Jahrzehnte rückabzuwickeln. Die Wohnbauförderung der öffentlichen Hand ist kurz- und mittelfristig ausschließlich auf den gemeinnützigen Mietwohnungsbau zu fokussieren und jedenfalls in A einheitlich bzw. zentralstaatlich zu organisieren. Nachdem die Spekulation (bäuerlicher und institutioneller) Liegenschaftseigentümer unterbunden wurde, indem die erstinstanzliche Zuständigkeit der Bürgermeister außerhalb der Statutarstädte in A in die unmittelbare Bundesverwaltung überführt wurde, können effektiv regulierte Bodenpreise Grundlage für eine skandinavische Lösung sein, in der Eigentümer-Genossenschaften die Wohnversorgung sichern. Wohnrisiken sind aus dem Sozialhilferecht in ein eigenständiges Wohnungssicherungsrecht zu überführen. Energie- und Baupreise sind politisch zu regulieren. Wer indes dieses Instrumentarium als unrealistisch oder gar als radikal abtut, hat die Natur des Wohlfahrtsstaates als „Widerlager gegen die Autodestruktivität des Kapitalismus" (*Eduard Heimann* [1980], ein Sozialdemokrat) nicht verstanden und den Kampf um die Teilhabe der abhängig Beschäftigten am gesellschaftlich produzierten Reichtum auch schon verloren.

Literaturverzeichnis

AK-NOE (2012): Die Wohnbauförderung der Bundesländer, Wien.

AK-Wien (2020): Vermögensverteilung, Wien.

Alisch, M. (2015): Sozialraum und Governance. Opladen.

Alisch, M. / J. Dangschat (1998): Armut und soziale Integration. Strategien sozialer Stadtentwicklung, Opladen.

Altzinger, W. (2019): Mitte ist in Österreich überdurchschnittlich stark geschrumpf (Interview); verfügbar unter: https://www.derstandard.at/story/2000108574665/die-mitte-ist-in-oesterreich-ueberdurchschnittlich-stark-geschrumpft

Altzinger, W. / E. List (2020a): Eigentum und Miete: Finanzielle Belastung durch Wohnkosten in Österreich; in: Momentum Quartely. Zeitschrift für Sozialen Fortschritt, Nr. 3, 161 ff.

Altzinger, W. / E. List (2020b): Wohnkosten in Österreich. Studie der WU, Wien.

Amann, W. (2019): Strukturwandel in der österreichischen Wohnbauförderung; in: Österreichischer Verband gemeinnütziger Bauvereinigungen (Hg): Wohnungsgemeinnützigkeit in Recht, Wirtschaft und Gesellschaft, Wien,

Amann, W. / A. Mundt (2014): Armutspolitische Dimensionen von Gemeindewohnraum, gemeinnützigem Wohnbau und Wohnbauförderung; in: N. Dimmel / M. Schenk / C. Stelzer – Orthofer (Hg): Handbuch Armut in Österreich[2], Innsbruck, 753 ff.

Amisegger, H. et al. (2016): Praxiskommentar RPG, Zürich.

Atkinson, R. (2020): Alpha City, London.

Bäcker, G. / E. Kistler (2021): Erosion der Mittelschicht; vorfindlich unter: *https://www.bpb.de/themen/soziale-lage/verteilung-von-armutreichtum/272028/erosion-der-mittelschicht/*

Balchin, P. (2013): Housing Policy in Europe, Abingdon.

Balchin, P. / M. Rhoden (2017): Housing Policy, Abingdon.

Baresel, K. et al. (2021): Hälfte aller Erbschaften und Schenkungen geht an die reichsten zehn Prozent aller Begünstigten; in: DIW Wochenbericht, Nr. 5, 63 ff.

Baron, H. et al. (2021): Wohnungspolitik und Wohnversorgung. Bericht aus fünf wachsenden europäischen Millionenstädten. Studie der AK, Wien.

Bartal, Y. (2022): Credit Suisse lässt trotz Notlage Wohnungen leer stehen; vorfindlich unter: *https://www.20min.ch/story/die-credit-suisse-laesst-trotz-notlage-wohnungen-leer-stehen-341553627845*

Bauer, E. (2014): Wohnbeihilfe statt Wohnbauförderung – Irrtümer und Gefahren; vorfindlich unter: *http://www.gbv.at/Page/View/4200*.

BBSR (Bundesinstitut für Bau-, Stadt- und Raumforschung) (2017): Kommunale Wohnungsbestände in Deutschland, Bonn.

BBSR (2020): Kommunale Wohnungsbestände: Mietengestaltung – Ausweitung – Investitionen, Bonn.

BBSR (2022): Faktenblätter zum Deutschen Wohnungsmarkt, Bonn.

Beckert, J. (2022): Durable Wealth: Institutions, Mechanisms, and Practices of Wealth Perpetuation; in: Annual Review of Sociology, Nr. 48, 233 ff.

Beer, C. / K. Wagner (2012): Wohnkostenbelastung der österreichischen Haushalte; in: Geldpolitik und Wirtschaft, Q. 4, 82 ff.

Belina, B. (2018): Wenn Geldkapital eine sichere Bank sucht; in: Prokla, Nr. 191, 187 ff.

Belina, B. (2021): Gentrifizierung und Finanzialisierung; in: J. Glatter / M. Mießner (Hg.): Gentrifizierung und Verdrängung, Bielefeld, 57 ff.

Berka, W. / A. Kletečka (2014): Gutachten zu Rechtsgrundlagen der Vertragsraumordnung in Österreich; in: ÖROK (Hg): Beiträge der Raumordnung zur Unterstützung leistbaren Wohnens, Wien, 77 ff.

Berner, L. / A. Holm / I. Jensen (2015): Zwangsräumungen und die Krise des Hilfesystems, Berlin.

Bertelsmann Stiftung (2013): Wohnungsangebot für arme Familien in Großstädten. Eine bundesweite Analyse am Beispiel der 100 einwohnerstärksten Städte, Gütersloh.

BFS (Bundesamt für Statistik) (2007): Kantonale Wohnbeihilfen und Arbeitslosenhilfen. Abgrenzungskriterien für die Sozialhilfestatistik und das Inventar der bedarfsabhängigen Sozialleistungen, Bern.

BFS (2019): Statistischer Sozialbericht Schweiz 2019, Neuchâtel.

BFS (2020): Erhebung über die Einkommen und Lebensbedingungen; verfügbar unter: https://www.bfs.admin.ch/bfs/de/home/statistiken/wirtschaftliche-soziale-situation-bevoelkerung/erhebungen/silc.html

BFS (2023): Mietwohnungen; verfügbar unter: https://www.bfs.admin.ch/bfs/de/home/statistiken/bau-wohnungswesen/wohnungen/mietwohnungen.html#:~:text=Ende 2021 lebten in der,40%) hingegen die tiefsten.

Bieri, C. / S. Mangtshang (2013): Zu wenig Wohnung! Zürich.

Blaas, W. / R. Wieser (2004): Wohnwirtschaftliche und volkswirtschaftliche Probleme durch Kürzung der Wohnbauförderung, Wien.

BMASK (2012): Sozialbericht 2011–2012, Wien.

BM Arbeit und Soziales (2021): Der sechste Armuts- und Reichtumsbericht, Berlin.

BM Arbeit und Soziales (2022): Empirische Untersuchung zum Gegenstand nach § 8 Absatz 2 und 3 Wohnungslosenberichterstattungsgesetz, Berlin.

BM Wirtschaftsstandort (2022): Wohnungspolitik und Wohnungswirtschaft in Österreich, Wien.

BMWSB (2022): Genossenschaftliches Wohnen; verfügbar unter: https://www.bmwsb.bund.de/Webs/BMWSB/DE/themen/stadt-wohnen/wohnungswirtschaft/genossenschaftliches-wohnen/genossenschaftliches-wohnen-node.html

Bochsler, Y. et al. (2015): Wohnversorgung in der Schweiz, Bern.

Böhnke, P. (2005): Am Rande der Gesellschaft. Risiken sozialer Ausgrenzung, Opladen.

Bonfig, A. / S. Heilmann (2021): Wohnraumkrise in Deutschland; in: BpB (Hg): Wohnen in der Krise, Bonn, 3 ff.

Bontrup. H.-J. (2016): Wettbewerbsideologie und Machtrealität; verfügbar unter: https://www.zeitschrift-marxistische-erneuerung.de/de/article/3117.wettbewerbsideologie-und-machtrealitaet.html

Borchert, R. (2019): Immobilienblase oder New Normal ? Der deutsche Immobiienmarkt zwischen Euphorie und Depression, München.

Bourdieu, P. (1992): Die verborgenen Mechanismen der Macht, Hamburg.

Bourdieu, P. (1997): Das Elend der Welt, Konstanz.

Braun, R. (2022): Versorgungsengpässe, Preisanstiege und Lösungsansätze auf großstädtischen Wohnungsmärkten; in: G. Spars (Hg.): Wohnungsfrage, Stuttgart, 45 ff.

Brauner, R. (1972): 50 Jahre Bundes-, Wohn- und Siedlungsfonds 1921–1971, Eisenstadt.

Bremer, P. (2013): Ausgrenzungsprozesse und die Spaltung der Städte, Wiesbaden.

Brie, M. (2021): Friedrich Engels und die Wohnungsfrage, Berlin.

Brokow-Loga, A. (2023): Umbau statt Neubau. Für eine sozialökologische Wende in der Wohnungspolitik; in: Blätter für Deutsche und Internationale Politik, Nr. 11, 103 ff.

Bruder, J. (2017): Nomadland – Surviving America in the 21st Century, New York.

Brunner, B. (2007). Qualitative Aspekte zum Wohnen in der Schweiz 2005. Studie im Auftrag des Bundesamtes für Wohnungswesen (BWO), mitunterstützt vom Schweizerischen Haushaltspanel (SHP), Bern.

Bude, H. (2008): Exklusion. Die Debatte über die Überflüssigen, Frankfurt.

BWO (Bundesamt für Wohnungswesen) (2017): Wohnungen im Eigentum von Gemeinden und Kantonen, Grenchen.

Bundestag (Dt) (2017): Lebenslagen in Deutschland – Fünfter Armuts- und Reichtumsbericht, Berlin.

Busch, U. / R. Land (2012): Teilhabekapitalismus – Fordistische Wirtschaftsentwicklung und Umbruch in Deutschland 1950-2009; in: Forschungsverbund Sozioökonomische Berichterstattung (Hg.): Berichterstattung zur sozioökonomischen Entwicklung in Deutschland, Wiesbaden, 111 ff.

BWO (Bundesamt für Wohnungswesen) (2017): Wohnungen im Eigentum von Gemeinden und Kantonen, Bern.

Caritas (2018): Menschenrecht auf Wohnen; vorfindlich unter: www.zuhause-fuer-jeden.de/caritas_studie_wohnen/

Casaretto, F. (2018): Hedging Practices, London.

Castel, R. (2009): Negative Diskriminierung. Jugendrevolten in den Pariser Banlieues, Hamburg.

Ceylan, R. (2006): Ethnische Kolonien. Entstehung, Funktion und Wandel am Beispiel türkischer Moscheen und Cafés, Wiesbaden.

Cingano, F. (2014): Trends in Income Inequality and its Impact on Economic Growth; erschienen als: OECD Social, Employment and Migration Working Papers Nr. 163, Paris.

Cischinksy, H. et al. (2020): Corona-Krise fordert Wohnungspolitik heraus; in: Wirtschaftsdienst, Nr. 7, 516 ff.

Clark, G. (2015): The Son also rises. Surnames and the History of Social Mobility, Princeton.

Council of Europe (2008): Housing Policy and Vulnerable Groups, Strasbourg.

Credit Suisse (2023): Global wealth report 2023; verfügbar unter: https://www.ubs.com/global/en/family-office-uhnw/reports/global-wealth-report-2023.html

Crouch, C. (2019): Gig Economy: Prekäre Arbeit im Zeitalter von Uber, Minijobs & Co., Frankfurt.

Cuennet, S. / P. Faverger / P. Thalmann (2002): La politique du logement, Geneve.

Czasny, K. et al. (2008): Wohnzufriedenheit und Wohnbedingungen in Österreich im Europäischern Vergleich, Studie des SRZ, Wien.

Czerny, M. (1987): Verteilungswirkungen der Wohnbauförderung; in: WIFO-Monatsberichte, Nr. 9, 552 ff.

Dabla-Norris, E. et al. (2015): Causes and Consequences of Income Inequality: A Global Perspective; erschienen als: IMF Staff Discussion Note, International Monetary Fund, Washington.

Dangschat, J. (2014): Räumliche Aspekte der Armut; in: N. Dimmel / M. Schenk / C. Stelzer-Orthofer (Hg): Handbuch Armut in Österreich[2], Innsbruck, 347 ff.

Davis, M. (2011): Planet of Slums, Berlin.

Derndorfer, J. et al. (2022): Vermögen und Reichtum in Österreich; verfügbar unter: https://www.sozialleistungen.at/api/v1/spid/articles/24_12/pdf

Desmond, M. (2017): Evicted. Poverty and Profit in den American City, London.

DeStatis (2020): Eigentümerquote nach Bundesländern; verfügbar unter: https://www.destatis.de/DE/Themen/Gesellschaft-Umwelt/Wohnen/Tabellen/eigentuemerquote-nach-bundeslaender.html

Dietrich, B. (1974): Grundrente und Wohnung; in: Kritische Justiz, Nr. 3, 251 ff.

DIFU (2023a): Neue Instrumente der Baulandmobilisierung, Berlin.

DIFU (2023b): Praxis der kommunalen Baulandmobilisierung, Berlin.

Dimmel, N. / J. Schmee (2021): Das Laboratorium. Politische Ökonomie und Soziologie pandemischer Herrschaft, Wien.

Doan, N. (2019): Evaluierung des Einsatzes von Baulandmobilisierungsmaßnahmen in den österreichischen Bundesländern; in: Der öffentliche Sektor, Nr. 2, 79 ff.

Drilling, M. / J. Dittmann / T. Bischoff (2019): Obdachlosigkeit, Wohnungslosigkeit und prekäres Wohnen: Ausmass, Profil und Bedarf in der Region Basel, LIVES-WP, Basel.

Drilling, M. et al. (2022): Obdachlosigkeit in der Schweiz. Verständnisse, Politiken und Strategien der Kantone und Gemeinden. Bundesamt für Wohnungswesen, Bern.

Dt. Städte- und Gemeindebund (2022): Das neue Baulandmobilisierungsgesetz, Berlin.

Dt. Bundestag (2022): Soziale Wohnraumförderung in den Bundesländern. Überblick über die Rechtsgrundlagen, Berlin.

Dullien, S. / T. Krebs (2020): Wege aus der Wohnungskrise ?. IMK Report Nr. 156. Institut für Makroökonomie und Konjunkturforschung, Düsseldorf.

Dumenil, G. / D. Levy (2011): The Crisis of Neoliberalism, Cambridge.

Duvigneau, H.-J. (2001): Die neue Rolle der Wohnungsunternehmen. Vom Instrument der Verteilungspolitik zum wirtschaftlich agierenden Dienstleistungsunternehmen mit sozialem Anspruch, Darmstadt.

Egner, B. (2014): Wohnungspolitik seit 1945; in: APuZ, Nr. 20–21, 13 ff.

Eick, V. / J. Sambale (2005): Sozialer Wohnungsbau, Arbeitsmarkt(re)integration und der neoliberale Wohlfahrtsstaat in der Bundesrepublik und Nordamerika, erschienen als: Working Paper #3 des John-F.-Kennedy-Institutes für Nordamerikastudien an der Freien Universität Berlin, Berlin.

Einem, E. (2016): Explodierende Wohnwünsche; in: ders. (Hg.): Wohnen: Markt in Schieflage – Politik in Not, Wiesbaden, 145 ff.

Eppel, R. / T. Leoni / H. Mahringer (2017): Österreich 2025 – Segmentierung des Arbeitsmarktes und schwache Lohnentwicklung in Österreich; in: WIFO-Monatsberichte, Nr. 5, 425 ff.

ETH Wohnforum (2017): Sicherung und verbesserter Zugang zu Wohnraum für sozial benachteiligte Haushalte. Finanzielle Garantiemodelle gegenüber Vermietenden, Bern.

Eurostat (2019): Share of housing costs in disposable household income, by type of household and income group – EU-SILC survey; vorfindlich unter: *https://ec.europa.eu/eurostat/en/web/products-datasets/-/ILC_MDED01*

Faust, H. (1977): Geschichte der Genossenschaftsbewegung3, Frankfurt.

FEANTSA (2020): Fifth Overview of Housing Exclusion in Europe 2020, Brussels.

FEANTSA (2021): Sixth Overview of Housing Exclusion in Europe 2021, Brussels.

Feichtinger, A. (2014): Externe Revision als Erfolgsfaktor für die gemeinnützige Wohnungswirtschaft; in: W. Amann / H. Pernsteiner / C. Struber (Hg): Wohnbau in Österreich in europäischer Perspektive, Wien, 57 ff.

Fouarge, D. (2003): Costs of Non-Social-Policy. Towards an Economic Framework of Quality Social Policies – and the Costs of not having them, Brussels.

Frances, J. / A. Everett (2022): Drivers of the London Housing Crisis: The Neoliberal Nexus of Ideology, Policy, and Capital; verfügbar unter: https://www.soas.ac.uk/sites/default/files/2022-06/SURJ0109 Drivers of the London Housing Crisis The Neoliberal Nexus of Ideology, Policy, and Capital file153916.pdf

Fratzscher, M. (2014): Die Deutschland-Illusion, München.

Friedrichs, J. / R. Kempen (2004): Armutsgebiete in europäischen Großstädten – eine vergleichende Analyse; in: W. Siebel (Hg.): Die europäische Stadt, Frankfurt, 67 ff.

Fritsch, N. / R. Verwiebe (2018): Labor Market Flexibilization and in-work poverty: a comparative analysis of Germany, Austria and Switzerland; in: H. Lohmann / I. Marx (Hg): Handbook of Research on In-Work-Poverty. Cheltenham, 297 ff.

Fuchs, W. / A. Mickel (2008): Wie alles begann: Die Wurzel der modernen gemeinnützigen Wohnungspolitik; in: K. Lugger / M. Holoubek (Hg): Die Österreichische Wohnungsgemeinnützigkeit – ein europäisches Erfolgsmodell, Wien, 155 ff.

Führer, D. (2015): Die Stadt, das Geld und der Markt. Immobilienspekulation in der Bundesrepublik 1960-1985, Berlin.

Galanter, M. (1994): Why the Haves Come Out Ahead: Speculations on the Limits of Legal Change; in: R. Cotterrell (Hg.): Law and Society, Aldershot, 165 ff.

GBV (2021): Verbandsstatistik 2022. Die gemeinnützige Wohnungswirtschaft in Zahlen, Wien.

Geisberger, T. (2021): Entwicklung und Verteilung der Niedriglohnbeschäftigung in Österreich und in der EU; in: Statistische Nachrichten, Nr. 9, 680 ff.

Geymüller, P. / M. Christl (2014): Teurer Wohnen; verfügbar unter: https://www.agenda-austria.at/wp-content/uploads/2018/04/agenda-austria-studie-teurer-wohnen.pdf

Glynn, S. (2009): Where the Other Half Lives: Lower Income Housing in a Neoliberal World, London.

Götzl, A. / C. Schnellinger (2015): Baulandmobilisierung und Erhalt des Naturraumes durch ex lege Rückwidmung, Besteuerung und Abschöpfung „übermäßiger" Wertsteigerung; in: Baurechtliche Blätter, Nr. 5, 201 ff.

Grabner, F. (2023): Immobilien: Österreich droht ein Wohnungsmangel; verfügbar unter: *https://www.profil.at/wirtschaft/immobilien-oesterreich-droht-ein-wohnungsmangel/402492071*

Groh-Samberg, O. (2009): Armut, soziale Ausgrenzung und Klassenstruktur, Wiesbaden.

Grohs, S. / S. Zabler (2021): Wohnungspolitik als Sozialpolitik? Zum Wechselspiel von Haushaltslage, Sozialausgaben und kommunalen Investitionen in Wohnraum; in: B. Egner / S. Grohs / T. Robischon (Hg): Die Rückkehr der Wohnungsfrage, Wiesbaden, 37 ff.

Groenemeyer, A. / C. Hohage / M. Ratzka (2012): Die Politik sozialer Probleme; in: G. Albrecht / A. Groenemeyer (Hg): Handbuch Soziale Probleme, Wiesbaden, 117 ff.

Groß, C. / K. Göbler / G. Wagner (2020): Corona-Pandemie: Auch ein Stresstest für den Wohnungsmarkt. Veröffentlichungen des Sachverständigenrats für Verbraucherfragen, Berlin; verfügbar unter: *https://www.bmj.de/SharedDocs/Downloads/DE/News/PM/022120_PolicyBrief.pdf?__blob=publicationFile&v=1*

Grotegut, A. (2022): Gegen Immobilienspekulation und steigende Mieten?; in: Jahrbuch für Wirtschaftsgeschichte, Bd 63(2), Oldenburg, 169 ff.

Gütter, R. (2019): Wohnungsnot und Bodenmarkt, Hamburg.

Häußermann, H. / W. Siebel (1987): Neue Urbanität, Frankfurt.

Hammer, E. (2022): Hinschauen statt Wegschauen. Wie eine Gesellschaft ohne Wohnungslosigkeit möglich ist, Wien.

Harth, A. / G. Schiller (2012): Das Wohnerlebnis in Deutschland, Wiesbaden.

Harvey, D. (2008): The Right to the City in: New Left Review, Nr. 53, 23 ff.

Harvey, D. (2022): Die urbanen Wurzeln der Finanzkrise, Hamburg.

Heimann, E. (1980): Soziale Theorie des Kapitalismus, Frankfurt.

Heinelt, H. / B. Egner (2006): Wohnungspolitik – von der Wohnraumzwangsbewirtschaftung zur Wohnungsmarktpolitik; in: M. Schmidt / R. Zohlnhofer (Hg): Regieren in der Bundesrepublik Deutschland. Innen- und Außenpolitik seit 1949, Wiesbaden, 203 ff.

Heinze, R. (2009): Rückkehr des Staates? Politische Handlungsmöglichkeiten in unsicheren Zeiten, Wiesbaden.

Helbrecht, I. (2013): Wohneigentum statt Rente? Demografischer Wandel und Altersvorsorge in acht europäischen Ländern im Vergleich; vorfindlich unter: *https://www.geographie.hu-berlin.de/de/Members/helbrecht_ilse/downloadsenglish/copy_of_wohneigentum-statt-rente-in-informationen-zur-raumentwicklung-2013*

Hengstermann, A. (2019): Von der passiven Bodennutzungsplannung zur aktiven Bodenpolitik, Berlin.

Hentschel, A. / P. Lohauß (2019): Wohnungsmärkte und Wohnungspolitik: Beiträge zur Kritik des Immobiliensektors, Weimar.

Heuberger, R. / N. Lamei / M. Skina-Tabue (2018): Lebensbedingungen von Mindestsicherungsbeziehenden; in: Statistische Nachrichten, Nr. 10, 845 ff.

Heyn, T. / R. Braun / J. Grade (2013): Wohnungsangebot für arme Familien in Großstädten, Gütersloh.

Hochuli, M. (2019): Armutsbetroffene finden kaum bezahlbare Wohnungen; vorfindlich unter: *https://www.caritas.ch/de/artikel/blog/ armutsbetroffene-finden-kaum-bezahlbare-wohnungen.html?no_ cache=1*

Holm, A. (2006a): Die Restrukturierung des Raumes, Bielefeld.

Holm, A. (2011): Wohnungsprivatisierung in Europa; in: Informationen zur Raumentwicklung, H. 12, 683 ff.

Holm, A. (2018): Rückkehr der Wohnungsfrage; vorfindlich unter: *https://www.bpb.de/themen/stadt-land/stadt-und-gesellschaft/216869/ rueckkehr-der-wohnungsfrage/#footnote-target-2*

Holm, A. (2021): Eine Geschichte sozialer Wohnungspolitik; vorfindlich unter: *https://jacobin.de/artikel/andrej-holm-deutsche-wohnenenteignen-vergesellschaftung-verstaatlichung-kommunaler-wohnungsbau-mietendeckel-wohnungsmarkt-wohnungsfrage-engelsgustav-schmoller-blumenstrassenkrawalle-wohnungskrise/*

Holm, A. / S. Horlitz / I. Jensen (2015): Neue Gemeinnützigkeit – Gemein- wohlorientierung in der Wohnungsversorgung; verfügbar unter: http://www.heidrun-bluhm.de/fileadmin/kreise/Bluhm/ Neue_ Gemeinnuetzigkeit_gesamt_2015-09-16.pdf.

Holm, A. / S. Horlitz / I. Jensen (2017): Neue Gemeinnützigkeit; vorfindlich unter: *www.rosalux.de/fileadmin/images/publikationen/ Studien/Studien_5-17_Neue_Wohnungsgemeinnuetzigkeit_2.Aufl.pdf*

Holm, A. et al. (2021): Die Verfestigung sozialer Wohnungsprobleme. Entwicklung der Wohnverhältnisse und der sozialen Wohnversorgung von 2006 bis 2018 in 77 deutschen Großstädten. Working Paper der Forschungsförderung der Hans-Böckler-Stiftung Nr. 217, Düsseldorf.

Horkheimer, M. (1985): Die Rackets und der Geist; in: A. Schmidt / G. Schmid-Noerr (Hg): Max Horkheimer. Gesammelte Schriften Bd. 12, 287 ff.

Huber, A. (2022): Teures Wohnen: Es droht eine Mietpreis-Spirale; verfügbar unter: https://www.momentum-institut.at/news/teures-wohnen-es-droht-eine-mietpreis-spirale

Huber, P. / T. Horvath / J. Bock-Schappelwein (2017): Österreich als Zuwanderungsland. 2017/079-2/S/WIFO-Projektnummer: 4615, Wien.

Huffschmid, J. (2007): Internationale Finanzmärkte: Funktionen, Entwicklungen, Akteure: in: J. Huffschmid / M. Köppen / W. Rohde (Hg): Finanzinvestoren: Retter oder Raubritter? Neue Herausforderungen durch die internationalen Kapitalmärkte, Hamburg, 10 ff.

IIBW (2022): Wohnbauförderung in Österreich 2021, Wien.

INFINA (2023): Entwicklung der Mietpreise: in Österreich 2006-2023; verfügbar unter: *https://www.infina.at/trends/entwicklung-der-miet preise/*

IPSO (1996): Analyse comparative des données statistiques sur la politique du logement social, Genève.

Jacobs, K. (2019): Neoliberal Housing Policy. An International Perspective, London.

JLL (2018): Wohnbauförderung Big 7; verfügbar unter: https://www.jll.de/content/dam/jll-com/documents/pdf/research/emea/germany/de/Wohnungsbaufoerderung-Big7-JLL.pdf

Kadi, J. / S. Babanak / L. Plank (2020): Die Rückkehr der Wohnungsfrage; vorfindlich unter: *http://www.beigewum.at/wp-content/uploads/Factsheet-Wohnen.pdf*

Kanonier, A. (2014): Möglichkeiten und Grenzen der Baulandmobilisierung im Raumordnungsrecht, Wien.

Karthaus, F. et al. (1985): Baugenossenschaften – die schwierige Selbstorganisation des Häuserbaus; in: K. Novy / B. Hombach (Hg): Anders Leben – Geschichte und Zukunft der Genossenschaftskultur, Berlin, 73 ff.

Katz, C. (2001): Vagabond Capitalism and the Necessity of Social Reproduction; in: Antipode, Nr. 4, 709 ff.

Keicher, R. / S. Gillich (2017): Ohne Wohnung in Deutschland: Armut, Migration und Wohnungslosigkeit, Freiburg.

Keller, C. (1999: Armut in der Stadt, Opladen.

Kellerhans, W. (1969): Die Bau- und Wohngenossenschaften; in: E. Blümle (Hg.): Genossenschaftswesen in der Schweiz, Frankfurt.

Kemper, U. (2015): Politische Legitimität und politischer Raum im Wandel, Wiesbaden.

Kemper, A. (2022): Privatstädte. Labore für einen neuen Manchesterkapitalismus, Berlin.

Keßler, J. / A. Dahlke (2009): Sozialer Wohnungsbau; in: A. Krautscheid (Hg.): Die Daseinsvorsorge im Spannungsfeld von europäischem Wettbewerb und Gemeinwohl, Wiesbaden, 275 ff.

Kirchheimer, O. (1964): Zur Frage der Souveränität; in ders.: Politik und Verfassung, Frankfurt, 57 ff.

Klien, M. / G. Streicher (2021): Ökonomische Wirkungen des gemeinnützigen Wohnbaus. WIFO-Studie, Wien.

Klus, S. (2013): Die europäische Stadt unter Privatisierungsdruck, Wiesbaden.

Knittler, K. (2009): Wohnbauförderung; in: A. Guger (Hg.): Umverteilung durch den Staat in Österreich, Wien, 276 ff.

Könen, R. (1990): Wohnungsnot und Obdachlosigkeit im Sozialstaat, Frankfurt.

Krainz, L. (2023): OeNB-Studie belegt massive Ungleichheit im Land; vorfindlich unter: https://kontrast.at/vermoegensverteilung-oesterreich-2023/

Krapp, M. (2022): Wohnungspolitische Instrumente ohne Wirkung?; in: APuZ, Nr. 51–52, 10 ff.

Krummacher, M. (2011): Kommunale Wohnungspolitik; in: H.-J. Dahme / M. Wohlfahrt (Hg): Handbuch Kommunale Sozialpolitik, Wiesbaden, 201 ff.

Krysmanski, H.-J. (2007): Der stille Klassenkampf von oben. Strukturen und Akteure des Reichtums; verfügbar unter: https://www.rosalux.de/fileadmin/rls_uploads/pdfs/Utopie_kreativ/205/205Krysmanski.pdf

Kühling, J. / S. Sebastian / S. Siegloch (2021): Neue Wege für die Wohnungspolitik von morgen; verfügbar unter: https://www.faz.net/aktuell/wirtschaft/wohnen/wie-die-wohnungspolitik-von-morgen-gestaltet-werden-kann-17585024.html

Kuhnert, J. / O. Leps (2017): Neue Wohnungsgemeinnützigkeit. Wege zu langfristig preiswertem und zukunftsgerechtem Wohnraum, Wiesbaden.

Kumhof, M. et al. (2012): Income Inequality and Current Account Imbalances, erschienen als: International Monetary Fund Discussion Paper, Nr. 12/08, Washington.

Kumhof, M. / R. Rancière / P. Winant (2015): Inequality, Leverage, and Crises; in: American Economic Review, Nr. 105/3, 1217 ff.

Kunnert, A. (2016): Leistbarkeit von Wohnen in Österreich. Operationalisierung und demographische Komponenten. WIFO Endbericht zum Jubiläumsfondsprojekt Nr. 14972, Wien.

Kunnert, A. / J. Baumgartner (2012): Instrumente und Wirkungen der österreichischen Wohnungspolitik, WIFO-Studie, Wien.

Kuster, S. / S. Borger (2019): Grassierende Wohnungsnot: Tieflohn-Arbeiter werden aus Städten vertrieben – auch in der Schweiz; vorfindlich unter: *https://www.tagblatt.ch/leben/grassierende-wohnungsnot-tieflohn-arbeiter-werden-aus-stadten-vertrieben-auch-in-der-schweiz-ld.1371520*

Larsen, H. / A. Hansen (2016): Wohnen als öffentliches Gut auf dem Prüfstand; in: Geographische Rundschau, Nr. 6, 26 ff.

Laubacher, R. (2023): Soll der Staat eingreifen? Wohnraum ist knapp in der Schweiz; verfügbar unter: https://www.srf.ch/radio-srf-1/wohnungsnot-in-der-schweiz-soll-der-staat-eingreifen

Leendertz, A. (2022): Der erschöpfte Staat: Eine andere Geschichte des Neoliberalismus, Hamburg.

Lefebvre, H. (2014): Die Revolution der Städte, Frankfurt (Orig. 1972).

Lennartz, C. (2017): Housing Wealth and Welfare State Restructuring; in: C. DeWilde, C. / R. Ronald (Hg): Housing Wealth and Welfare, Cheltenham, 108 ff.

Lenz, M. (2007): Auf dem Weg zur sozialen Stadt. Abbau benachteiligender Wohnbedingungen als Instrument der Armutsbekämpfung, Wiesbaden.

Lindemann, K. (2021): Zur Politik der Rackets. Zur Praxis der herrschenden Klassen, Münster.

Löhr, D. (2023): Wohnungspolitik: das Paradoxon regulierungsbedingter Konsumentenrenten; in: Wirtschaftsdienst, Nr. 9, 624 ff.

Lund, B. (2017): Understanding Housing Polic, Chicago.

Madden, D. / P. Marcuse (2016): In Defence of Housing, London.

Mäder, U. / G. Aratnam / S. Schilliger (2010): Wie Reiche denken und lenken, Zürich.

Mair, H. (1993): Wohnungsnot und soziale Arbeit. Zur Geschichte eines aktuellen Themas; in: H. Mair / J. Hohmeier (Hg): Wohnen und Soziale Arbeit, Wiesbaden, 11 ff.

Marchart, O. (2014). Die Prekarisierungsgesellschaft: Prekäre Proteste; Politik und Ökonomie im Zeichen der Prekarisierung, Bielefeld.

Markstein, M. (2004): Instrumente und Strategien zur Baulandentwicklung und Baulandmobilisierung in Deutschland, Österreich und der Schweiz – ein methodischer Vergleich mit Entwicklungsvorschlägen für das Instrumentarium zur Baulandentwicklung in Deutschland, München

Marti, M. / S. Iseli / M. Mattmann (2020): Bedarfsabhängige Sozialleistungen: Ausgaben im Bereich Wohnen, Grenchen.

Mattes, C. et al. (2016): Existentielle Überschuldung. Schlussbericht: Plan B Money Matters, Basel.

Mau, S. (2012): Lebenschancen. Wohin driftet die Mittelschicht?, Frankfurt.

Metz, M. / G. Seeßlen (2012): Blödmaschinen. Die Fabrikaton der Stupidität, Frankfurt.

Mohamed, H. (2022): A Home of One's Own: Why the Housing Crisis Matters & What Needs to Change, London.

Müller, B. (2013): Erosion der gesellschaftlichen Mitte, Hamburg.

Müller-Jentsch, D. / L. Rühli (2012): Zersiedlung in der Schweiz. Ein Vergleich kantonaler Instrumente zur Siedlungssteuerung; in: Informationen zur Raumentwicklung, H. 1/2, 35 ff.

Mümken, J. (2006): Kapitalismus und Wohnen. Ein Beitrag zur Geschichte der Wohnungspolitik im Spiegel kapitalistischer Entwicklungsdynamik und sozialer Kämpfe, Lich.

Münchner Forum (2016): Bezahlbares Wohnen für Alle; verfügbar unter: https://muenchner-forum.de/wp-content/uploads/2016/04/Einladung-04.5.2016-Bezahl-Wohnen-für-alle_MüFo_DS-erweitert.pdf

Mundt, A. / W. Amann (2009): Evaluierung der Subjektförderung in Wien. Endbericht des IIBW, Wien.

Mundt, A. / Amann, W. (2015): Leistbares Wohnen – Bestandsaufnahme von monetären Leistungen für untere Einkommensgruppen zur Deckung des Wohnbedarfs, IIBW – im Auftrag des Sozialministeriums, Wien.

Nagel, S. (2013): Ausgrenzung und Diskriminierung auf dem Wohnungsmarkt; in: Widersprüche: Zeitschrift für sozialistische Politik im Bildungs-, Gesundheits- und Sozialbereich, Nr. 33, 9 ff.

Nowotny, E. / W. Heidl (1994): Die Rolle der gemeinnützigen Wohnungswirtschaft im Rahmen der österreichischen Wohnungspolitik; in: K. Korinek / E. Nowotny (Hg): Handbuch der gemeinnützigen Wohnungswirtschaft, Wien, 53 ff.

Nuss, S. (2019: Kein Recht auf Rendite, aber ein Grundrecht auf Wohnen; in: Blätter für Deutsche und Internationale Politik, Nr. 11, 115 ff.

Oberwittler, D. (2003): Sozialstruktur, Freundeskreise und Delinquenz. Eine Mehrebenenanalyse zu sozialökonomischen Kontexteffekten auf schwere Jugenddelinquenz; in: D. Oberwittler / S. Karstedt (Hg): Soziologie der Kriminalität, Wiesbaden, 135 ff.

OECD (2021): Is the German Middle Class Crumbling? Risks and Opportunities, Paris.

ÖGPP (2008): Privatisierung und Liberalisierung kommunaler Dienstleistungen in der EU, Forschungsbericht, Wien.

ÖNB (2021): HFCS Austria 2021; verfügbar unter: https://www.hfcs.at/en/results-tables/hfcs-2021.html

ÖROK (2018): Raumordnung in Österreich und Bezüge zur Raumentwicklung und Regionalpolitik. Schriftenreihe Nr. 202, Wien.

ÖROK (2019): Update gewidmetes, nicht bebautes Bauland. Auswertung von Baulandreserven 2014 und 2017 in Österreich, Wien.

ÖROK (2022): Flächeninanspruchnahme und Versiegelung in Österreich; verfügbar unter: https://www.oerok.gv.at/raum/daten-und-grundlagen/ergebnisse-oesterreich-2022

Ostry, J. / A. Berg / C. Tsangarides (2014): Redistribution, Inequality, and Growth; erschienen als: IMF Staff Discussion Note, Nr. 14/02, Washington.

Pfeiff, C. (2002): Die Versorgung mit Wohnraum als Aufgabe der Daseinsvorsorge. Existenzberechtigung von Wohnungsunternehmen in öffentlicher Hand, Darmstadt.

Pohrt, W. (2021): Brothers in Crime. Menschen im Zeitalter ihrer Überflüssigkeit. Über die Herkunft von Gruppen, Cliquen, Banden, Rackets und Gangs, Berlin.

Poulantzas, N. (1974): Politische Macht und gesellschaftliche Klassen, Frankfurt.

Rehm, M. / M. Schnetzer (2015): Vermögenskonzentration und Macht. Der blinde Fleck der Mainstream-Ökonomie; in: Kurswechsel, Nr. 2, 69 ff.

Reindl, H. (2019): Gemeinden bekommen Vorkaufsrecht für Immobilien; verfügbar unter: https://kommunal.at/gemeinden-bekommen-vorkaufsrecht-fuer-immobilien

Reis, C. (1993): Die Produktion sozialer Notlagen durch den Wohnungsmarkt. Karrieren in die Obdachlosigkeit; in: H. Mair / J. Hohmeier (Hg): Wohnen und Soziale Arbeit, Wiesbaden, 33 ff.

Reißlandt, C. / G. Nollmann (2006): Kinderarmut im Stadtteil: Intervention und Prävention; in: APuZ, Nr. 26, 24 ff.

Rink, D. / B. Egner (2020): Lokale Wohnungspolitik. Agenda – Diskurs – Forschungsgegenstand; in: dies. (Hg): Lokale Wohnungspolitik, Baden-Baden, 9 ff.

Röhrich, W. (2018): Karl Marx und seine Staatstheorie, Wiesbaden.

Rogge, B. (2018): Wie uns Arbeitslosigkeit unter die Haut geht, Köln.

Ronald, R. / R. Arundel (2022): Families, Housing and Property Wealth in a Neoliberal World, London.

Roquette, H. (1953): Das Wohnraumbewirtschaftungsgesetz, Tübingen.

Rosanvallon, P. (2011): Die Gesellschaft der Gleichen, Hamburg.

Rosifka, W. / L. Tockner (2020): Betriebskosten. Wohnrechtliche Rahmenbedingungen, empirische Analyse und Vergleiche der Gebühren für öffentliche Dienstleistungen, AK Stadtpunkte Nr. 31, Wien.

Ryan-Collins, J. / T. Lloyd / L. Macfarlane (2017): Rethinking des Economics of Land and Housing, London.

Sagner, P. (2022): Analyse der Wohnsituation in Deutschland auf der Grundlage des sozio-ökonomischen Panels; in: G. Spars (Hg.): Wohnungsfrage, Stuttgart, 18 ff.

Sagner, P. / M. Stockhausen / M. Voigtländer (2020): Wohnen – die neue soziale Frage ?. IW-Analysen Nr. 136, Köln.

Schettkatt, R. (2006): Lohnspreizung: Mythen und Fakten. Edition Böckler Stiftung 183, Düsseldorf.

Schmid, P. (2005): Die Wohnbaugenossenschaften der Schweiz. Univ. Master-Thesis, Freiburg.

Schmid, C. (2018): Tenancy Law and Housing Policy in Europe. Towards Regulatory Equilibrium, Northhampton.

Schoibl, H. (2007): Armutsfalle Wohnen, Salzburg; *vorfindlich unter:* www.helixaustria.com/uploads/media/Armutsfalle_Wohnen_02.pdf.

Schoibl, H. / H. Stöger (2014): Armutsfalle Wohnen. Wohnpolitik und Armutsrisiken; in: N. Dimmel / M. Schenk / C. Stelzer – Orthofer (Hg): Handbuch Armut in Österreich[2], Innsbruck, 309 ff.

Scholz, N. (2022): Die wunden Punkte von Google, Amazon, Deutsche Wohnen & Co, Berlin.

Schowalter, M. (2021): Sozialer Wohnungsbau im Kontext der städtischen Wohnungsnot, Hamburg,

Schubert, D. (2011): Zur Diversifizierung der Wohnraumversorgung. Gleichzeitigkeiten von Leerstand und neuer Wohnungsnot; in: Widersprüche, Nr. 31, 23 ff.

Schürz, M. (2019): Überreichtum, Frankfurt.

Schwarz, H. / L. Seabrooke (2009): The Politics of Housing Booms and Busts, Basingstoke.

Sedlar, T. (2022): Immobilien als Kapitalanlage, Wien.

SKOS (2016): Wohnversorgung in der Schweiz – Bestandsaufnahme über Haushalte von Menschen in Armut und in prekären Lebenslagen, Bern.

SKOS/FHNW (Schweizerische Konferenz für Sozialhilfe; Fachhochschule Nordwestschweiz) (2015): Wohnversorgung in der Schweiz. Bestandesaufnahme über Haushalte von Menschen in Armut und prekären Lebenslagen, Bern.

SOEP (2020): Vermögen nach Einkommensverteilung; verfügbar unter: https://www.bpb.de/kurz-knapp/zahlen-und-fakten/sozialesituation-in-deutschland/317063/vermoegen-nach-einkommensverteilung/

Sommer, P. (2023): Die Eigentumspolitik staatlicher Datenverwaltung. Intransparenz der Bodenkonzentration in Deutschland; verfügbar unter: https://www.isw-muenchen.de/online-publikationen/texteartikel/5060-die-eigentumspolitik-der-staatlichen-datenverwaltungwas-die-intransparenz-der-bodenkonzentration-in-deutschlandmacht

Spannowsky, W. / C. Gohde (2022): Rechtsfragen der Baulandmobilisierung – das aktuelle Baulandmobilisierungsgesetz, Berlin.

Statistik Austria (2019): Wohnen 2018. Zahlen, Daten und Indikatoren der Wohnstatistik, Wien.

Statistik Austria (2021): Wohnen. Zahlen, Daten und Indikatoren der Wohnstatistik, Wien.

Steg, J. (2019): Krisen des Kapitalismus, Frankfurt.

Stein, S. (2019): Capital City. Gentrification and the Real Estate State, London.

Stöger, H. / J. Weidenholzer (2006): Zwischen Staatsintervention und Marktsteuerung. Europäische Wohnungspolitiken im Wandel; in: Kurswechsel, Nr. 3, 9 ff.

Streckeisen, P. (2019): Entre marché du logement et politiques de revalorisation urbaine: quelle place pour les personnes à revenus modestes? Dossier du mois de l'ARTIAS, Yverdon-les-Bains.

Streimelweger, A. (2010): Wohnbauförderung – eine Bestandsaufnahme; in: Wirtschaft und Gesellschaft, Nr. 4, 543 ff.

Streimelweger, A. (2016): Die Entwicklung der gemeinnützigen Wohnungswirtschaft. Wurzeln – Struktur – Eigentümer; in: Österreichischer Verband gemeinnütziger Wohnbauvereinigungen – Revisionsverband (Hg): 70 Jahre Österreichischer Verband gemeinnütziger Wohnbauvereinigungen – Revisionsverband, Wien, 31 ff.

Streissler, A. / A. Friedrich (2012): Wohnbauförderung Steiermark, Graz.

Strobl, N. / M. Mazohl (2022): Klassenkampf von oben, Wien.

Szepanski, A. (2023): Die Ekstase der Spekulation: Kapitalismus im Zeitalter der Katastrophe, Hamburg.

Till, M. / J. Klotz / C. Siegert (2018): Eingliederungsindikatoren 2017. Kennzahlen für soziale Inklusion in Österreich, Wien.

Tockner, L. (2012a): Mietensteigerungen in Österreich und in Wien, Wien.

Tockner, L. (2017): Mieten in Österreich und Wien 2008 bis 2016, Wien.

Umweltbundesamt (2016): Gewidmetes, nicht bebautes Bauland Erstellung von Auswertungen für Österreich Technischer Bericht, Wien.

Umweltbundesamt (2018): Flächeninanspruchnahme. Flächenangaben: Regionalinformation der Grundstücksdatenbank, Wien.

Unger, K. (2013): Der große Ausverkauf. Die Finanzialisierung der ehemals gemeinnützigen Wohnungswirtschaft in Deutschland; verfügbar unter: https://www.zeitschrift-marxistische-erneuerung.de/de/article/1104.der-grosse-ausverkauf.html

Van Treeck, T. (2018): Wie gerecht ist die Welt? – Soziale Ungleichheit und Wirtschaftswachstum; in: IFO Schnelldienst, Nr. 18, 3 ff.

VLP-ASPAN (2013): Rechtliche Möglichkeiten zur Baulandmobilisierung in den Kantonen und Gemeinde; in: Raum & Umwelt, Nr. 5, 1 ff.

Voigtländer, M. (2017): Luxusgut Wohnen. Warum unsere Städte immer teurer werden und was jetzt zu tun ist, Berlin.

Voigtländer, M. / O. Depenheuer (2014): Wohneigentum. Herausforderungen und Perspektiven, Berlin.

Waitkus, N. (2023): Ungleicher Besitz. Perspektiven einer klassensoziologischen Untersuchung von Vermögen; in: Berliner Journal für Soziologie, Nr. 33, 99 ff.

WBG (2022): Übersicht zur Wohnbauförderung in den Kantonen; verfügbar unter: https://www.wbg-schweiz.ch/data/wbg-infopool-wohnbaufoederung-10-2019_4889.pdf

Wehler, H.-U. (2013): Die neue Umverteilung, München.

Willisch, A. / H. Bude (2006): Das Problem der Exklusion. Ausgegrenzte, Entbehrliche, Überflüssige, Hamburg.

Zech, S. (2021): Betrachtungen zum Thema „Boden g'scheit nutzen"; verfügbar unter: https://kommunal.at/betrachtungen-zum-thema-boden-gscheit-nutzen

Zeise, L. (2021): Finanzkapital, Köln.

Zeller, R. (1990): Baulandhortung – eine ökonomische Untersuchung; in: Vermessung – Photogrammetrie – Kulturtechnik, Nr. 11, 632 ff.

Druck:
CPI Druckdienstleistungen GmbH
im Auftrag der
Zeitfracht GmbH
Ein Unternehmen der Zeitfracht - Gruppe
Ferdinand-Jühlke-Str. 7
99095 Erfurt